[グローバル・ガバナンス学叢書]

グローバル・ガバナンス学Ⅰ
●理論・歴史・規範

グローバル・ガバナンス学会 編
Japan Association of Global Governance

大矢根聡・菅 英輝・松井康浩 責任編集
Satoshi Oyane, Hideki Kan & Yasuhiro Matsui

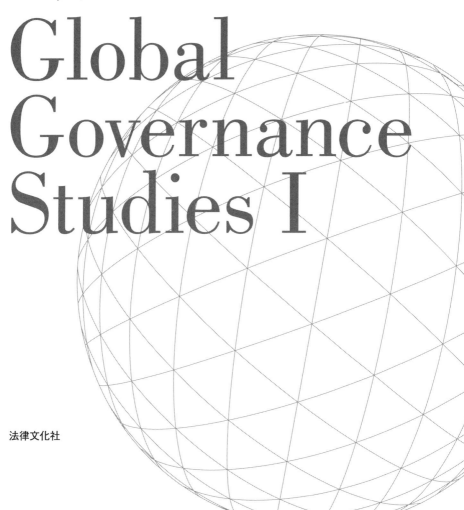

Global Governance Studies Ⅰ

法律文化社

はしがき

　『グローバル・ガバナンス学』叢書（全2巻）は，国際秩序をめぐるダイナミズムに着目して，今日の国際社会の見取り図を描き出す。

　国際秩序を論じるというと，過度に抽象的で漠然としていると思われるかもしれない。むしろ今日の国際社会で顕著なのは，深刻な軍事的緊張やテロ，グローバルな波紋を及ぼす経済危機や難民・移民，サイバー犯罪や感染症の広がりなどかもしれない。こうした対立や危機は，人々を不安に陥れ，生命や財産に被害を与えるという，当面の悪影響を及ぼすだけではない。それらが重大であるのは，既存の国際秩序を傷つけ，揺さぶるからにほかならない。あるいは，国際秩序の形成に向けて，ようやく動き始めた国際交渉や各国，NGO（非政府組織）の取り組みを阻害するのである。そうなると，その悪影響は必然的に広範に，また比較的長きに及んでしまう。国際秩序が動揺すると，同様の問題が再発しやすくなり，また新たな危機に対応できず，結果的に国際関係が大きく流動化するおそれもある。

　したがって，本叢書では個々の紛争や危機に目を奪われるのでなく，国際秩序を視野に入れて，より包括的に考察するべきだという立場をとる。同時に，目につきやすい国際的対立や軋轢の裏側において，実は静かに進行している国際秩序形成の動きを浮き彫りにし，それを正当に評価する必要があると考える。

　国際秩序をめぐるダイナミズムを捉えるために，本叢書の各章は，共通してグローバル・ガバナンスの概念を用いる。グローバル・ガバナンスこそは，国際秩序を正面から見据え，その実態を客観的に把握するための分析概念として，特に有力なものの1つである。この概念は，もともとは冷戦終結の直後に，新たな国際秩序形成の動きが本格化した様相を捉えるために登場した。もちろん，当時と今日とでは，その国際情勢は大きく異なっている。したがって，今日の文脈に応じた概念の運用法が不可欠になろう。

　グローバル・ガバナンス概念の魅力と有効性は，国際秩序を漠然とした印象

論ではなく，実態にそくして捉える手がかりを与えてくれる点にある。その実態把握の観点ゆえに，この概念は，大国が主導して国際機構・条約を創設し，他国に遵守を強いる，という伝統的形態の国際秩序だけに視野を限定していない。国際秩序の主体と方法の多様性に目を向けているのである。すなわち，主体としては，国家だけでなくNGOや企業が主導し，あるいは互いに連携する様子を捉える。また方法については，国際機構や国際条約などの公式的制度だけでなく，地域的な宣言や各国の協調的慣行など，非公式的な措置やプロジェクトの興味深い効果を視野に収めるのである。

本叢書の各章は，このような観点から，国際秩序のさまざまな局面を多角的に解明する。今日における安全保障上の緊張や経済危機への対応，感染症対策などをめぐる大国の企図や各国の協力，NGOの取り組みなどは当然，重要な検討課題である。また，今日に至る歴史を刻んだ，冷戦やイギリス帝国の解体，発展途上国の開発をめぐる動向，また逆に，最先端のテロリズムやサイバー犯罪の動向とこれに対する国際的対応も，分析の対象とする。国際秩序を考察する際に欠かせない原理的な論点として，大国による権力と民主主義的制御についても考察を加える。

したがって，本叢書の議論は，国際関係の理論と地域，歴史，思想など，多岐にわたる研究部門に及ぶ。本叢書を，従来の用語法に基づいてグローバル・ガバナンス論とせず，今後さらに幅広い議論へと展開する期待を込めて，「グローバル・ガバナンス学」と名づけたゆえんである。逆にいえば，本叢書は，グローバル・ガバナンス研究に関して，きわめて多彩な事例分析集になっていよう。

本叢書は，以下のような構成になっている。まず第1巻は，**序章「グローバル・ガバナンス―国際秩序の『舵取り』の主体と方法」**（大矢根聡）において，グローバル・ガバナンスの概念とこれに基づく分析を，今日の観点から洗い直している。そのうえで，第1部「理論―グローバル・ガバナンス論の再検討」で理論的な考察を進めている。

すなわち，**第1章「グローバル・ガバナンス論再考―国際制度論の視点から」**（古城佳子）は，本叢書の基盤となる包括的な理論的検討を提示している。

すでに言及したように，国際秩序はグローバル・ガバナンスに支えられていても，やはり権力とその民主主義的制御という，根本的な問題を免れることはできない。その問題を考察したのが，**第2章「国際秩序と権力」**(初瀬龍平)と**第3章「グローバル・ガバナンスと民主主義―方法論的国家主義を超えて」**(田村哲樹)である。また**第4章「グローバル・ガバナンスとしてのサミット―政策調整『慣行』の視角から」**(大矢根聡)では，サミット(主要国首脳会議)を事例として，国際的慣行に着目した，新しい理論的枠組みを適用している。

第2部「歴史―戦後国際関係史への視座」は，第一次・第二次世界大戦後の歴史的展開を吟味し直している。**第5章「覇権システムとしての冷戦とグローバル・ガバナンスの変容」**(菅英輝)では，冷戦下のアメリカとソ連による国際的管理と，これに対する途上国の対応の構図として，国際秩序の推移を明確化している。戦後史は，冷戦史であると同時にイギリス帝国の解体史でもあった。**第6章「イギリス帝国からのコモンウェルスへの移行と戦後国際秩序」**(山口育人)は，後者の観点から，イギリス帝国の衰退過程が実は戦後国際秩序を支えていた様相を解明している。この第5・6章の隠れたテーマは，途上国である。**第7章「『開発』規範のグローバルな普及とリージョナル・アプローチ―アジア開発銀行(ADB)創設を事例にして」**(鄭敬娥)は，アジアにおける途上国開発の構想と体制づくりを実証している。また2つの世界大戦は，戦争違法化の契機となったが，それが平和に直結しないという厄介なジレンマがあった。それを再考したのが，**第8章「戦争とグローバル・ガバナンス―戦争違法化は平和への進歩か？」**(三牧聖子)である。

第3部「規範―規範創出・転換をめぐる外交」では，今日のグローバル・ガバナンスの中核をなす国際規範に関して，古典的な秩序手段である外交に着目して分析している。単なる問題処理の二国間外交とは異なり，国際規範をめぐっては，自国の国益を踏まえつつも説得力ある国際的構想を掲げ，難しい多国間外交に臨む必要がある。**第9章「貿易自由化ガバナンスにおける多角主義と地域主義―マルチエージェント・シミュレーションによる行動規範の分析」**(鈴木一敏)は，自由貿易をめぐって，GATT(関税と貿易に関する一般協定)・WTO(世界貿易機関)に基づく多角的規範とFTA(自由貿易協定)の地域的規範が併存する状況に関して，各国の外交選択を斬新な手法で分析している。第

10章「ウクライナ危機とブダペスト覚書―国際規範からの逸脱をめぐる国際社会の対応」（東野篤子）は，むしろ国際規範の効果の限界を扱い，2014年にロシアがクリミアを併合した問題を論じている。

最後の２つの章は，国連を舞台とした日本外交のあり方を検証している。第11章「国連海洋法条約と日本外交―問われる海洋国家像」（都留康子）は，海洋をめぐる規範形成過程において，日本が国際的動向となぜ乖離したのか，その経緯を検証している。対照的に，**第12章「日本による人間の安全保障概念の普及―国連における多国間外交」**（栗栖薫子）では，日本が「人間の安全保障」概念を提案し，限界に直面しながらも支持を広げた試みを解明している。

第２巻は，冷戦後グローバル・ガバナンスに係る制度化が進展し，2000年代以降にそれがさらに変容している現状を踏まえ，多様な主体の認識と行動，地域ガバナンスとの連携および脱領域的な問題群という３部に分けてグローバル・ガバナンスの課題を論じている。

第１部は，「主体―グローバル・ガバナンスに関わる主体の多様化」として，次の５つの主体を取り上げている。**第１章「国際連合―国連安全保障理事会に関するアカウンタビリティの関係の解明」**（蓮生郁代）は，国連システムのうち，事例研究として国連安保理におけるアカウンタビリティの要因を分析している。一方，**第２章「地域集団防衛から安全保障グローバル・ガバナンスへ―米欧安全保障共同体（NATO・EU）の収斂プロセス」**（渡邊啓貴）は，グローバルな安全保障ガバナンスにおいて国連が限界を露呈するなかで，冷戦後は軍事力を伴うNATO（北大西洋条約機構）の活動範囲が拡大し，米欧安全保障体制のグローバル化が見られると論じている。**第３章「BRICSと国際金融ガバナンス―挑戦と逡巡の間で」**（和田洋典）は，米欧主導の既存の国際レジームの受益者として台頭してきた新興国が，既存の国際レジームへの挑戦者になりうるかについて，BRICS銀行等の事例を中心に論じている。こうした公的組織とは別に，**第４章「NGOと子ども人権ガバナンス―日本への影響の事例検討」**（大森佐和）は，NGOが国際公益のための重要な主体であり，公共政策過程に影響を及ぼしうることを，子どもの人権をめぐる日本の事例研究を中心に検討している。**第５章「イスラーム世界のグローバル・ガバナンス―OICとサブナショナルなアクターの挑戦」**（山尾大）は，グローバル・ガバナンス論の

なかにイスラーム世界をどう位置付けるかについて，国家間機構と非国家レベルのグローバルなイスラーム・ネットワークという2つの観点から論じている．

第2部は，グローバル・ガバナンスを追求する方法としての地域機構との「連携」について，その現状と課題を論じている．第6章「グローバル・ガバナンスにおける EU と国連—国連気候変動制御プロセスを事例として」（福田耕治）は，EU（欧州連合）環境行動計画の政策的展開を検証しつつ，EU が国連気候変動枠組条約プロセスへの参加を通じて，地球温暖化・気候変動抑制の分野で，グローバルな環境規範の形成とその実質化のためにリーダーシップをとってきたことを論じている．第7章「ASEAN と国連—補完的関係の進展と地域ガバナンスの課題」（首藤もと子）は，2010年代以降 ASEAN（東南アジア諸国連合）の長期計画と国連の「ミレニアム開発目標」や「持続可能な開発アジェンダ2030」には制度的な協働関係ができており，国連が採択したグローバルな規範を ASEAN が共有し，実践していくという相互補完関係が見られるが，一方で地域内のガバナンス・ギャップが重要な課題であると論じている．第8章「国連と OSCE の東部欧州ガバナンス」（宮脇昇）は，国連規範を踏まえて OSCE（欧州安全保障協力機構）が域内紛争凍結のために国連機構や欧州の諸機構と連携してきたが，近年は OSCE 内で歴史的，地政的にロシア中心のガバナンスが拡張する傾向があると論じている．

第3部は，「展開—新領域におけるグローバル・ガバナンスの課題」として，次の4つの領域を取り上げている．第9章「人の移動をめぐるガバナンス」（坂井一成）は，冷戦後および2010年代以降の欧州における移民・難民の流入を事例にして，人の移動に関する EU の地域的なガバナンスとその加盟国間で顕在化する，移民・難民受け入れをめぐる協調や対立が複雑に絡み合う状況を論じている．第10章「グローバル・エイズ・ガバナンスとアフリカ」（牧野久美子）は，グローバル課題としての「エイズ・ガバナンス」に多様な主体が参加しており，特に製薬企業や民間財団等が医薬品アクセスをめぐる政策決定に影響力を持ち，途上国政府の役割が相対化される特徴があることを，南アフリカの事例を中心に論じている．第11章「サイバーセキュリティ」（土屋大洋）は，中心性がなく政府が最終責任を負わないインターネットには深刻なサイ

バー攻撃等の脅威が内在する反面，自由と安全の両立は容易ではなく，サイバー・ガバナンスの確立には課題が多いことを論じている。**第12章「テロリズムの原因と対策」**(宮坂直史) は，テロ行為を生み出す原因の分析とそのネットワークに対する国内的，国際的なガバナンスの構築に関する包括的な分析枠組みを提示して，テロに関するグローバル・ガバナンスの議論を展開している。

終章「地球を覆い尽くすガバナンス体系—ジオ・ガバナンスの複合構造からみて」(山本武彦) は，全章の議論を総括する観点から，グローバル・ガバナンスの議論において「ジオ・ガバナンス」の必要性を論じている。

　本叢書は，グローバル・ガバナンス学会の5周年記念事業の一環として編集された。同学会は2012年に創設され，その後，研究大会や国際シンポジウム，学会誌『グローバル・ガバナンス』などを通じて，会員が研究成果を発表し，また知見を交わしてきた。会員数も大きく増加し，研究活動は充実の度を加えている。その一端は，本叢書に反映していよう。同時に本叢書では，日本におけるグローバル・ガバナンス研究の現時点を反映させるため，研究をリードしている非会員にも執筆をお願いした。本書の企画から刊行にあたっては，多くの関係者の惜しみない協力を頂戴した。協力くださった方々に対して，改めて心より感謝申し上げたい。本叢書が，今後の国際秩序をめぐる議論やグローバル・ガバナンス学の進展にとって，意義ある素材を提供できていれば望外の幸いである。

　2017年7月

『グローバル・ガバナンス学』叢書・責任編集者一同

『グローバル・ガバナンス学Ⅰ　理論・歴史・規範』◇目　次

はしがき

略語一覧

序　章　グローバル・ガバナンス
――国際秩序の「舵取り」の主体と方法……………………大矢根聡　1

1　はじめに　1
2　「舵取り」の主体と方法？　2
3　冷戦後の秩序像　4
4　分析概念としてのグローバル・ガバナンス　6
5　脱「冷戦後」の分析枠組みへ　11
6　おわりに　14

第1部　理論――グローバル・ガバナンス論の再検討

第1章　グローバル・ガバナンス論再考
――国際制度論の視点から………………………………古城佳子　20

1　はじめに　20
2　リベラリズムの系譜としての国際レジーム論と国際制度論　21
3　グローバル・ガバナンス論の台頭　25
4　国際経済におけるグローバル・ガバナンス　30
5　おわりに　33

第2章　国際秩序と権力…………………………………………初瀬龍平　37

1　はじめに　37

2　国際秩序と支配——基礎的考察　38
　3　国際秩序と権力①——歴史的考察　44
　4　国際秩序と権力②——機能的考察　47
　5　「国際秩序と権力」を超えて　51
　6　日本をめぐる国際秩序　53
　7　おわりに　56

第3章　グローバル・ガバナンスと民主主義
　　　　——方法論的国家主義を超えて……………………田村哲樹　59

　1　はじめに　59
　2　複数のグローバル民主主義論と方法論的国家主義　61
　3　方法論的国家主義の残存——コスモポリタン民主主義論の場合　63
　4　ポスト方法論的国家主義へ——グローバル市民社会論の再検討　68
　5　ポスト方法論的国家主義的な制度構想　73
　6　おわりに　76

第4章　グローバル・ガバナンスとしてのサミット
　　　　——政策調整「慣行」の視角から……………………大矢根聡　80

　1　はじめに　80
　2　グローバル・ガバナンスとしてのサミット　81
　3　大国間協調とソフトな制度的枠組みの間　83
　4　サミットにおける政策調整とその慣行化　85
　5　冷戦後のグローバル化推進・修正と政策調整慣行の断片化　91
　6　G20サミットにおける政策調整慣行の移植　95
　7　おわりに　98

目次

第2部　歴史——戦後国際関係史への視座

第5章　覇権システムとしての冷戦とグローバル・ガバナンスの変容……………………………菅英輝　104

1　はじめに　104
2　第二次世界大戦後の新たな国際秩序形成の動き—冷戦統合による米ソ中心のガバナンスの構築　106
3　米ソ共同管理体制形成の動きと両陣営内からの異議申し立て—顕在化する米ソ覇権システムの矛盾　108
4　第三世界における脱植民地化運動の挑戦—冷戦ガバナンスの変容と植民地支配の終焉　111
5　ブレトンウッズ体制の崩壊とソ連型経済システムの行き詰まり—冷戦統合の限界　114
6　「社会的デタント」と冷戦ガバナンスの終焉　119
7　おわりに　123

第6章　イギリス帝国からのコモンウェルスへの移行と戦後国際秩序……………………………山口育人　127

1　はじめに　127
2　「帝国世界の解体」の時代とコモンウェルス再編　128
3　ブレトンウッズ体制とコモンウェルス　129
4　インド洋安全保障問題とコモンウェルス　135
5　戦後グローバル・ガバナンスの転換とコモンウェルス　141
6　おわりに　142

第7章　「開発」規範のグローバルな普及とリージョナル・アプローチ——アジア開発銀行(ADB)創設を事例にして
……………………………………………………鄭敬娥　146

1 はじめに 146
2 「開発」規範の生成と歴史的展開 148
3 南北問題の出現と開発規範の普及 151
4 ADB規範の形成 153
5 「アジア的方法」（Asian Way）の模索 159
6 おわりに 160

第8章 戦争とグローバル・ガバナンス
―戦争違法化は平和への進歩か？……………………三牧聖子 167

1 はじめに 167
2 戦争違法化は平和への進歩か？ 169
3 「不戦条約の核心」としての第2条 174
4 おわりに 180

第3部 規範――規範創出・転換をめぐる外交

第9章 貿易自由化ガバナンスにおける多角主義と地域主義
――マルチエージェント・シミュレーションによる行動規範の分析
……………………………………………………鈴木一敏 186

1 はじめに 186
2 貿易自由化におけるガバナンスの変容 187
3 先行研究と問題提起 190
4 譲許交換モデルの構成 192
5 シミュレーションによる検証 196
6 おわりに 202

第10章　ウクライナ危機とブダペスト覚書
　　　　——国際規範からの逸脱をめぐる国際社会の対応………東野篤子　205

1　はじめに　205
2　グローバル・ガバナンス研究と国際規範　206
3　ウクライナ危機とグローバル・ガバナンス　207
4　クリミア危機とブダペスト覚書をめぐる各国の「規範」　209
5　おわりに　215

第11章　国連海洋法条約と日本外交
　　　　——問われる海洋国家像………………………………都留康子　221

1　はじめに　221
2　第1次・第2次国連海洋法会議と日本の後悔？　222
3　第3次国連海洋法会議と日本　225
4　日本の描く海洋国家像　230
5　おわりに　232

第12章　日本による人間の安全保障概念の普及
　　　　——国連における多国間外交…………………………栗栖薫子　236

1　はじめに　236
2　冷戦後の日本外交におけるグローバル・ガバナンスへの関与とその漸進的変化　237
3　政策決定者による国力認識と対外政策　239
4　日本の多国間外交の特徴　241
5　人間の安全保障——グローバルな理念の提示と「知的リーダーシップ」の追求　243
6　国連総会における概念の普及をめぐって——外務省の役割　245
7　おわりに　251

略語一覧

A

ACP〔Africa, Caribbean, and Pacific〕 アフリカ・カリブ海・太平洋
ADB〔Asian Development Bank〕 アジア開発銀行
ADMM〔ASEAN Defense Ministers' Meeting〕 ASEAN 国防相会議
AEC〔ASEAN Economic Community〕 ASEAN 経済共同体
AfDB〔African Development Bank〕 アフリカ開発銀行
AICHR〔ASEAN Intergovernmental Commission on Human Rights〕 ASEAN 政府間人権委員会
AIIB〔Asian Infrastructure Investment Bank〕 アジアインフラ投資銀行
APCN〔ASEAN Peacekeeping Centers' Network〕 ASEAN 平和維持センター・ネットワーク
APEC〔Asia-Pacific Economic Cooperation〕 アジア太平洋経済協力会議
APSC〔ASEAN Political-Security Community〕 ASEAN 政治安全保障共同体
APT〔Advanced Persistent Threat〕 高度で執拗な脅威
ART〔Antiretroviral therapy〕 抗 HIV 薬療法
ARF〔ASEAN Regional Forum〕 ASEAN 地域フォーラム
ASCC〔ASEAN Socio-Cultural Community〕 ASEAN 社会文化共同体
ASEAN〔Association of Southeast Asian Nations〕 東南アジア諸国連合
AU〔African Union〕 アフリカ連合

B

BHN〔Basic Human Needs〕 人間の基本的ニーズ
BND〔Bundesnachrichtendienst〕 ドイツ連邦情報局

C

CDM〔Clean Development Mechanism〕 クリーン開発メカニズム
CET〔Common External Tariff〕 域外共通関税
CLMV〔Cambodia, Laos, Myanmar, Vietnam〕 カンボジア・ラオス・ミャンマー・ベトナムの4カ国
COP〔Conference of the Parties〕 締約国会議
CSBMs〔Confidence and Security Building Measures〕 信頼・安全醸成措置
CSCAP〔Council for Security Cooperation in the Asia Pacific〕 アジア太平洋安全保障協力会議
CSEC〔Commercial Sexual Exploitation of Children〕 子どもの性的搾取
CSR〔Corporate Social Responsibility〕 企業の社会的責任
CTBT〔Comprehensive Nuclear Test Ban Treaty〕 包括的核実験禁止条約

CU〔Customs Union〕関税同盟

D

DAC〔Development Assistance Committee〕開発援助委員会
DDoS〔Distributed Denial of Service〕分散型サービス拒否

E

EC〔European Communities, European Community〕欧州共同体
ECB〔European Central Bank〕欧州中央銀行
ECHR〔European Convention on Human Rights〕欧州人権条約
ECOSOC〔United Nations Economic and Social Council〕国連経済社会理事会
ECSC〔European Coal and Steel Community〕欧州石炭鉄鋼共同体
EEA〔European Environment Agency〕欧州環境庁
EEAS〔European External Action Service〕欧州対外行動庁
EEC〔European Economic Community〕ヨーロッパ経済共同体
EEZ〔Exclusive Economic Zone〕排他的経済水域
ETS〔Emissions Trading Scheme〕排出権取引制度
EU〔European Union〕欧州連合
EU ETS〔European Union Emission Trading Scheme〕EUの排出量取引制度
EU SDS〔Sustainable Development Strategy in the EU〕EUの持続可能な発展戦略
EURATOM〔European Atomic Energy Community〕欧州原子力共同体
EV〔Electric Vehicle〕電気自動車

F

FAO〔Food and Agriculture Organization of the United Nations〕国連食糧農業機関
FTA〔Free-Trade Agreement〕自由貿易協定

G

GCHQ〔Government Communications Headquarters〕イギリス政府通信本部
GGE〔Group of Governmental Experts〕政府専門家会合
GIPA〔Greater Involvement of People Living with or Affected by HIV/AIDS〕（エイズ対策への）HIV陽性者のより広範な関与
G20〔Group of Twenty〕20カ国首脳会議
G7〔Group of Seven〕主要7カ国首脳会議

H

HDI〔Human Development Index〕人間開発指数
HIV〔Human Immunodeficiency Virus〕ヒト免疫不全ウイルス

I

IAEA〔International Atomic Energy Agency〕国際原子力機関

IANA〔Internet Assigned Numbers Authority〕 インターネット・アサインド・ナンバーズ・オーソリティ
ICANN〔Internet Corporation for Assigned Names and Numbers〕 アイキャン
ICAO〔International Civil Aviation Organization〕 国際民間航空機関
ICBM〔Intercontinental Ballistic Missile〕 大陸間弾道ミサイル
ICC〔International Criminal Court〕 国際刑事裁判所
ICJ〔International Court of Justice〕 国際司法裁判所
ICT〔Information and Communication Technology〕 情報通信技術
IDA〔International Development Association〕 国際開発協会
IDB〔Inter-American Development Bank〕 米州開発銀行
IEA〔International Energy Agency〕 国際エネルギー機関
IETF〔Internet Engineering Task Force〕 インターネット・エンジニアリング・タスク・フォース
IGF〔Internet Governance Forum〕 インターネット・ガバナンス・フォーラム
IGTF〔Internet Governance Task Force〕 インターネット・ガバナンス・タスク・フォース
ILO〔International Labour Organization〕 国際労働機関
IMF〔International Monetary Fund〕 国際通貨基金
IMO〔International Maritime Organization〕 国際海事機関
INDCs〔Intended Nationally Determined Contributions〕 約束草案
ILO〔International Labour Organization〕 国際労働機関
IOM〔International Organization for Migration〕 国際移住機関
IP〔Internet Protocol〕 インターネット・プロトコル
IPCC〔Intergovernmental Panel on Climate Change〕 気候変動政府間パネル
IRA〔Irish Republican Army〕 アイルランド共和国軍
IS／ISIS／ISIL〔Islamic State〕 イスラム国
ISAF〔International Security Assistance Force〕 国際治安支援部隊
ITU〔International Telecommunication Union〕 国際電気通信連合

J

JFC〔Japanese Filipino Children〕 ジャパニーズ・フィリピノ・チルドレン
JICA〔Japan International Cooperation Agency〕 国際協力機構

K・L

LAFTA〔Latin American Free Trade Association〕 ラテンアメリカ自由貿易連合
LDC〔Least Developed Countries〕 後発開発途上国

M

MAD〔Mutual Assured Destruction〕 相互確証破壊
MAS〔Multi-Agent Simulation〕 マルチエージェント・シミュレーション
MDGs〔Millennium Development Goals〕 ミレニアム開発目標

MI 5〔Military Intelligence 5〕　イギリス保安部
MI 6〔Military Intelligence 6〕　イギリス秘密情報部（正式名称 SIS）

N

NATO〔North Atlantic Treaty Organization〕　北大西洋条約機構
NDCs〔Nationally Determined Contributions〕　国別削減目標
NGO〔Non-Governmental Organization〕　非政府組織
NIEO〔New International Economic Order〕　新国際経済秩序
NPT〔Treaty on the Non-Proliferation of Nuclear Weapons〕　核不拡散条約
NSA〔National Security Agency〕　アメリカ国家安全保障局

O

OAS〔Organization of American States〕　米州機構
ODA〔Official Development Assistance〕　政府開発援助
OECD〔Organisation for Economic Co-operation and Development〕　経済協力開発機構
OHCHR〔Office of the UN High Commissioner for Human Rights〕　国連人権高等弁務官事務所
OIC〔Organisation of Islamic Cooperation〕　イスラム協力機構

P

PEPFAR〔President's Emergency Plan for AIDS Relief〕　大統領エイズ救済緊急計画（アメリカ合衆国）
PKF〔Peacekeeping Forces〕　国連平和維持軍
PKO〔United Nations Peacekeeping Operations〕　国連平和維持活動

Q・R

RFC〔Request For Comments〕　コメント要請（インターネットの各種の規約のこと）
RTA〔Regional Trade Agreement〕　地域貿易協定

S

SALT〔Strategic Arms Limitation Treaty〕　戦略兵器制限交渉
SCO〔Shanghai Cooperation Organization〕　上海協力機構
SDGs〔Sustainable Development Goals〕　持続可能な開発目標
SIGINT〔Signal Intelligence〕　信号インテリジェンス
SIS〔Secret Intelligence Service〕　イギリス秘密情報部（通称 MI 6）
START〔Strategic Arms Reduction Treaty〕　戦略兵器削減条約

T

TAC〔Treaty of Amity and Cooperation in Southeast Asia〕　東南アジア友好協力条約
TAC〔Treatment Action Campaign〕　治療行動キャンペーン
TAN〔Transnational Advocacy Network〕　トランスナショナル・アドボカシー・ネットワーク

TPP〔Trans-Pacific Partnership〕 環太平洋パートナーシップ協定
TRIPS協定〔Agreement on Trade-Related Aspects of Intellectual Property Rights〕 知的所有権の貿易関連の側面に関する協定

U

UN〔United Nations〕 国際連合
UNAIDS〔The Joint United Nations Programme on HIV/AIDS〕 国連合同エイズ計画
UNCLOS〔United Nations Convention on the Law of the Sea〕 海洋法に関する国連条約（通称 国連海洋法条約）
UNCTAD〔United Nations Conference on Trade and Development〕 国連貿易開発会議
UNDP〔United Nations Development Programme〕 国連開発計画
UNEP〔United Nations Environment Programme〕 国連環境計画
UNESCO〔United Nations Educational, Scientific and Cultural Organization〕 国連教育科学文化機関
UNFCCC〔The United Nations Framework Convention on Climate Change〕 国連気候変動枠組条約
UNFPA〔United Nations Population Fund〕 国連人口基金
UN-Habitat〔UN Human Settlements Programme〕 国連人間居住計画
UNHCHR〔United Nations High Commissioner for Human Rights〕 国連人権高等弁務官（事務所）
UNHCR〔United Nations High Commissioner for Refugees〕 国連難民高等弁務官事務所
UNHRC〔United Nations Human Rights Council〕 国連人権理事会
UNICEF〔The United Nations Children's Fund〕 国連児童基金
UNISDR〔UN International Strategy for Disaster Risk Reduction〕 国連国際防災戦略事務局
UNODC〔United Nations Office on Drugs and Crime〕 国連薬物・犯罪事務所
UNOPS〔The UN Office for Project Services〕 国連プロジェクト・サービス機関
UN Women〔United Nations Entity for Gender Equality and the Empowerment of Women〕 ジェンダー平等と女性のエンパワーメントのための国連機関
UPU〔Universal Postal Union〕 万国郵便連合
USB〔Universal Serial Bus〕 ユニバーサル・シリアル・バス

V・W・X・Y・Z

WFP〔World Food Programme〕 世界食糧計画
WHO〔World Health Organization〕 世界保健機関
WSIS〔World Summit on the Information Society〕 世界情報社会サミット
WTO〔World Trade Organization〕 世界貿易機関
WWF〔World Wide Fund for Nature〕 世界自然保護基金
WWW〔World Wide Web〕 ワールド・ワイド・ウェブ
W3C〔World Wide Web Consortium〕 ワールドワイド・ウェブ・コンソーシアム

序　章

グローバル・ガバナンス
――国際秩序の「舵取り」の主体と方法――

大矢根　聡

1　はじめに

　2巻からなる本叢書では，国際社会においてグローバルな課題に対処し，国際秩序を追求する動きを捉える。もちろん，課題の解決や国際秩序の形成・運営の過程では，画期的な国際協調の試みだけでなく，深刻な軋轢も生じる。本叢書の各章は，そうした現象を多角的・包括的に考察するが，共通する分析視角としてグローバル・ガバナンスの概念を用いている。ここでは，各章に先立つ序章として，グローバル・ガバナンス概念の特質と，その分析上の射程を明確にしておこう。

　グローバル・ガバナンス概念は，冷戦が劇的に幕を閉じた後，鮮やかな印象を放って登場した。冷戦の対立が終結し，いよいよグローバルな課題に協調して取り組める。対立を乗り越えて，国際秩序を構築する可能性が増している――そのような展望と期待を背景にして，この概念は姿を見せた。それはまた，国際関係の分析においても，新たな地平を拓くように思われた。しかし同時に，グローバル・ガバナンス概念は曖昧であり，明快な分析に馴染まない，という批判の声もあった。それから，早くも20数年が経過した。グローバル・ガバナンス概念は，実際にどのような分析上の意義を持ったのか。また，冷戦後から変貌を遂げた今日の世界について，何を語ってくれるのか。

　本章では，まずグローバル・ガバナンス概念について，その元来の意味を再確認し，それが冷戦後に登場した意義を問い直す。また，分析の道具として，この概念がどのような特徴を備えていたのか，再考したい。そのうえで，この

概念が今日の世界の分析に有効であるとすれば，どのような点においてなのか，分析概念として，どのように運用すべきなのかについて，検討を進めたい。

2 「舵取り」の主体と方法？

　グローバル・ガバナンスの概念は，まず1992年に，J. ロズノウと O. チェンピールが『ガバメントなきガバナンス』において提示した（Rosenau and Czempiel 1992）。同書のタイトルが象徴しているように，ガバメント（政府）的な実態的組織の整備ではなく，ガバナンス（統治）という機能へと視点を移した点，その視点から国際秩序を支える多様なメカニズムを照らし出そうとした点は，新鮮であった。その後，グローバル・ガバナンスの語を掲げた研究書は多数刊行されたが，匹敵するようなインパクトを与えた例は見当たらない。

　この刊行と同じ年，国連にグローバル・ガバナンス委員会と称するグループが設けられ，実務の場で冷戦後の課題と国際秩序を検討する作業が始まった。その議論は，1995年の報告書（Our Global Neighbourhood：邦訳『地球リーダーシップ』）に結実し，国連の関連組織の運営や国際交渉の実務において，無視できない影響を及ぼした（グローバル・ガバナンス委員会 1995）。これらと並行して，やはり1992年，ロンドン大学のロンドン・スクール・オブ・エコノミクスにグローバル・ガバナンス研究所が創設された。これは，グローバル・ガバナンスの語を冠した研究機関，大学の学部・学科などが設立される先駆けとなった。日本の大学にも，同様の組織が数多く見られる。また1995年には，雑誌『グローバル・ガバナンス』が発刊され，研究者が研究成果を世に問う場となった[1]。グローバル・ガバナンスをタイトルに掲げた著書，書籍シリーズは，現在も多数刊行されている。こうしてグローバル・ガバナンス概念は，学界に広く普及し，実務の場でも定着したのである。

　これほど流布したグローバル・ガバナンスの概念であるが，これを日本語に適切に訳すのは難しい。その直訳は「地球規模の統治」であろうが，「統治」には，強い立場からの支配・管理の語感が強く，元来のガバナンス概念とは乖離がある。ガバナンスは「統治」の意味を含みつつも，水平的な関係性におい

て自発的に協力し，役割を分担することを想定しているのである。この概念が登場した当初は，むしろ後者に力点があった。

　しばしば指摘されるように，ガバナンスの語は「(船の) 舵をとる」というギリシャ語を起源としている。この由来が示すように，ガバナンスは全体的な運営や制御の行為を指し示し，しかしその舵取りの主体，方法は明示していない。この点は示唆的である。というのも，グローバル・ガバナンス概念は，国際秩序のメカニズムを指し示しながらも，そのメカニズムを誰がどのように作動させるのか——主体と方法を特定していないのである。むしろ主体と方法をオープンにし，多様な存在を許容した点にこそ，この概念の斬新さがあった。同時に，この点は，概念が漠然としているという批判を招く一因にもなったと思われる (Overbeek 2010 ; Dingwerth and Pattberg 2006)。

　主体と方法の開放性は，グローバル・ガバナンスの定義の試みにも明らかである。主要な定義の例として，R. O. コヘインは「ある集団の集合的活動を導き，制限する公式・非公式の手続きと制度」と規定した (Keohane 2000)。グローバル・ガバナンス研究を主導する J. G. ラギーやロズノウ等も同様の定義を示しており，コヘインの定義は一般的なものであろう[2]。その定義は，主体を抽象的な集団とし，国家だけでなく企業や NGO など，多様な存在に適合するように定めている[3]。また方法——共通の課題に対応し，そのために集合的な行動を方向づける要素——に関して，コヘインはフォーマル (公式的) な国際レジーム (制度や規程など) だけでなくインフォーマル (非公式的) な存在 (手続きや慣行など) を想定しているのである。

　ここでいう国際レジームとは，国際関係の特定の分野において，各国が互いに了解し合ったルールや相互期待を指す (山田・大矢根 2011：60-61；Krasner 1983)。フォーマルかインフォーマルかの区別は，そのルールが緻密か，拘束力が強いか，第三者機関への権限委譲が認められるかどうかによって判断される[4] (Abbott and Snidal 2001)。すなわちフォーマルな国際レジームは，制度化が進んだ国際機構や国際条約などであり，WTO (世界貿易機関) や EU (欧州連合) が典型例であろう。インフォーマルな国際レジームは，制度化の進展よりも緩やかな拘束力による広範な支持を重視した，紳士取決めや宣言，慣行などであり，世界人権宣言や初期の APEC (アジア太平洋経済協力) がその好例であろ

う。また国際レジームは，一般的には国家間のルールや規範であるが，NGOや企業などが構成主体となる場合があり，後者はプライベート・レジーム（私的レジーム）と呼ばれる。

　すなわち，グローバル・ガバナンスは多様な主体が連携し，多様な国際レジームを有機的に組み合わせて秩序メカニズムを構成する，その全体的構造を捉える概念なのである。

3　冷戦後の秩序像

1　従来型ガバナンス

　なぜ，このようなグローバル・ガバナンス概念が冷戦後に浮上し，急速に関心を集めたのか。なぜ，国際秩序の主体と方法について，その多様性が着目されたのか。

　国際秩序は，冷戦後に初めて構想されたわけではなく，その議論や検討の歴史はきわめて長い。冷戦に限らず，大規模な戦争が幕を閉じると，戦勝国が国際秩序を構築しようとするのが，むしろ常であった。冷戦終結前の国際秩序も，第二次世界大戦の戦後構想を原点としていた。アメリカが中心となって国際連合を創設し，また第二次世界大戦が経済的対立に起因した教訓から，IMF（国際通貨基金）や世界銀行（国際復興開発銀行）を戦中から用意していたのである。

　言い換えれば，グローバル・ガバナンス的な概念は，冷戦終結後に限らず，それ以前にも成立しえた。実際にラギーは，従来型の国際的ガバナンスと新たなガバナンス（トランスナショナルなガバナンス）を対置して示している（Ruggie 2014）。従来型ガバナンスは，主体の点で階層的，国家中心的・中央集権的であり，国家（政府）とりわけ大国を基軸とした。また方法の点では，官僚的専門知識に基づいてフォーマルな国際レジームを形成・運用し，各国にその遵守を求めるのが一般的であった（Ruggie 2014：8；Abbott and Snidal 2014；Abbott and Snidal 2001）。上に述べた第二次世界大戦後の国連や IMF などに基づく国際秩序も，その一例である。

2　冷戦後プロジェクト

　しかし冷戦終結によって，国際社会は大きな変貌を遂げた。それは，一面では，従来型ガバナンスがいっそう機能する可能性を拡大した。しかし他面では，その限界を示し，ガバナンスの組み替えを促すものであった。すなわち，第1に，アメリカとソ連（1991年以降はロシア），あるいは両者をそれぞれの頂点とする西側陣営と東側陣営が対立関係を転換し，大国間協調の可能性が高まった。第2に，その大国間協調を背景にして，冷戦下にはしばしば機能不全に陥った国連（特に安全保障理事会）が，効果的に機能するものと考えられた。また，ソ連（ロシア）や東側諸国が，実質的に西側の国際経済レジームであった世界銀行やIMFに次々と加入していった。ここに，従来型ガバナンスの中核をなしていた大国間協調と既存の国際レジームが機能を高め，相乗効果をあげる展望が開けたのである。

　第3には，こうして各国が結びつきを強めた延長線上で，グローバル化が進展した。グローバルな経済や情報などの流れが，各国政府に管理できないほどの速度と規模で膨張したのである。このため，一方では，各国が協調して取り組むはずの課題が，グローバルな広がりと技術的な複雑さを伴い，各国政府の手に負えないものになった。たとえば，内戦や経済危機，地球環境の悪化や感染症の流行などが，次々と国境を超え，また複雑な影響を及ぼしあった。その結果，グローバルな課題は，安全保障や貿易などの特定の分野や，既存の国際レジームの枠を超えてしまい，分野横断的な対応が必要になった。また，国際レジーム間の調整が避けられなくなったのである。

　他方で，そのグローバル化の波に乗ってNGOや企業などが活発化し，国境を超えたつながりを強めた。これと並行して，NGOや企業などは現場の知見や専門的な情報を蓄積してゆき，問題によっては国家の持つ知見を凌ぐまでになった。各国政府がグローバルな課題に対応する際に，民間の知見や情報を活用するようになったのは，そのためでもある。

　こうして，冷戦の対立が鎮静化すると大国間協調が可能になったものの，同時に国家の能力が相対的に低下し，非国家的主体の関与を必要とするようになった。大国間あるいは国家間の協調に集約されない，グローバル・ガバナンスという新たな概念が浮上したのは，後者に関する認識が作用したからにほか

ならない (Weiss and Wilkinson 2014；Weiss and Gordkenker 1996)。国連グローバル・ガバナンス委員会の報告書も，国家から構成される国連の傘下の委員会でありながら，国家の「競争相手」が台頭し，「グローバル・ガバナンスに貢献できる多くの新しい主体」が現れた，という時代認識を示したのである（グローバル・ガバナンス委員会 1995：29-30）。

したがって，冷戦後のグローバル・ガバナンス概念は，従来型ガバナンスとは異なる構成になった。その主体は，従来の階層的で国家中心的・中央集権的ではなかった。分権的性格を特徴とし，大国以外のミドル・パワーやNGO，企業，地方自治体など，多様な存在を視野に入れたのである。方法の側面でも，従来の官僚的専門知識に頼るのでなく，いわば拡散的に多様な主体の知見・情報を活用し，フォーマルな国際レジームだけでなくインフォーマルな枠組みを活用するものとしたのである（Ruggie 2014：8-10；Abbott and Snidal 2014）。そこに成立する国際秩序は，ロズノウの言葉を借りるなら「パッチワーク・キルト」のように，多様な要素からなる複合的・重層的なルール・規範の集合体に支えられる姿で描き出された（Rosenau 2011：15）。その運営にあたっても，強制ではなく説得，リーダーシップよりも参加・関与の範囲の拡大と説明責任が重視されたのである（Keohane 2002b）。

冷戦後に，国際秩序形成に向けた趨勢が顕著になると観測し，その様相と力学を把握する——いわば「冷戦後プロジェクト」の中心的概念として，グローバル・ガバナンスは浮上したのである。

4　分析概念としてのグローバル・ガバナンス

1　下位概念

グローバル・ガバナンスは，すでに述べたように外交や国際機構の運営といった，実践の場でも用いられた。しかし，それ以上に研究の場で，分析概念として多用された。その分析において，この概念はどのような特質を持ち，研究上の次元を示したのか。

この概念は，主体と方法の多様性を前提にしていたため，必然的に多数の下位概念を伴った。主体に関しては，特にトランスナショナル・リレーションズ

（脱国家的関係），もしくはグローバル市民社会が中心的な下位概念であろう。方法に関しては，国際レジーム，プライベート・レジーム，レジーム・コンプレックス（複合レジーム），国際規範，安全保障共同体など，さらに多様な概念が挙げられる。ただし，これらの多くはグローバル・ガバナンス概念の登場以前から存在し，あるいはグローバル・ガバナンスとは異なる文脈で登場した。グローバル・ガバナンス概念は，それらを引き寄せ，包含するとともに，各概念の分析上の力点を移動させ，一定の方向性を与える磁石のように作用した。重要なのは，その結果として，国際的現象の記述と解釈がどのように更新されたのか。新たな因果関係を浮き彫りにし，知見を広げたかどうかであろう。

　まず，下位概念を概観し，それらの相互関係を整理しておこう。主体に関わるトランスナショナル・リレーションズは，周知のように，国家以外の民間主体の国境を超えた関係，具体的には NGO や企業などの結びつきを意味する（Keohane and Nye 1971）。グローバル市民社会は，そのトランスナショナル・リレーションズのネットワークにおいて，NGO が中核となって各国国内の市民社会が結合し，国境を超えて成立した空間だといえる（Keane 2003；Falk 1995）。こうした NGO や企業に加えて，国家内の各主体は，グローバルな課題に関して一定の理解や対応策，それらに関連する基本概念や認識を抱いている。それらが，それ自体で（すなわち，それを抱く主体のパワーや利益によらなくても）一定の政治的作用を及ぼし，政策決定や対外行動を促すのであれば，理念（アイディア）にあたる。

　その理念が原則や原理となって，国際規範や国際レジーム，プライベート・レジーム，レジーム・コンプレックスなどが成立し，それらに基づいて国際秩序が実現すると考えられる。まず国際規範は，特定の理念が，多数の国家やNGO などの主体に受容され，広く共有されるに至ったものである。理念が国際規範になると，関係する主体は，それに則して行動する傾向を強める。国際レジームは，この国際規範が緻密で拘束力のある体系的ルールに発展し，場合によっては，それを運営・協議する組織を備えた形態である（フォーマルな国際レジーム）。ただし，詳細で拘束力あるルールを欠き，一定の行動準則や慣行などにとどまる場合も多い（インフォーマルな国際レジーム）。

　こうしたレジームは，その主体や課題によっては，地域的に近接する範囲の

みで実現し，地域レジームとして機能する。安全保障共同体は，地域レジームとして制度化が大きく進展した形態であり，EU（欧州連合）はその典型であろう。そこでは，各国が関係を強めて共通のアイデンティティが醸成されるに至り，紛争を平和的な手段で解決し，地域秩序の平和的変化について予測が可能な状況にある（Adler and Barnett 1998）。また，民間の NGO や企業などが主体となるプライベート・レジームは，国家間のレジーム形成が難しい問題領域や状況において，独自の役割を演じている（Pattberg 2007；阪口 2013）。

　グローバル・ガバナンスは，国際的な社会制度である点で，国際レジームの一種である。ただし，国際レジームが個別分野のルールや規則であるのに対して，グローバル・ガバナンスは分野横断的であり，広範な国際秩序のメカニズムとして機能する，より包括的な上位の存在なのである（Young 1999）。先に挙げたレジーム・コンプレックスは，複数分野の国際レジームが連動し，あるいは矛盾を調整して複合化してゆき，グローバル・ガバナンスへと向かう一段階をなす（Raustiale and Victor 2004；大矢根 2009）。なお，たとえば地球環境分野には，気候変動や生物多様性など，複数の個別領域の条約や協定があり，また貿易分野にも，国際的な WTO とともに各地域の FTA（自由貿易協定）が併存する。このため，個別分野ではあるが，地球環境ガバナンスや貿易ガバナンスが成立しうる。

2　理論ではなくパラダイム

　上にみたように，グローバル・ガバナンスの特徴は，多様な概念を包含している点にある。同時に，もう1つの特徴は，その下位概念や関連する仮説，モデルなどが十分に体系化せず，グローバル・ガバナンス概念の傘下に散在している点にある。というのも，体系化の中核をなす命題——何がどのように国際秩序を実現するのかに関して，下位概念を関連づけて明確な因果関係を示す仮説を，客観的に実証したもの——が欠けているのである。その意味において，グローバル・ガバナンスは完成度の高い理論ではなく，漠然とした理論的パラダイムにとどまる。かつての相互依存（論）がそうであったのと同様にである（山影 1989）。すなわち，グローバル・ガバナンス概念に基づく研究は，国際秩序をめぐる諸現象を関連概念を用いて把握し，解釈し，しかし命題を摸索して

いる段階にあるといえる。

この理論化の不徹底は，実は，グローバル・ガバナンス概念の特質による必然的帰結でもある。主体と方法の多様性を特質にしたため，この概念は自ずと複雑で多元的な構成になる。その様相は，理論化に不可欠な簡潔性，単純化とまさに逆行するのである。グローバル・ガバナンス概念を分析に用いれば，国際的現象に秩序化の動きを検出し，その様相と規定要因などに迫り，新鮮な知見が獲得できる。ただし，それらを因果関係の明晰な命題に結晶化し，それに基づいて演繹的分析を実施するのは難しい。

3 分析の焦点

そうだとしても，先に触れたように，グローバル・ガバナンスは下位概念を具体的現象に適用する際，一定の方向づけをした。それが独自の分析を可能にしたのは確かである。

第1に，グローバル・ガバナンス概念は主体の多様性に着目したため，国家・NGO 間や NGO・企業間の協働を浮き彫りにし，特に NGO の役割を国際秩序形成の文脈において再評価した（O'Brien et al. 2000；Pattberg 2007；Sinclair 2012；Whitman 2009；勝俣 2001；松下・山根 2013）。その結果，NGO や市民社会集団が国家や国際機構に問題や政策を提言する，アドボカシー活動の意義が明確になった。それだけでなく，街頭行動や抗議運動さえ，グローバル・ガバナンスの構成要素として捉えられた。後者の活動は一見，国際秩序に背反するが，国際レジームに潜む難点や国際レジームから脱落している問題を争点化し，国際レジームの新設や修正の契機となったのである（Willetts 2011；Willkinson 2006）。こうして，たとえば紛争ダイヤモンド取引に関するキンバリー・プロセス認証制度のように，安全保障の関連分野でもプライベート・レジームが成立する背景が浮き彫りになった。

第2に，グローバル・ガバナンス概念は，インフォーマルな国際レジームの研究を再び活性化した。フォーマルな国際レジームは，各国間の取引コストを軽減し，確かな情報（完全情報）を提供して，国際協調を阻害する集合行為問題を緩和する。この点では，インフォーマルな国際レジームは見劣りするものの，対立する主体が一定の国際レジームの形成に合意する際には，インフォー

マルな形態のほうが妥協しやすい (Abbott and Snidal 2001)。こうしたインフォーマルな国際レジームは，国際レジーム研究が本格化した1980年代前半，大きな関心を集めた。しかし1980年代から90年代前半，ネオリアリズム（新現実主義）・ネオリベラリズム（新自由主義）論争が研究者の目を奪い，論争が国際レジームによる国際協調の可能性を争点にすると，関心は急速に低下した (Baldwin 1993：8-11)。ネオリアリズムとネオリベラリズムの双方が国際レジームの効果を検証するため，客観的分析に馴染むフォーマルな形態の分析に集中したのである。グローバル・ガバナンス概念は，国際レジームへの関心を再び多様化し，インフォーマルな形態やプライベート・レジームなどへと導いた[5]。

この2点を中心に，グローバル・ガバナンス概念は，各国が鋭く角逐する国際関係にあっても，多様な主体がグローバルな公共財を創出するために，多元的に協働する地平を照らし出した。すなわち，国際秩序が国家間関係のみでなく，多様な主体に支えられる点，また強制ではなく，説得や協働に依拠して秩序が安定する点，各主体が厳格な合意を欠いても，自発的行動による協調が成立しうる点などについて，興味深い現象と一定の傾向，要因が提示されたのである。こうした分析は，国際関係の理論的系譜においてはリベラリズム（自由主義）に位置付けられる。ただし，ネオリベラリズムのような明確化・単純化とは逆に，視野の多元化・複合化を進めた点で，独自の存在感を示している[6] (Sinclair 2012；Whitman 2009)。

もっとも，その多元化・複合化には代償が伴った。そもそも分析は，現象の特定の側面に照準を絞るため，必然的に他の側面をぼかす。グローバル・ガバナンスの場合は，国家の位置付けとその権力，政治的責任・正当性を曖昧化したのである (Barnett and Duvall 2005；遠藤 2010)[7]。グローバル・ガバナンス概念における主体の多様化は，実質的に国家の機能の限界を，他の主体が補完する意味を持った。とはいえ，国家と他の主体がどのような条件下でどのように機能分担するのか，そこに傾向やパターンがあるのか，明確になってはいない。国家の動揺は指摘されたが，新たな国家像は不明なのである。

また，民主主義の制度は，基本的に各国国内レベルで整備され，一定の正当性を備えている。そうであれば，グローバルな交渉の場において，一部の市民に犠牲が生じる決定が下される場合，その民主主義的な正当性を各国国内以外

の回路で確保するのは難しい。グローバル・ガバナンスにおけるNGOや企業などは，それを是正する役割を期待されているが，それによって，市民の意向が適正なバランスで反映するわけではない。仮に民間主体の自主的規制や自発的秩序が効果的に機能しても，それがなぜ，どのような正当性を持つのか。民間主体が恣意的行動に踏み出し，新たな権力を持つことはないのか──民主主義的統制をめぐる疑問は残る（Nölke 2006；Held 1995）。

5 脱「冷戦後」の分析枠組みへ

1 冷戦後プロジェクトの終焉と持続

　冷戦の終結後，すでに20数年が経過し，国際関係には構造的変化が生じている。それに伴って，先に言及した冷戦後プロジェクトも変化してきている。そうであれば，グローバル・ガバナンスの概念とその分析上の運用にも，一定の見直しが必要になろう。それを検討するために，まず国際関係に生じた構造的変化を確認したい。

　その構造的変化を印象づけたのは，さほど間を置かずに発生した，2つの危機であろう。2001年の9・11テロと2008年のリーマン・ショックである。それらはテロと経済危機という，対応の困難なグローバルな課題を鮮明に示しただけでなく，グローバル・ガバナンスの構成要素に変化を及ぼしたのである。

　9・11テロは，世界貿易センタービルと国防総省というアメリカ本土の中枢を襲い，世界に衝撃を与えた。同時に，アメリカがアフガニスタンとイラクとの戦争を開始し，多国間協調を逸脱する単独主義的行動に踏み出す契機になった。アメリカの単独主義的行動は，それと前後して京都議定書からの離脱，他国の内戦への介入姿勢にも散見され，グローバル・ガバナンスを揺さぶることになった。もちろん同時期にも，同じテロ対策について国連の場で国際的枠組みが進展したように，国家間協調は持続している。NGOや企業によるトランスナショナルな連携も，従来に劣らず進展している。そうだとしても，アメリカの存在と単独主義を考慮せずに，グローバル・ガバナンスを分析するのは難しくなったのである[8]。

　またリーマン・ショックは，グローバル経済の中核をなすアメリカを震源地

とし，各国に波紋を及ぼした。しかも，その収束を図る際に，今度はアメリカの力不足を印象づけ，他の先進国の協力はもとより，中国やインドなどの新興国に頼らざるをえなくなった。このため，対応の検討は，先進国からなるＧ７サミット（7カ国首脳会議）だけでなく，新興国を含むG20サミット（20カ国首脳会議）において実施されたのである。それと前後して，WTOや京都議定書後の地球環境交渉などにおいても，新興国の同意なくしては，グローバル・ガバナンスが描けない状況がみられた。同時に，中国がAIIB（アジア・インフラ投資銀行）や一帯一路構想を提案し，新興国がIMFや世界銀行における投票権の平等化を求める動きを示すなどした[9]。もっとも，新興国も国際レジームの改廃を追求してはおらず，なおも既存の国際レジームから利益を獲得し，それに依存している。

2　主体と方法の変化とその交錯──複合的グローバル・ガバナンスへ

以上の変化は，グローバル・ガバナンスにおける主体の多様化だとしても，国家レベルの多極化（大国・主要国の多極化）を意味しよう。同時に，中心的主体が国家へ回帰している点では，むしろ主体の多様性の縮減を意味する。この点では，伝統的な国家間関係が重要性を増し，従来型ガバナンスの適合する側面が拡大しているのである。すでにみたように，グローバル・ガバナンス概念では国家の位置づけが曖昧であったが，それを見直し，明確化する必要性はいっそう高くなっていよう。他方で，以前から役割を拡大しているNGOや企業のトランスナショナルな活動は持続しており，この両者がどのように交錯しているのかが，重要なポイントになる[10]（分析の一例として，Johnson 2014）。

これに関連して，D. D. アーヴェントやM. フィンモア等はグローバル・ガバナンスの主体を新たな観点から考察し直しており，示唆的である。彼女等は，国際機構や国境を越えた政府官庁間関係，NGOなどを「ガバナー」（統治者）として捉え，その役割を再検討したのである（Avant et al. 2010）。K. W. アボットやD. スナイダルが，国家や国際機構によるグローバル・ガバナンスの「オーケストレーション」（調和的編成）を論じているのも，一定の共通性を持つ問題意識に基づいていよう。ここでオーケストレーションとは，他の主体を管理し，ルール遵守を強制するのでなく，多様な主体の関与を促し，役割分担

序　章　グローバル・ガバナンス

を調整するような、誘導的な役割を指す。国家がNGOや企業に権限を部分的に委譲し、それらのネットワーク化や自発的行動を促すのである（Abbott et al. 2015；Abbott and Snidal 2015）。

　主体における国家間関係の変化（アメリカの単独主義と相対的衰退、新興国の台頭など）は、グローバル・ガバナンスの方法の国際レジームのあり方と複雑に連動しつつある。今日、冷戦後に進展するかにみえた国際レジーム間の調整が、部分的に難航しており、グローバル・ガバナンスの行方を不透明にしている。その一因が、この国家間関係の変化と国際レジームとの連動にあると考えられるのである。

　たとえば、WTO多国間交渉のドーハ・ラウンドは、貿易レジームと地球環境や労働のレジームに矛盾があるため、その調整を進めていた。しかし、先進国と新興国・途上国が異なる国際レジームを優先して衝突し、交渉が暗礁に乗り上げている（大矢根 2014）。D. ドレズナーが指摘するように、各国が国益の観点から異なる国際レジームを選好して「フォーラム・ショッピング」に陥り、国家間対立と国際レジーム間の競合が連動しているのである。かつて国際レジームは少数で、分野毎に分かれており、それぞれが国家間対立を緩和する効果をもった。しかし国際レジームが増大し、相互調整を図る局面になると、むしろ国際レジームは国家間対立の道具に転化する様相をみせている（Dresner 2008；大矢根 2012）。

　また国家間関係の変化は、既存の国際レジームの安定性を揺さぶる可能性を秘めている。IMFや世界銀行などの国際レジームは、かつてのアメリカや先進国のパワーと思想を反映している。新興国が台頭すると、そのルール体系とパワーの実態と不整合が拡大し、国際レジームの現状変更が問題になりかねないのである（Dresner 2008）。また、既存の国際レジームの効用や先進国の立場が揺らぐと、先進国とりわけアメリカが、国際レジームにコミットするインセンティヴを低めるおそれもある（Ikenberry 2008；Reich 2010）。

　他方では、共通の課題を前にして、各国が協調的に国際レジーム間調整を後押しする可能性もある。核兵器の拡散やテロの脅威などに対して、主要国は基本的に協調している。その各国が異なる国際レジームに参加しているため、各レジーム間のリンク・ポイントとなり、国際レジーム間調整を支える力学が作

用するのである（Rosecrance 2009）。また，国家間関係とは別に，NGO や企業などのトランスナショナルな連携は，その後も進展している。宗教・民族集団間の脱国境的関係や人の移動の拡大は，それに新たな様相を加えている。

　今日，こうした主体の変化と国際レジームがどのように共振し，国際レジームの安定化と動揺，相互調整と緊張がどのように推移し，グローバル・ガバナンスを左右しつつあるのか。その趨勢を捉え，パターンと規定要因を明確化することが課題になろう。グローバル・ガバナンス概念は元来複合的であったが，今日の情勢を的確に捉えるためには，その複合性を拡張し，異なる傾向が混交する様相に迫る必要がある。しかし同時に，不十分な理論化を後押しするために，得られた知見を類型化し，因果関係を明確化する作業にも力を注ぐべきであろう。

6　おわりに

　冷戦終結後，グローバル・ガバナンス概念を設けて捉えるべき，国際秩序に向けた動きが台頭した。現在，それがいっそう進展すると同時に，国家間関係に基づく従来型ガバナンスが再浮上している。この両者が交錯し，新たなダイナミズムが生まれつつある。その様相を見極め，理論化へと歩を進めることが，今日の分析上の課題であろう。

　グローバル・ガバナンスは国際関係の理論上，リベラリズムの系譜に位置していた。今日の動向を捉えるには，国家間関係に関するリアリズム的な知見も不可欠であろう。振り返れば，従来型ガバナンスの典型であった勢力均衡も，実は物理的パワーの釣り合いという，リアリズム的な力学のみで成立したわけではなかった。各国が勢力均衡を正当な秩序維持策とし，どの程度のパワーを保有しあうかについて一定の共通認識を確立するという，国際規範の支えを得て安定した。後者は，リベラリズムの観点なくしては捉えられない作用であった。リアリズムとリベラリズムの理論的枠組みは，一定の接点がありうるか，あるいは従来の理論の分類法自体が過度に単純だったのかもしれない。

　国際秩序の形成，安定化は単線的に進展するわけではなく，冷戦から今日にかけても，複雑な往復運動がみられるようである。また，一定の傾向性を示す

ような明確な知見は，獲得できていない。そうだとすれば，むしろ冷戦以前の歴史をふり返り，伝統的ガバナンスの本質的な傾向性や，その今日における痕跡を再確認する作業は，重要な意味を持つ（緒方・半澤 2004；遠藤 2010）。それは，国際関係史の見直しをも意味しよう。トランスナショナルな社会的つながりも，数世紀以前から各国の関係や安全保障に無視しえない影響を及ぼしていた（Maoz 2011）。同様に，思想的・哲学的な再検討も不可欠であろう。秩序の形成と安定化は，権力とその民主主義的制御と不可分であり，その今日的な考察と過去の知見の精査は，なおも重要な手がかりになると考えられる。

　したがって本叢書では，第1巻において理論に加えて思想・歴史の検討を行い，また国際関係の伝統的手段であった外交に力点を置いて，グローバル・ガバナンスのあり方を検討する。そのうえで，第2巻においてグローバル・ガバナンスの具体的様相について，その主体，地域・国際レベルにおける国際レジームのあり方，新たな領域における動態を分析してゆく。

【注】
1）『グローバル・ガバナンス（Global Governance）』誌は，国連システム学術評議会（ACUNS: The Academic Council on the United Nations System）の協力のもとで，Lynne Rienner Publishers 社から刊行されている。
2）グローバル・ガバナンス概念の理論的検討として，Finkelstein 1995を参照。
3）国連グローバル・ガバナンス委員会の定義においては，主体に関して「公的・私的主体」を明示している（グローバル・ガバナンス委員会 1995：28）。
4）この3点の基準は「法化（legalization）」の要件であり，フォーマルな国際レジームが高度に制度化した状態が法化にあたる。Abbott and Snidal 2001および同論文を収めた編著を参照。
5）しかし，インフォーマルな国際レジームの客観的分析が容易でないためか，やはり研究はフォーマルな国際レジームに集中しがちである。Dingwerth and Pattberg 2006, pp. 708-709を参照。
6）グローバル・ガバナンス研究の様相・動向については，Witman 2009を参照。
7）バーネットとデュボールの議論については，大矢根 2009も参照。
8）こうした問題関心に基づくグローバル・ガバナンスの分析として，総合研究開発機構・横田・久保・大芝編 2006。
9）こうした問題関心に基づくグローバル・ガバナンスの分析として，納家 2012，飯田 2013，『レヴァイアサン』50号，2012年春（特集1　国際ガバナンスの本質と変容）。
10）納家 2012 Kumar and Messener 2010も参照。

【参考文献】

飯田敬輔（2013）『経済覇権のゆくえ―米中伯仲時代と日本の針路』中央公論新社。
遠藤乾編（2010）『グローバル・ガバナンスの歴史と思想』有斐閣。
大矢根聡（2009）「レジーム・コンプレックスと政策拡散の政治過程―政策アイディアのパワー」大芝亮・古城佳子・石田淳責任編集／日本国際政治学会編『日本の国際政治学2―国境なき国際政治』有斐閣。
大矢根聡（2012）「東アジア・アジア太平洋地域制度とパワー・トランジション―台頭する中国をめぐる地域制度の重層的空間」『日米中関係の中長期的展望』日本国際問題研究所。
大矢根聡（2014）「国際規範と多国間交渉―GATT・WTOラウンド事例の比較分析」『グローバル・ガバナンス』第1号。
緒方貞子・半澤朝彦編著（2004）『グローバル・ガヴァナンスの歴史的変容―国連と国際政治史』ミネルヴァ書房。
勝俣誠（2001）『グローバル化と人間の安全保障―行動する市民社会』日本経済評論社。
グローバル・ガバナンス委員会，京都フォーラム監訳（1995）『地球リーダーシップ』NHK出版。
阪口功（2013）「市民社会―プライベート・ソーシャル・レジームにける NGO と企業の協働」大矢根聡編『コンストラクティヴィズムの国際関係論』有斐閣。
総合研究開発機構（NIRA）・横田洋三・久保文明・大芝亮編（2006）『グローバル・ガバナンス―「新たな脅威」と国連・アメリカ』日本経済評論社。
松下冽・山根健至（2013）『共鳴するガヴァナンス空間の現実と課題―「人間の安全保障」から考える』晃洋書房。
納家政嗣（2012）「新興国台頭とグローバル・ガバナンス」『新興国の台頭とグローバル・ガバナンスの将来』日本国際問題研究所。
山影進（1989）「相互依存論―パラダイム化の中の理論群」有賀貞・宇野重昭・木戸蓊・山本吉宣・渡辺昭夫編『講座国際政治（1）―国際政治の理論』東京大学出版会。
山本吉宣（2008）『国際レジームとガバナンス』有斐閣。
山田高敬・大矢根聡編（2011）『グローバル社会の国際関係論〔新版〕』有斐閣。
Abbott, Kenneth W. and Duncan Snidal（2001）"Hard and Soft Law in International Governance", Judith L. Goldstein, Miles Kahler, Robert O. Keohane, Ann-Marie Slaughter eds., *Legalization and World Politics*, The MIT Press.
Abbott, Kenneth W. and Duncan Snidal（2014）"Strengthening International Regulation through Transnational New Governance: Overcoming the Orchestration Deficit," *Vanderbilt Journal of Transnational Law*, no. 40.
Abbott, Kenneth W., Philipp Genschel, Duncun Snidal and Bernhard Zangl eds.（2015）*International Organizations as Orchestrators*, Cambridge University Press.
Adler, Emannuel and Michael Barnett eds.（1998）*Security Communities*, Cambridge University Press.
Alexandroff, Alan S., ed.（2008）*Can the World be Governed ?: Possibilities for Effective Multilateralism*, Wilfrid Laurier University Press.

Avant, Deborah D., Martha Finnemore and Susan K. Sell (2010) "Who Governs the Globe ?," Deborah D. Avant, Martha Finnemore and Susan K. Sell eds., *Who Governs the Globe ?*, Cambridge University Press.

Baldwin, David A. (1993) "Realism, Neorealism and the Study of World Politics," in Baldwin ed., *Neorealism and Neoliberalism: The Contemporary Debate*, Columbia University Press.

Barnett, Michael and Raymond Duvall eds. (2005) *Power in Global Governance*, Cambridge University Press.

Claude, Inis L. (1966) "Collective Legitimation as a Political Function of the United Nations," *International Organization*, vol. 20, no. 3.

Dingwerth, Klaus and Philipp Pattberg (2006) "Global Governance as Perspective on World Politics," *Global Governance*, vol. 12, no. 2.

Drezner, Daniel W. (2008) "Two Challenge to Institutionalism," in Alexandroff, Alan S. ed., *Can the World be Governed ?: Possibilities for Effective Multilateralism*, Wilfrid Laurier University Press.

Falk, Richard (1995) *On Human Governance: Toward a New Global Politics*, Polity Press.

Finkelstein, Lawrence S. (1995) "What is Global Governance ?," *Global Governance*, vol. 1, no. 1.

Held, David (1995) *Democracy and Global Order: From the Modern State to Cosmopolitan Governance*, Polity Press.

Ikenberry, G. John (2008) "America and the Reform of Global Institutions," in Alexandroff, Alan S. ed., *Can the World be Governed ?: Possibilities for Effective Multilateralism*, Wilfrid Laurier University Press.

Johnson, Tana (2014) *Organizational Progeny: Why Governments are Losing Control over the Proliferating Structures of Global Governance*, Oxford University Press.

Keane, John (2003) *Global Civil Society ?*, Cambridge University Press.

Keohane, Robert O. and Joseph S. Nye Jr. eds. (1971) *Transnational Relations and World Politics*, Harvard University Press.

Keohane, Robert O. and Joseph S. Nye Jr. (2000) "Introduction," in Nye and John D. Donahue eds., *Governance in a Globalizing World*, Brooking Institution Press.

Keohane, Robert O. (2002a) *Power and Governance in A Partially Globalized World*, Routledge.

Keohane, Robert O. (2002b) "Governance in a Partially Globalized World," in David Held and Anthony McGrew eds., *Governing Globalization: Power, Authority and Global Governance*, Polity Press.

Krasner, Stephen D. (1983) *International Regimes*, Cornell University Press.

Kumar, Ashwani and Dirk Messner (2010) *Power Shifts and Global Governance: Challenges from South and North*, Anthem Press.

Maoz, Zeev (2011) *Networks of Nations: The Evolution, Structure and Impact of International Networks, 1816–2001*, Cambridge University Press.

Nölke, Andres (2006) "Private Norms in the Global Political Economy," in Giesen, Klaus-Gerd and Kees Van Der Pijl eds., *Global Norms in the Twenty-first Century*, Cambridge University Press.

O' Brien, Robert, Ann Marie Goetz, Jan Aart Scholte and Marc Williams (2000) *Contesting Global Governance: Multilateral Economic Institutions and Global Social Movements*, Cambridge University Press.

Overbeek, Henk et al. (2010) "Global Governance: Decline or Maturation of an Academic Concept," *International Studies Review*, vol. 12.

Pattberg, Philipp (2007) *Private Institutions and Global Governance: The New Politics of Environmental Sustainability*, Edward Elgar.

Raustiala, Kal and David G. Victor (2004) "The Regime Complex for Plant Genetic Resources," *International Organization*, vol. 58, no. 2.

Reich, Simon (2010) *Global Norms, American Sponsorship and the Emerging Patterns of World Politics*, Palgrave.

Rosecrance, Richard (2008) "A Grand Coalition and International Governance," in Alexandroff, Alan S. ed. (2008) *Can the World be Governed ?: Possibilities for Effective Multilateralism*, Wilfrid Laurier University Press.

Rosenau, James N. (1995) "Governance in the Twenty-first Century," *Global Governance*, vol. 1, no. 1.

Rosenau, James N. and Ernst-Otto Czempiel eds. (1995) *Governance without Government: Order and Change in World Politics*, Cambridge University Press.

Ruggie, John Gerald (2014) "Global Governance and 'New Governance Theory': Lessons from Business and Human Right," *Global Governance*, no. 20.

Sinclair, Timothy J. (2012) *Global Governance*, Polity Press.

Weiss, Thomas G. and Leon Gordkenker eds. (1996) *NGOs, the UN, and Global Governance*, Lynne Riemer.

Weiss, Thomas G. and Rameshi Thakur eds. (2010) *Global Governance and the UN: An Unfinished Journey*, Indiana University Press.

Weiss, Thomas G. and Rorden Wilkinson (2014) "Rethinking Global Governance ?: Complexity, Authority, Power, Change," *International Studies Quarterly*, vol. 58.

Wilkinson, Rorden (2006) *The WTO: Crisis and the Governance of Global Trade*, Routledge.

Willetts, Peter (2011) *Non-Governmental Organizations in World Politics: The Construction of Global Governance*, Routlege.

Whitman, Jin ed. (2009) *Global Governance*, Palgrave Macmillan.

Young, Oran R. (1999) *Governance in World Affairs*, Cornell University Press.

第 1 部

理論――グローバル・ガバナンス論の再検討

第1章

グローバル・ガバナンス論再考
――国際制度論の視点から――

古城　佳子

1　はじめに

　分権的な主権国家システムにおいて，生起する課題をいかに解決していくのか。国際社会は，この問いに対する答えを模索してきたのであり，国際関係論や国際政治学は，この課題を，「政府なき統治は可能か（governance without government）」，「アナーキー下での協力は可能か（cooperation under anarchy）」という問いにとらえ直して，その解を追究してきた。グローバル・ガバナンスという概念が国際関係論や国際政治学で使用されるようになるのは，1990年代に入ってからであるが，本書のグローバル・ガバナンスの定義，すなわち，「主権国家を中心とする分権的な国際関係において，グローバルな課題に対応した国際秩序が成立してゆくメカニズムを捉えるために，関連する現象を記述し，因果パターンを分析するための概念」という定義に従えば，国際関係論や国際政治学は，グローバル・ガバナンスを追究することを課題としてきたと言える。言い換えれば，国際関係論や国際政治学は，グローバル・ガバナンス論とも言えるのである[2]。

　では，なぜ，90年代以降に「グローバル・ガバナンス論」として，国際社会に根本的な問いが改めて問われるようになったのだろうか。グローバル・ガバナンスという考え方が台頭した背景には，冷戦の終結とグローバリゼーションという国際関係における大きな構造変化が深く影響している（渡辺・土山 2001）。冷戦の終結は，それまでの米ソ間の二極対立の国際政治が終わり，新たな国際秩序のあり方への展望を開いた。また，グローバリゼーションの進展

は，各国の相互依存を深め，主権国家間の境界を曖昧化するとともに，環境汚染，感染症の流行，金融危機の発生など，一国だけでは対応できない諸問題をもたらし，国際社会全体でガバナンス，すなわち，集合行為問題への対応のあり方を検討する必要性の認識を高めたのである（Young 1994：3[3]）。では，「グローバル・ガバナンス論」では，何が新たに問われたのか，また，何が課題となってきたのだろうか。

　また，グローバル・ガバナンス論は，グローバル・ガバナンスという用語が国連機関などで多く用いられたこともあり，グローバル・ガバナンスはどのようにあるべきか，どのように実現されるべきか，という規範的な議論に収斂することが多かった（古城 2001：244；納家 1997：191-201[4]）。このような規範的な視点の導入は，冷戦後の新たな国際秩序のあり方を検討する際に必要とされたことは言うまでもない。しかし，このような規範的視点が重視された背景には，それまでの国際関係の分析に対する批判があったことは否めない。それまでの国際関係の分析に，国際社会のガバナンスの実態を把握し，ガバナンスの課題を考察するのに不十分な点があったとすると，それはどのような点であろうか。

　本章は，90年代以降盛んになった「グローバル・ガバナンス論」が「政府なき統治」の問いに対して国際制度を重視するリベラリズム（自由主義）からのアプローチであることを確認し，70年代以降の国際レジーム論，ネオ・リベラル制度論と比べ新しい見方なのか，どのように異なるのか，を論じたうえで，国際関係において国際制度がガバナンスに最も寄与したと考えられている国際経済分野を取り上げ，グローバル・ガバナンス論の意義と課題とを検討する。

2　リベラリズムの系譜としての国際レジーム論と国際制度論

　国際関係論，国際政治学で「政府なき統治」の可能性を論じる場合，国内における集権的な政府に相当する主体が国際関係には存在しないというアナーキーな構造をどのようにとらえるのか，という点で見解が分かれてきた（Milner 1991）。アナーキーな構造では，自国の利益の確保を目的とする主権国家同士に対立が生じ協力の可能性が低い，と考えるのが，リアリズム（現実主義）

の立場である。リアリズムによれば，国家は自国の安全保障のためにより大きな権力（パワー）を保持しようとするため，権力を求める競争が生じるが，その競争を終結させる権威的な構造が存在しないアナーキーな構造では対立は常態化する。すなわち，「政府なき統治」は国家間の勢力分布に依存していると論じるのである。

このような協調の可能性に対して悲観的なリアリズムに対して，アナーキーな国際関係においても「政府なき統治」は国家間の協調により可能であると論じるのがリベラリズムである。国際関係において，国境を越えた交流の増大，それに伴う人々の認識の変化が起こっていることに加え，国家の目的は軍事的安全保障に限られるわけではなく，相互利益や共通の利益に基づく国家間の協調は可能であるとする立場である。

このリベラリズムの系譜には，機能主義，統合論，相互依存論，国際レジーム論，国際制度論などがあるが，1970年代にアナーキーという構造をより重視するウォルツらによるネオ・リアリズム（構造的・リアリズム）の主張が強くなると（Waltz 1979），これに対して国際レジーム論やネオ・リベラル制度論（新自由主義国際制度論）が唱えられるようになった。本節では，これらのアプローチとグローバル・ガバナンス論の台頭との関係を考察することにする。

1　国際レジーム論とネオ・リベラル制度論

1980年代から盛んになった国際レジーム論は，アナーキーな国際関係においても「政府なき統治」が協調により可能であるとして国際レジーム（international regime）という概念を提示した。国際レジームは，Krasnerの定義によれば，「国際関係における特定の領域において国々の期待が収斂するような明示的または暗黙的な原則（principles），規範（norms），規則（rules），および意思決定手続（decision-making procedures）の総体」であり（Krasner 1983：186），国際レジーム自体を国際協調が具体化したものとみなした。国際レジームの形成を説明，分析することによって国際協調の可能性を示すことを目的としたのである。また，国際レジームの定義には，従来の明示的な国際組織を扱った研究とは異なり，国家間における相互理解や規範の共有などの必ずしも明示的ではない国際組織以外の集合的な行為が含まれており，アナーキーな国際関係の

構造における協調の可能性に規範やアイディアなどの共有を重視する視点が特徴的である。

　国際レジームの形成（国際組織の成立や国際関係における合意，了解など）や存続そのものが国際協調の証であるとする点については，批判的な見解がリアリズムからなされた。リアリズムの見方でも国際レジームの存在自体が否定されているわけではなく，大国の選好に合致すれば国際レジームは形成される。覇権安定論（hegemonic stability theory）では，覇権国が存在している時に覇権国の選好に合致すれば国際レジームは形成され存続し，覇権国が衰退すると国際レジームも脆弱化する，と論じた（Kindleberger 1973 ; Gilpin 1981）。すなわち，国際レジームの形成や存続は，国家間の勢力分布が反映されたものに過ぎず，国際レジームの形成自体は国家間の規範や共通の利益についての認識の共有に基づくものとは限らないと論じた[5]。

　このような批判に対して，「覇権国が存在しなくても国際レジームが存続するのはなぜか」という問いに答えることによって，アナーキーな国際関係においても国際協調が可能なことを論じたのがネオ・リベラル制度論である。ネオ・リベラル制度論は，アナーキーな国際関係において国家が自国の利益の最大化を目指して合理的選択をするというネオ・リアリズムと同様の前提に立ちながら，国家が自国利益の最大化を追求する限り協調は難しいと主張するネオ・リアリズムに対し，国際レジームの形成や存続は，覇権国が存在していなくとも国際制度を形成する利益が存在するため可能であると論じた（Keohane 1984）。

　ネオ・リベラル制度論は利益を重視し，その分析はゲーム論や経済学のコースの定理に基づき，分析の主体を主権国家とし，主権国家の利益を所与のものとして説明する[6]。このため，国際制度が協調を促進する有用性は示せたが，国際レジーム論で重視された，明示的に示すことが難しい相互理解や規範の共有などの側面への関心は低下することとなった。また，国際レジームが国際協調を促進すると論じる国際レジーム論に対しては，国際レジームの機能や効果を示すことが求められたため，国際レジームとして明示的な規則や国際制度を具体的に取り上げ，その機能や効果を論じることが多くなった。社会科学での制度論への関心の高まりの影響も受け，アメリカにおける国際政治学では，ネ

オ・リアリズムとネオ・リベラル制度論との論争後,「国際レジーム」という概念が使用されることは少なくなり,「国際制度」が主として用いられるようになった。

2 国際レジーム論とネオ・リベラル制度論の展開と限界

　国際レジーム論もネオ・リベラル制度論も,「政府なき統治」には国際協調は欠かせないと認識したうえで, アナーキーという国際関係の構造において国家間の協調は可能であり, 国際レジームや国際制度が協調を促進すると論じる。国際レジームや国際制度の研究は, 安全保障, 貿易, 国際金融, 開発, 環境, 人権, 国際保健など多くの特定の問題領域（イシュー）について行われてきた。国際制度の機能, 国際制度の遵守, 国際制度の態様と機能の関係など, 多くの論点での研究が展開した。しかし, グローバル化が進展する現在の国際関係における変化に直面し, 従来の国際レジーム論やネオ・リベラル制度論の前提では, 現在の国際関係における協調を分析することが難しくなってきた。

　国際関係における変化として, まず, 第1に, グローバル化が進展し, 各国社会が相互依存により結合性を高めたことにより, 生起する課題が関わる問題領域は1つに限らなくなったことが挙げられる。99年のWTOのシアトル会議の紛糾が明らかにしたように, 貿易問題は, 労働や環境という非貿易問題と関連づけられて論じられるようになった。労働条件を無視した貿易の自由化や環境汚染を放置する貿易の自由化の是非が問われるようになった。感染症の治療や予防には, そのための医薬品の知的財産権問題が関連して論じられている。気候変動と経済成長の関係も同様である。これらの事例に示されるように, 現代の国際関係における課題は, 特定の問題領域を越えて, 他の問題領域と結びつけられるイシュー横断的な課題が増加している（古城 2001）。

　第2に, 現在の国際関係の主要な主体は主権国家であるが, 非国家主体の影響力が増大していることである。NGOのアドボカシー機能の向上をはじめとする役割の増大, 企業による活動の経済分野を越えた領域（たとえば, 保健衛生, 環境, 安全保障など）への影響, 国際組織の増加など, が挙げられる[7]。国際関係に生起する課題には, 国家に加え国家以外の多様なアクター（利害関係者, ステークホルダーとも呼ばれる）が関連することが一般的になってきたのである。

言い換えれば、課題の解決には多様なアクターが関わる状況になってきたのである。

　第3に、冷戦後、ソ連の崩壊により、アメリカを筆頭とする自由主義の原則が広く規範として世界に受容されることが予想されたが、実際には、BRICs諸国などの新興諸国の台頭に見られるように、多様な価値観が主張されるようになったことである。したがって、国家の利益は外生的に所与のものとして想定することが難しくなり、各国の利益認識がより問われるようになってきた。したがって、「共通の利益」を所与のものと想定することも困難になったのである。

　国際レジーム論やネオ・リベラル制度論は、「政府なき統治」の主体を主権国家に限定し、国際関係における特定の領域における国際レジームや国際制度を対象に分析してきた。特に、ネオ・リベラル制度論は、主権国家が合理的選択を行う主体とみなし、国家の利益に焦点を当てて分析するアプローチをとってきた。前述したような変化が生じている国際関係において、特定の領域における主権国家間の協調に焦点を当てた分析枠組みをとってきた国際レジーム論やネオ・リベラル制度論では、現代国際関係における「政府なき統治」を十分に分析することができないとの批判を受けることになる。

3　グローバル・ガバナンス論の台頭

　国際レジーム論やネオ・リベラル制度論に代わり、イシュー横断的な視角を備え、多様な非国家的主体までも視野に入れる概念としてグローバル・ガバナンスが提示されるようになった（大芝・山田 1996）。グローバル・ガバナンスを提唱したヤングが、グローバル・ガバナンスを「国際社会のほとんどすべての構成メンバーの活動を制御（govern）するための取決め」と述べたように、グローバル・ガバナンス論は「政府なき統治」のあり方をより包括的に検討することを提唱したのである（Young 1994）。

　しかし、包括的な「政府なき統治」のあり方を検討する必要性の提唱は重要ではあるが、「政府なき統治」の道筋を示すことは容易ではない。この点において、注目されるのが地球公共財論とオーケストレーション論である。次に、

これらの議論が，冷戦後激増している国際制度（国際組織を含む）を「政府なき統治」にどのように位置付けているのかを考察し，これらの議論の課題を検討する。

1 地球公共財論とオーケストレーション論

地球公共財（global public goods）の概念は，グローバル・イシュー（地球規模問題）の解決には主権国家を含む多様なアクター間における協力が必要であるとして，国連開発計画（UNDP）が中心となり，国際関係に導入された（Kaul et al. 1999, 2003）。[8] 地球公共財論では，グローバル・イシューの発生は地球公共財の供給が不足した結果ととらえる。どの国家，どの市民にとっても同様の便益をもたらすとする公共財が国際関係に存在することを示すことによって，国際関係における公共財の供給を協力して行う重要性を提示した。「政府なき統治」は，公共財の供給の問題と密接に関連づけられ，国家単位での対応では不十分であることが主張されたのである（Stiglitz 1986 ; Sandler 1997）。

地球公共財論では，地球公共財の存在を前提としたうえで，供給の方策を検討するという枠組みを提示したため，WHO，WTO，IMF，ILO，世界銀行などの多くの国際組織が自らの取り組む領域で地球公共財を措定し，地球公共財の供給に果たす国際組織の役割を強調するに至った。

しかし，地球公共財論は，現在の国際社会における「政府なき統治」を分析するために非国家主体も含めた多様な主体を包摂する分析枠組みは提示したものの，公共財の供給の方策を分析するにはいくつかのジレンマを抱えている（古城 2009）。第1に，地球公共財の存在を前提にしているが，地球公共財を具体的に定義することは容易ではない。国際関係において，非排除性（誰でも利用できる）と非競合性（同等の便益を利用できる）を備えた財，すなわち公共財についての認識は必ずしも一致しない。非排除性と非競合性の基準を緩やかにすると，そもそも何が地球公共財かという点での主体間の合意を形成することはより難しくなる。第2に，地球公共財論は，利害関係にある多様な主体（マルチステークホルダー）を主体として包括する枠組みを提示するが，実際にこれらの主体間，特に国家間，国家と非国家主体間で公共財の供給の分担について合意をとりつける道筋は複雑化する。合意の道筋として，知識の伝播や社会的学

習の重要性の指摘などが提唱されているが，この点での研究は緒に着いたばかりである（Brousseau et al. 2012）。第3に，国際関係では，従来からイシューごとに国際レジームが作られ，国際組織を中心として課題への対応が協議されてきたため，イシューに特定的な地球公共財を想定してきた。イシュー横断的問題では，各国際組織が想定する地球公共財が競合する（地球公共財の衝突）ため，どの地球公共財が優先されるべきかという問いに対応を迫られることになる。

オーケストレーション論は，アクター（orchestrator）が第2のアクター（intermediary）を通じて，第3のアクター（target）を統御するというオーケストレーション（orchestration, O-I-T モデル）という概念を中心に「政府なき統治」の問題を論じる。ガバナンスを2つの基準（ハードかソフトか，直接的か間接的か）によって分類し，オーケストレーションをソフトで間接的なガバナンスと位置付けたうえで，国際関係において国際組織が非国家主体を通して国家を統御するオーケストレーションに焦点を当てる（Abbott, Genschel, Snaidal, and Zangl 2015a）。国際制度論が，主権国家を主体として論じたのに対し，オーケストレーション論は，国際組織と国家，非国家主体との間で，国際組織のオーケストレーションにより協力関係が形成される可能性が高まると論じる。国際組織によるオーケストレーションは，NGO，市民社会，国境を越えたネットワーク，ビジネス組織，国境を越えたパートナーシップ，他の国際組織などの仲介者（intermediaries）に働きかけることによって，第1に，国際組織の目的や政策に沿うように国家の選好，信念，行動などを形成するように国家を仕向ける（manage）ことができ，第2に，非国家主体の行動に影響を与えたり，非国家主体に公共財を提供したりして国家をバイパスすることができると考える。国際組織は，仲介者に資金援助や行政的支援，専門的技術，政治的是認を与えることができる。

オーケストレーション論は，「政府なき統治」において，十分な権限や資源を持たない国際組織の自律的な役割を重視するものであり，国際組織が，仲介者に対するオーケストレーションによって，十分な権限や資源がなくとも多様な主体間における協調に与える影響を具体的に示そうとする試みである。具体的な事例によるオーケストレーションについての検討から，国家は国際制度を

第1部　理　論

厳格化することによるグローバル・ガバナンスよりも，国際制度によるオーケストレーションに受容的であることが示された（Abbott, Genschel, Snaidal and Zangl 2015b）。

　地球公共財論とオーケストレーション論とは共に，多様な主体間での「政府なき統治」における国際組織の果たす役割の重要性を指摘している。地球公共財論は，地球公共財の存在についての主体間の認識の醸成に果たす国際組織の役割を前提にしており，オーケストレーション論は，国際組織が非国家主体に働きかけ，非国家主体の行動によって国家を協調的に変化させる可能性を論じた。オーケストレーション論を牽引するアボットとスナイダルは，国家を主体としたガバナンスを「古いガバナンス」と批判し，国際組織が私的アクターや私的制度に働きかけるガバナンスを「国境を超えた新しいガバナンス（Transnational New Governance）」と位置付けている（Abbott and Snidal 2010）。

　これらの新しい「グローバル・ガバナンス論」は，主体を国家に限定した国際レジーム論やネオ・リベラル制度論ではとらえることができない現象（国際組織の増加傾向において，国家間組織は微増であるのに対し，私的組織は激増している現状，マルチステークホルダーの出現など）を把握する可能性を示している。当初の国連などによる「グローバル・ガバナンス論」が規範の提示に過ぎないスローガンとも言われたのに対し，新しい「グローバル・ガバナンス論」は，「政府なき統治」への方策（メカニズム）を究明しようとしている点で理論化を進めている。しかし，地球公共財論やオーケストレーション論は，現時点では事例研究を積み重ね，メカニズムを明らかにする段階にある。

2　「政府なき統治」の分析における課題

　「グローバル・ガバナンス論」における課題としては，以下の点が残されている。

　第1に，「政府なき統治」のためには国際協調が必要であるが，多様な主体間の利害の調整には，主体間に「共通の利益」の認識が共有されることが重要である。地球公共財論やオーケストレーション論は，地球公共財や「共通の利益」を前提とした分析である。これらの理論は，主権国家を中心としない新たなガバナンスを提示している点で，主権国家に焦点を当てておらず，主権国家

の個別利益の優先政策を多様な主体間のネットワークによって克服できると考えている。しかし，国際社会の「共通の利益」を所与のものと考えられるのだろうか。主権国家は依然として「政府なき統治」の中心的主体であり，多国間での協調と国内的な利害対立の調整の権限は政府が保持している。主権国家内においてさえも国際的な「共通の利益」の認識を一致させることは難しい。国際協調に関する決定の権限を有している政府が，国際社会における「共通の利益」についての国内の利害調整をどのように行うのか，という問いは依然として重要なのである。

　第2に，複数の国際組織（国際制度）間の関係を明らかにする必要がある。国際レジーム論や国際制度論は，特定の領域における主要な国際レジームや国際制度に焦点を当てていた。しかし，同じ問題領域において複数の国際組織（国際制度）が成立するようになった。この問題は，レジーム・コンプレックス（regime complex）として指摘されてきたものである（Alter and Meunier 2009）。前述したように，現代の国際関係では，イシュー横断的な問題が多数出現している。地球公共財論やオーケストレーション論は，特定の領域について論じるものが多いが，今後はイシュー横断的な問題についての異なる領域における国際組織（国際制度）間の分析も課題である（大矢根 2009；古城 2009）。

　第3に，多様な国家や多様な非国家主体からの「政府なき統治」の方策の決定・実施への参加が増大しているが，統治の正統性は常に問われる問題である（Clark 2003）。国家間組織においても，途上国の台頭により，先進国主導の国際組織の正統性が問題にされるようになった。多様な主体が関わる統治のあり方は民主的であるが，非国家主体の関わる統治を分析する際，どのコミュニティーを代表し，誰に対して説明責任を果たしているのかという正統性の問題は，「政府なき統治」を分析する際，念頭に置かなければならない点である。ガバナンスと正統性は表裏一体をなす関係にある。

　以上に，見てきたように，リベラルな系譜の「グローバル・ガバナンス論」は，国際関係の変化を反映して展開してきたが，課題も抱えている。次に，国際制度が「政府なき統治」に最も寄与したと考えられている国際経済のガバナンスを概観し，以上の課題の重要性を確認することにする。

第1部　理　論

4　国際経済におけるグローバル・ガバナンス

1　ブレトン・ウッズ体制とその動揺

　第二次世界大戦後，イギリス・アメリカを主とする連合国は，国際経済の安定は国際平和の基盤としてブレトン・ウッズ体制を構築した。国際経済の安定は国際制度によるものとされ，IMF，GATT，国際復興開発銀行（後の世界銀行）などの国際組織を設立した。多国間での自由主義経済に基づく制度の実現には，国内での経済目標（福祉国家の目標）を達成するために政府の市場への介入を認めるという「埋め込まれた自由主義（embedded liberalism）」が前提として認識された。すなわち，政府が国内での利害調整を行い多国間協調に関与したのである。冷戦が終結し，西側陣営の国際経済秩序であったブレトン・ウッズ体制には，新たな多くの国家が参加し，国際組織による国際経済秩序は強化された。

　1970年代の国際経済の不安定化に際し，秩序の安定が問われるようになった。覇権安定論やそれに対する新自由主義国際制度論は，前述したように，国際制度の機能をめぐり異なる見解を提示した。戦後構築した主要な国際経済組織は，アメリカの相対的な経済力の低下にも関わらず存続し，自由主義経済体制を支えた。しかし，この背景には，冷戦の二極構造があり，西側諸国の安全保障についての考慮が国際経済組織への協力をうながしたと考えられる。また，G7首脳会議（G7サミット）が先進国首脳間で設立されるなど，新たな国家間の政策協調の枠組みが形成された。

2　冷戦後，経済のグローバル化

　冷戦が終結し，経済のグローバル化が進展するにつれ，国際経済は拡大するとともに問題も発生するようになった。国際経済の拡大には，BRICsを始めとする新興経済諸国の経済成長が大きく寄与し，先進国主導の経済成長の構造を変化させている。

　貿易では，GATTからWTOへと制度化が進んだが，WTOの交渉は停滞するようになった。前述したように，貿易と環境，貿易と労働などのイシュー

横断的問題がアジェンダとして取り上げられ，交渉が複雑化していることが停滞の要因の1つである。WTOのドーハ・ラウンドは，台頭する途上国からの要求により貿易と開発が課題となり，イシュー横断的な問題が多く議論されている。

1980年代後半からの各国の金融自由化により，短期資本の移動が活発化したが，それに伴い国際的な金融危機が頻発するようになり，世界金融危機の発生に至った。世界金融危機に直面し，IMFを始めとする国際組織，G7サミットに代わって新興経済諸国を含むG20が重要視されるに至った。しかし，国家や国家間組織の対応だけでは，金融危機の防止には不十分と考えられるようになり，多様な金融機関（銀行，ヘッジファンド，機関投資家など）や格付け会社などの非国家主体を含む協力関係の構築が要請されるようになった。国際金融の監督や規制のために先進国を中心とした金融安定化フォーラム（FSF）が設立されたが，世界金融危機を予防できなかったため，FSFは途上国や関連する多くの国際組織を含む金融安定理事会（FSB）へと改組された（古城 2015）。

国際経済におけるガバナンスは，「埋め込まれた自由主義」の前提が存在した時代には，政府が市場に介入することによって行われてきたが，経済の自由化が進み，政府の市場への介入が制限され，経済グローバル化によって国境を超えた活動を活発化する私的な経済主体が増大するにつれ，多国籍企業や多様な金融機関などの非国家主体を含めたガバナンスが必要となった。金融イノベーションが進展した現在，有効な規制や監督のためには透明性の高い情報やビジネスモデルについての知識が必要となったことも，私的な経済主体の重要性を高めている。

したがって，国際経済におけるガバナンスの主体となってきた国家は，非国家主体を一方的に規制し管理することが困難になり，私的な経済主体や国民の同意を得ながら国際的な協調に関与せざるを得なくなった。世界金融危機後，経済のグローバル化が国内での勝者と敗者との格差を生むという認識が広まるなか，各国の経済状況が回復しない状況では，国内での利害調整はますます困難になっている[9]。

以上のように国際経済においては，経済のグローバル化が進むことにより，ガバナンスはより困難になってきた。戦後の国際経済における「共通の利益」

は，経済の自由化がもたらす経済成長の利益であり，その点について経済の自由化を促進するための協調への合意は，国内の福祉が阻害されない限り，国家間で国際組織を中心に達成されてきた。しかし，経済のグローバル化が非国家主体の活動を活発化し，国内での利益配分の差が増大し，途上国が台頭するに伴い，何が「共通の利益」か，という点についての多様な主体間での合意は難しくなってきた。経済の自由化の推進が必ずしも「共通の利益」と認識されなくなってきている。貿易や資本移動の自由化の推進は，企業や金融機関からは支持されるが，経済のグローバル化からの恩恵を受けていないと認識している人々からの支持を得にくくなっている。反対に，金融危機の防止のために金融規制を強化することは，グローバル化に反対する人々からは支持されるが，金融機関から支持を得るのは難しい。政府にとっても，自由化による経済成長と金融危機防止のための規制とどちらを優先させるのかは難題となっている。

3　国際経済のガバナンスの現状と「グローバル・ガバナンス論」

国際経済のガバナンスの現状を見ると，近年の「グローバル・ガバナンス論」が着目しているように，多様な主体間のネットワークや協力を重視する動きが見られるが，新しいガバナンスの仕組みが機能しているかどうかはいまだ評価することはできない。[10]第1に，「グローバル・ガバナンス論」が前提としている「共通の利益」の認識は揺らいできている。何が「共通の利益」か，という点で見解が分かれてきているのである。国際経済における「共通の利益」は，経済成長からの利益をもたらす経済の自由化を推進することとこれまで認識されてきた。この「共通の利益」のために国際組織や制度での国家間の協調が達成されてきた。しかし，特に世界金融危機後，「共通の利益」の認識に陰りが見える。世界金融危機後のG20首脳会議では保護主義の台頭を抑えることで合意を見たが，実際には各国で保護主義的な政策がとられている。また，金融分野においても金融機関の規制の必要性が提示されるようになった。自由化の推進より制御された自由化に利益を見出す認識が出現している。

第2に，国際経済分野においても多数の国際組織が設立されている。世界金融危機の対応にも国際的な制度化が進められ，ガバナンスに果たす役割が期待されており，貿易においてもWTOのルールのなかで多数の自由貿易協定

(FTA) が結ばれている。しかし，国際金融に見られるように多数の規制・監督機関はネットワーク化されているが，これらの組織間の関係，特に権限の配置については具体的に明らかにされていない。ネットワーク化された国際組織や国際制度がどのような関係にあるのか，について更に検討する必要がある。イシュー横断的な課題についての国際組織間の関係についても同様である。

　第3に，多様な主体間の協力が重視されているが，多様な主体のガバナンスの正統性である。多様な主体はそれぞれどこから政策決定に関与する権限を与えられているのだろうか。政府は国民を代表しており，決定する政策について国民に対して説明責任を果たすことにより，正統性のある主体とみなされてきた。しかし，金融機関などの私的主体や国際組織の政策決定の権限はどこから与えられているのだろうか。また，ガバナンスに関する政策決定への関与についての説明責任を果たす必要はないのであろうか。この点についての検討は十分になされているとは言えない。

5　おわりに

　以上に見てきた「グローバル・ガバナンス論」は，国際関係における国家中心のガバナンスの限界を指摘し，分析の射程内に多様なステークホルダーを包摂し，国際制度を中心にした多様な主体間の協力や働きかけによる「共通の利益」の実現への道筋を究明するものである。このような見方は，変容する国際関係における「政府なき統治」の新たな方策を示すものである。しかし，このような主張に対して，ガバナンスの実効性について懐疑的な見方も多く存在する[11]。国際経済のガバナンスで考察したように，主権国家の個別利益を克服するガバナンスの方策を解明できるのか，国家の個別利益を「共通の利益」に合致させる方策はどのようなものか，という根本的な課題に答えるには，まだ課題が残されていると言えよう。

　また，「グローバル・ガバナンス論」ではグローバル・ガバナンスにおける国家の統治能力の低下を前提とし，国際組織の役割を重視するが，各国の統治能力（国内での利害調整を行う能力）が低下するなかで，国際組織の機能を向上させることはできるのだろうか。主権国家が全体的に統治能力を低下する場

合，国家の国際組織への関心が低下すれば国家間の国際制度の機能は脆弱化することも考えられる。したがって，グローバル・ガバナンスを考察するうえでは，「グローバル・ガバナンス論」が前提としている主権国家の弱体化について，統治能力は低下しているのか，どのように低下しているのか，統治能力の低下が他の主体にどのような影響を与えるのか，などの点を改めて検討する必要があるだろう。

【注】
1) ブルの「アナーキーな社会（anarchical society）」の研究は代表的なものである（Bull 1977）。
2) グローバル・ガバナンスの歴史的考察として，遠藤（2010），鈴木（2017）の第1部などがある。
3) 集合行為問題とは，集合財（公共財）の実現を達成しようとする集団が大きい場合，フリーライダー（ただ乗り）が発生し，集合財（公共財）の実現が阻害されてしまうという問題（Olson 1971）。
4) グローバル・ガバナンスを取り上げた学術誌 *Global Governance* は，国連と関係の深い Academic Council on the United Nations System によって刊行された。
5) この点についての立場の相違については，Hasenclever et al.（1997），山本（2008）を参照。
6) コースの定理とは，民間の当事者が費用を支払わずに資源の配分について交渉できるのであれば，民間当事者間で（負の）外部性（ある消費者や生産者の経済活動が他の消費者や生産者に影響を与えること）の問題を解決できるとする定理（Coase 1960）。
7) 非国家主体の影響力の増大については，ストレンジが早くから指摘している（Strange 1996）。
8) 国際公共財（international public goods）と同義に用いる論者もいるが，区別する論者は，国際公共財は公共財の供給者として国家のみを想定しているのに対し，地球公共財はより多様なアクターを想定しているとして区別して用いている。
9) 2016年のイギリスのEU離脱の国民投票の結果やアメリカでの大統領選でのトランプ氏の勝利は，国内の利害対立が激化していることを示している。
10) G20も重視されているが，現時点で具体的なガバナンスの方策を示しているとは言えない。
11) たとえば，ロドリックは，複雑で多様な世界では，グローバル・ガバナンスは当分期待できないと述べている（Rodrik 2011：Chapter 10）。

【参考文献】
遠藤乾編（2010）『グローバル・ガバナンスの歴史と思想』有斐閣。
大芝亮・山田敦（1996）「グローバル・ガバナンスの理論的展開」『国際問題』第438号，2-

14頁。

大矢根聡（2009）「レジーム・コンプレックスと政策拡散の政治過程―政策アイディアのパワー」大芝亮・古城佳子・石田淳編『日本の国際政治学2　国境なき国際政治』有斐閣。

古城佳子（2001）「国際経済―経済のグローバル化とガヴァナンスの要請」渡辺昭夫・土山實男編『グローバル・ガヴァナンス―政府なき秩序の模索』東京大学出版会。

古城佳子（2009）「グローバル化における地球公共財の衝突―公と私の調整」大芝亮・古城佳子・石田淳編『日本の国際政治学2　国境なき国際政治』有斐閣。

古城佳子（2015）「世界金融危機に国家は対応できるのか」遠藤乾・遠藤誠治編『シリーズ日本の安全保障8　グローバル・コモンズ』岩波書店。

鈴木基史（2017）『グローバル・ガバナンス論講義』東京大学出版会。

渡辺昭夫・土山實男編（2001）『グローバル・ガヴァナンス―政府なき秩序の模索』東京大学出版会。

Abbott, Kenneth W. and Duncan Snidal (2009) "International regulation without international government: Improving IO performance through orchestration," *Review of International Organization*, 5：315-344.

Abbott, Kenneth W., Philipp Genschel, Duncan Snidal and Bernhard Zangl (2015a) "Orchestration: global governance through intermediaries," in Kenneth W. Abbott, Philipp Genschel, Duncan Snidal and Bernhard Zangl eds., *International Organizations as Orchestrators*, Cambridge University Press.

Abbott, Kenneth W., Philipp Genschel, Duncan Snidal and Bernhard Zangl (2015b) "Orchestrating global governance: from empirical findings to theoretical implications," in Abbott et al. eds., *International Organizations as Orchestrators*, Cambridge University Press.

Alter, Karen J. and Sophie Meunier (2009) "The Politics of International Regime Complexity," *Perspectives on Politics*, 7：13-24.

Brousseau, Eric, Tom Dedeurwaerdere and Bernd Siebenhüner eds. (2012) *Reflexive Governance for Global Public Goods*, The MIT Press.

Bull, Hedley (1977) *Anarchical Society: A Study of Order in World Politics*, Macmillan Press Limited［臼杵英一訳（2000）『国際社会論―アナーキカル・ソサイエティ』岩波書店］。

Clark, Ian (2003) "Legitimacy in a global order," *Review of International Studies*, 29：75-95.

Coase, R. H. (1960) "The Problem of Social Cost," *Journal of Law and Economics*, 3：1-44.

Gilpin, Robert (1981) *War and Change in World Politics*, Cambridge University Press.

Hasenclever, Andreas, Peter Mayer and Volker Rittberger (1997) *Theories of International Regimes*, Cambridge University Press.

Kaul, Inge, Isabele Grunberg and Marc A. Stern eds. (1999) *Global Public Goods: International Cooperation in the 21st Century*, Oxford University Press［FASID 国際開発研究センター訳（1999）『地球公共財―グローバル時代の新しい課題』日本経済新聞社］。

第 1 部　理　論

Kaul, Inge, Pedro Conceicao, Katell Le Goulven and Ronald U. Menoza eds.（2003）*Providing Global Public Goods: Managing Globalization*, Oxford University Press［高橋一生監訳（2005）『地球公共財の政治経済学』国際書院］.

Keohane, Robert（1984）*After Hegemony: Cooperation and Discord in the World Political Economy*, Princeton University Press［石黒馨・小林誠訳（1998）『覇権後の国際政治経済学』晃洋書房］.

Kindleberger, Charles（1981）"Dominance and Leadership in the International Economy: Exploitation, Public Goods, and Free Rides," *International Studies Quarterly*, 25（2）: 242–254.

Krasner, Stephen D. ed.（1983）*International Regimes*, Cornell University Press.

Milner, Helen（1991）"The assumption of anarchy in international relations theory: a critique," *Review of International Studies*, 17（1）: 67–85.

Olson, Mancur（1971）*The Logic of Collective Action: public goods and theory of groups*, Harvard University Press［依田博・森脇俊雅訳（1996）『集合行為論―公共財と集団理論』ミネルヴァ書房］.

Rodrik, Dani（2011）*The Globalization Paradox: Democracy and the Future of the World Economy*, W.W. Norton & Company［柴山桂太・大川良文訳（2014）『グローバリゼーション・パラドックス―世界経済の未来を決める三つの道』白水社］.

Sandler, Todd（1997）*Global Challenges: An Approach to Environmental, Political, and Economic Problems*, Cambridge University Press.

Stiglitz, Joseph E.（1986）*Economics of the Public Sector*, W.W. Norton.

Strange, Susan（1996）*The Retreat of the State: The Diffusion of Power in the World Economy*, Cambridge University Press［櫻井公人訳（1998）『国家の退場』岩波書店］.

Young, Oran（1994）*International Governance: Protecting the Environment in a Stateless Society*, Cornell University Press.

Waltz, Kenneth N.（1979）*Theory of International Politics*, McGraw-Hill［河野勝・岡垣知子訳（2010）『国際政治の理論』勁草書房］.

第2章

国際秩序と権力

初瀬　龍平

1　はじめに

　国際関係，国際政治の議論では，「国際秩序」，「世界秩序」あるいは「グローバルガバナンス」という用語が，広く使われている。このうち，「国際秩序」には合意とか，安定とか，平和とかの含意があり，「世界秩序」には世界全体を対象とするだけでなく，もっと安定的とか，もっと平和的とかの意味も含まれているようである。これに対して，「グローバル・ガバナンス」は，特定課題の国際秩序の形成を目指すものという含意をもち，1990年代以降のグローバル化時代を反映する用語となっている。

　「国際秩序」という用語に関連して，私たちには，いろいろの疑問が浮かんでくる。たとえば，どういう国際秩序が平和を守ってくれるのか。どういう国際秩序が諸国の経済発展と世界の人々の生活向上を可能とするのか。どういう国際秩序であれば，世界の人々の人権が守られるのか。あるいは，国際秩序はそもそも誰かの支配の用具なのでないか。国際秩序という用語で，切り捨てられる私たちの価値（配分）はないのか，等々。

　本章では，これらの疑問を大切にしながら，「国際秩序」と「権力」の関連を考察してみたい。そこでの基本的問題は，どのような政治的経済的権力がどのような国際秩序を作り，誰がそれをどのように利用してきたか，あるいは，それを使って，どのように自らの支配力を高めてきたか，となる。

　本章で想定する国際秩序には，西欧国際体系，主権国家（間）秩序（以下，主権国家秩序），帝国主義（世界）体制（以下，帝国主義体制），中華世界とか，国

連,EU,帝国,非公式帝国とかいうように,機能的に包括的なものと,地球温暖化防止,国連海洋法,核不拡散,クラスター爆弾禁止,国際人権法,難民保護,自由貿易とかいうように,機能的に対象を限定したものがある。後者は一般的に明文化され,フォーマルな秩序であるが,前者は,明文化されないインフォーマルな秩序(あるいは明文化の不十分なフォーマルな秩序)である。両者の中間に存在するのが,勢力均衡体系(balance-of-power system)や植民地支配体制である。

グローバル・ガバナンスの議論としては,「機能的に対象を限定した」国際秩序は,目標設定・国際協調型のガバナンスであり,「機能的に包括的な」のほうは行為先行・強者支配型のガバナンスとなる。

本章では,主にインフォーマルな国際秩序か,それに準ずる国際秩序を見ていく。以下,第2節で「国際秩序と支配」について,社会秩序論として,基礎的考察を試みる。そのうえで,「国際秩序と権力」について,第3節で歴史的事例,第4節で機能的事例を見ていく。その次の第5節では,「国際秩序と権力」を超える事例に注目し,第6節では,「日本をめぐる国際秩序」の歴史を見ておく。最後の第7節で,本章の議論を総括する。

2 国際秩序と支配——基礎的考察

1 制度化

国際秩序とは,特定の国家群もしくは国際組織で,構成国・関係国間で特定の物事のあり方,やり方が全体的に規範として共有,順守されていることである[1]。秩序が明文化され,制度として固まると,秩序内での各国の位置,役割が確定し,国際機関,各国機関,各個人に職務・業務の担当が割り当てされ,日常の仕事として,秩序の運営がなされる。この場合,秩序の業務は,担当者にとっては,生活の糧という意味を持つ。たとえば,国防省の職員にとって,他国との安全保障条約関連の仕事は自国の安全保障の維持という大義を持つとともに,日常生活の保障という個人的(保身的)意味を持つことになる。制度化された秩序は,それ自体を再生産していく内的機制を持っている。

秩序の制度化には,フォーマルとインフォーマルとがある。フォーマルな制

度とは，制度の構成要素と運用の手続きが明文化されたものである。それが法的な制度として，固められると，その制度は強固になる。法的秩序は，国内の構成員に法的保護を与えるとともに，構成員を管理の対象とする。国内秩序の維持の背後に，公的な権力機構（警察，刑務所，軍隊など）が合法的な暴力装置として控えている。インフォーマルな制度とは，明文化されないが，社会慣習・慣行として固まったものを指す。

国家間の国際秩序では，国際人権レジーム[2]，国連海洋法秩序，地球温暖化防止秩序などは，法的制度として確立している。ここで，法的実効性を担保しているのは，関係諸国の国内法制度である。諸国間の軍事関係でも，軍縮・軍備管理のように，多少なりとも，制度的に制御することは可能である。しかし，国際秩序では，ただちに関係国間の戦争に至らなくとも，最終的に軍事力を背後においており，一般に権力政治の場となっている。関係国間の紛争では，軍事力が制御範囲を越えて，使用される可能性は否定できない。

2 支　配

国際秩序は，一定の目的・理念のために，関係諸国の間で明示もしくは暗黙で，決定の合意がなされ，個別利益に加えて共通利益，共用利益を追求するものである。ここで一定の目的というのは，内外脅威の排除（安全保障，治安），経済政策の実行，健康の配分，福祉の配分，人権の保障，移民・難民受け入れ，等々である。

国際的には，国家の代表が制度を設計し，秩序が生成・形成されて，関係国とその国民がこれを利用することになる。その間に，国内的に管理，運用の任に当たる者（政治家，官僚）が，日常的に国際制度（秩序）を保守していく。さらに，彼らは，これを支配の用具として活用することもできる。

一般の国家と国民は，秩序の利用者として，秩序から利益を得て，秩序に共感する反面，規制遵守を秩序への義務と感じ，秩序そのものに反発を覚えることもある。当面の秩序によって，生命，生活を保障されない（と思い込む）関係国と国民は，秩序に反抗し，あるいは，暴力によって秩序を破壊しようとする。このように，国際秩序の関係国や国民の間に，対立の契機も存在している。国際秩序では，秩序はしばしば大国の支配・ヘゲモニーの用具である。国

際秩序への反抗者（国）は，他の諸国から軍事力をもって排除されようとする。

秩序そのものをめぐる争いは，国内でも国際でも，根源的で熾烈なものとなる。国内秩序でいえば，革命状況であり，国際秩序では植民地支配体制に対する民族解放運動であり，世界支配を競う大国・帝国主義間の抗争と世界大戦である。

国内で，最も大きな社会秩序の変革は，革命運動・政権によるものである。それは，政治制度，経済制度，文化，思想，宗教などを含めて，全面的に社会秩序の破壊と建設を目指すものである。19世紀～20世紀に最も有力であったのは，マルクス主義の運動論と共産党独裁の制度であった。冷戦は，ソ連東欧・中国の共産主義圏と欧米アジア自由主義圏の対立を基調とする，2つの国際秩序間の抗争であった。しかし，1991年のソ連の崩壊と，1978年の改革開放以降の中国経済の市場経済化とともに，社会主義革命と社会主義国際秩序の夢は潰えている。

3 価値配分

国内の社会秩序が，個人や集団にとって，重要であるのは，それが人々の価値や利益の配分の決定と実行に決定的な力を持つからである。すなわち，社会秩序は，人々の生命，人権，生活，生活の糧，あるいは生き方の配分について，死活的な意味を持っている。国際秩序の影響力は，関係国の国内秩序を通じて，行使される。

国内秩序は，日常的にそれを取り巻く国際秩序との関係を維持し，非常時に外の秩序から自らを守らなければならない。後者は，国家にとっての外交と安全保障の問題であるが，このほかに，外の秩序と接触する結果として，国内秩序内の構成員の生存と生存条件はなんらかの影響を受けることになる。

秩序の使用権が形式的に構成員全員に行き当たっているとしても，これを実際に行使できる能力は，一部の構成員に限られているかもしれない（たとえば官僚支配）。さらに，国内秩序内で特定の価値を得る手段が特定の人たちや集団の手に入ると，彼らにとって，他の価値を得ることも容易になるかもしれない（たとえば汚職）。このことが繰り返されると，特定の個人・集団にとって，その秩序は，価値増殖の手段となり，支配の用具となる。このことは，社会秩序

が混乱すると,多くの個人にとって,価値喪失の負のスパイラルの開始を意味する。外からの国際秩序の影響力が,このスパイラルを強めるかもしれない。一定の国際秩序のもとで,帝国主義の側の人々はますます豊かになるのに対して,植民地の人々の生活はますます劣悪になっていった。1960～80年代の南北問題では,先進国の経済発展と途上国の「低開発の発展」(development of underdevelopment) とは,対になっているという見方（従属論）が,提起されていた。

国内秩序による人権保障では,多くの国で市民的政治的権利,社会的経済的権利,および少数者の保護に及んでいるが,奴隷化・ジェノサイド・人種差別（ヘイトクライム）の禁止など,最小限の人道的義務が果たされていない国もある。国際的に,ここで人道的介入（他国での集団殺害・迫害に対して,その救済という人道目的のために軍事力をもって介入すること）や「保護する責任」（当該国家が領域内の人々を保護する責任を果たせない場合,その責任は国際社会が代行すべきとする政策論）の契機が生まれる。これらの対象国が破綻国家の場合,人々の生命,生活,人権を保障する国家再建も国際的課題となる。最低の国家秩序なしには,生活保障も,人権保障も不可能である。国際的に国家主権の正当性を高めるためには,国内での人権保障が必要となる。

4 民主化

国内秩序でも,国際秩序でも,秩序の組み方には,民主的なやり方と,非民主的なやり方（独裁,専制,全体主義,大国支配,帝国）がある。ここで民主的というのは,秩序の設計と運営について,原則として,構成員が等しく発言権を持ち,均しく利用権を享受できることである。非民主的とは,一部の特定の構成員が制度設計と運営について,不当に大きな権限を持っていることである。秩序が民主的に運営されるには,制度が民主主義として形成されるだけでなく,不断に制度の民主化を進める市民の活動,運動が必要である。

国際秩序では,その設計,運用に国民全体が参加することが少なく,国民は秩序の利用者ではあるが,犠牲者になる可能性も否定できない。国際関係に淵源する人々の日常的諸価値（生命,生活,福祉,人権,尊厳など）の配分も,国際的には外から,国内的には上からの決定に従わざるをえない。しかし,1970～80

年代から，国際秩序の設計と運用に，主権国家以外に国際機構や，市民レベルの多くのNGO（非政府組織）が参加することが，目立っている（国際レジーム）。さらに冷戦終結後に，民主主義が国際社会で共通の価値として認められるようになり，主権国家内の民主化と，国際秩序自体の民主化が，国際的に要請されるようになっている。具体的には人道的介入や，平和構築（特定の国家や地域で，紛争解決後に紛争の再発を防ぐために，現地での国際協力で，武装解除や行政，経済，社会などの再構築を進めること）が，国際的に実践的課題となっている（グローバル・ガバナンス[3]）。

国際経済の場で貧しい人々にかかる強制的不公正を排除するには，分配的正義（積極的支援義務）と，分配的正義に対する国家や非国家組織の不正行動に対する匡正的正義が必要だという議論（制度的加害是正論）がある（井上 2012：43-46）。分配的正義としては，先進国による途上国へのODAが，これに当たるが，現実にはODAが，先進国による途上国への支配の用具化している可能性は，否定できない。匡正的正義のほうは，まだ実践の段階に入らず，議論のレベルにとどまっている。

5　構　成

社会秩序には，構成員間の関係が水平的な秩序と，上下関係を持つ階層的な秩序がある。後者では，秩序内の支配が貫徹しやすい。国際秩序で考えると，近代西欧国際体系に基づく，主権国家間の関係は，建前としては，平等な関係にあった。しかし，現実の国家間関係は，大国と中小国，覇権国と従属国というように上下間関係にあり，階層的であった。極端な例としては，国連の安全保障理事会で常任理事国5か国とその他の加盟国188か国との関係は上下に決定的に二分的である。

国際関係，あるいは世界全体のなかに，種々の問題に関して，種々のレベルの社会秩序がある。国際秩序には，複数の秩序が重層，並存，共鳴，あるいは絡み合っている。世界的な国際秩序，地域的な国際秩序，それに問題ごとで関係国も限定されるミニ国際秩序が重なり合い，絡み合っている。

国際秩序では，冷戦期のソ連東欧圏，自由主義的な欧州統合，NATO（北太西洋条約機構）は，並存した秩序であると同時に，ヨーロッパ冷戦・国際秩序

の一部であった。現在の東アジアで，国際秩序という場合，日韓中ロのそれぞれの二国間秩序に，アメリカと各国の二国間秩序（Hub-and-Spoke）が重層している。これは，アメリカ支配の世界的国際秩序の一部を構成する。日米安保体制では，日米安全保障条約（1951年，1960年）に加えて，日米行政協定（1952年）・日米地位協定（1960年）と，それに基づく日本国内の航空特別法（1952年），刑事特別法（1952年），さらに日米原子力協定（1955年，1968年，1988年）というミニ秩序が絡んで，全体の秩序を支えている（矢部 2014）。

　国際秩序で，その対象秩序を限定するには，地理的な分布に注目するのと，機能的な分類に注目するのとがある。地理的分け方に基づくと，世界，地域，文化圏，国家間（2国間，多国間），一国内，国内社会集団などに分けられる。機能的な分け方に基づくと，包括（総合），政治，安全保障，経済，社会，文化，人権，保健，人の移動などに分けられる。包括秩序は，その下に各種の機能的秩序を包含することになる（世界大の包括秩序は，その時点での国際関係全体を指すことになる）。たとえば，西欧国際体系は，主権国家秩序，安全保障の国際秩序（勢力均衡体系），政治経済の国際秩序（植民地支配体制，帝国主義体制），および国際法秩序から構成されていた。

6　競　合

　秩序をめぐる争いで，最も熾烈なのは，異なる秩序の間での正当性をめぐるものである。国際秩序をめぐる冷戦状態や，全面戦争がそれに相当する。

　2つ以上の国際秩序が地理的に接触すると，少なくともどちらか（しばしば新興勢力）が膨張的な場合には，紛争が生じる。しかし，国際秩序が接触すると，常に紛争が生じるわけでもない。貿易の国際秩序は，異教徒間でも機能してきた。この接触を点に限定することで，他の国際秩序と安定した関係を作り出してきたのが，古代から近世までの日本の対外関係のやり方であった（後述）。

　2つ以上の国際秩序が機能的に接触すると，人権レジームと貿易レジームのように対立する場合もあれば，人権レジームと難民救援レジームのように，補完関係になることも考えられる。これは，ケース・バイ・ケースで考えていくことであろう。

第1部　理　論

　今日のグローバル社会では，国際関係は，主権国家間の関係だけでなく，超国家体（国際機構），脱国家体（NGO，多国籍企業，国際金融資本，国際テロ組織）も含む関係である。超国家体は高度集権化，脱国家体は高度分権化と，相互に逆方向のベクトルを持っている（井上 2012：46）。一定の目標と業務に向かって，主権国家，超国家体，脱国家体が形成する国際秩序を国際レジームと呼んでいる。しかし，脱国家体のうち，多国籍企業と国際金融資本の支配する経済秩序は，国際秩序であるとしても，NGO を排除，もしくはこれと対立するものである。

3　国際秩序と権力①――歴史的考察

1　西欧国際体系

　現代の国際秩序の基盤は，主権国家秩序であり，その主権国家秩序は，近代の西欧国際体系から始まる。この意味で，現代の国際秩序を考察するには，西欧国際体系から始めるのが，妥当であろう。それは，キリスト教文明を基盤とし，主権国家から構成されるもので，勢力均衡の政治と国際法と植民地支配の政治経済をもって，先進国自身の工業化を促進し，国民の生活向上を果たそうとするものであった。

　西欧国際体系は，ヨーロッパの主権国家内の関係に適用される「内向きの原理」と，非ヨーロッパ地域向けの「外向けの原則」を持つ二重原理の体系であった。前者は，主権国家の平等原則，内政不干渉の原則，国家間調整の国際法と外交，勢力均衡（政治，軍事）の相互承認，あるいは保護貿易主義の相互確認（適宜に自由貿易を交えるが）となっていた。それは，主権国家秩序といえるものであった。これに対して，後者は，植民地支配体制というべきものであった。ヨーロッパの宗主国（西，葡，蘭，英，仏，独など）は，非ヨーロッパの諸地域の政治権力に主権を認めず，植民地支配でその経済的発展の道を阻害し（たとえば，輸出商品作物のモノカルチャーの強制や宗主国工業製品の押しつけ），軍事的には自由に武力行使を進め，国際法も「文明国間の法」「先占の法理」や不平等条約（領事裁判権，協定関税率）を適用し，全体として対象地域から政治的経済的自立を奪うものであった。この植民地支配体制は，西欧諸国の産業

革命や近代化を経済的,軍事的に支えるものであった。その間に,この体制は,カリブ海,南北アメリカ大陸で,黒人奴隷の使用を認め,そのために西アフリカからの奴隷の売買を進めていた。歴史的に見ると,西欧国際体系は,欧米(はじめ西欧)諸国による,欧米諸国のための,欧米諸国の国際秩序であった。

2　主権国家秩序

　西欧国際体系が17世紀に始まったときは,その構成国家はすべて王朝国家であったが,フランス革命の頃から,国民国家が少しずつ増えて,関係国民の間に近代西欧の自由,民主主義の価値が次第に共有された。

　主権国家秩序は,1648年のウェストファリア条約に始まるとはいえ,インフォーマルな秩序であった。その秩序に反する国家行動も,制度として自動的に罰せられることはなかった。この秩序の下で,20世紀に2度の世界大戦が戦われた。第一次大戦は,三国同盟 対 三国協商の対立をベースとし,第二次大戦は,現状打破の枢軸側と,それを抑え込もうとする連合国側の戦争であった。いずれの大戦も,主権国家体系を前提とする意味では,同じ国際秩序内の対立といえるが,むしろ2つの国際秩序志向の対立と見るほうが正しいであろう。

　第二次大戦後は,国際連合の成立に見られるように,国際共同の秩序形成が着手されたものの,戦後は,米ソをそれぞれ中核とする東西冷戦となった。主権国家秩序は,アメリカのヘゲモニーのもとでの西側民主主義諸国と,ソ連のヘゲモニー(覇権)のもとでの東側社会主義諸国(中国を含む)とに二分され,敵対的関係となった。そこでは,勢力均衡に加えて,相互に軍事力拡大のパワー・ポリティクス(NATO 対 WTO〔ワルシャワ条約機構〕)となり,核兵器開発競争と,1960年代から戦略核の相互抑止の戦略が展開された。核兵器については,核保有国(米,ロ,英,仏,中)は,核兵器を独占する核不拡散体制を維持しようとしてきたが,イスラエル,インド,パキスタン,北朝鮮が核兵器を保有するのは,止められなかった。

　冷戦下で,経済政策では,西側は,アメリカのヘゲモニーの下でケインズ主義と,GATT(関税と貿易に関する一般協定),ブレトン・ウッズ体制(世界銀行,

IMF〔国際通貨基金〕）の政策が展開され，東側（ソ連・東欧諸国）ではソ連帝国のヘゲモニーの下で，社会主義の計画経済政策が追求された。しかし，1990〜91年の冷戦の終結，ソ連の崩壊に伴い，社会主義経済圏は崩壊した。その間，中国は，初期の対ソ友好関係から，1950年代後半からの対ソ戦争の危機状況となり，文革の大混乱期を経て，1978年の鄧小平（党副主席，国務院常務副総理）の改革開放政策以来，市場経済の方向に転換してしまった。1990年代からは，崩壊した旧社会主義国を含めて，世界経済は，ほとんどすべて市場経済に突入している。

資本主義経済圏も，1990年代以降，ケインズ主義から，新自由主義へと移って，各国の経済政策も，規制緩和，資本・貿易の自由化，民営化に突き進もうとしている。国際金融資本と多国籍企業は，グローバル化の時代に金融市場での利益を求め，あるいは安い労働力を求めて，グローバルに事業展開している。

すでに1970年代後半から，国際関係でトランスナショナル（脱国家的・超国家的）な市民やNGOの活動が活発となり，国際的相互依存が注目されるようになった。1990年代からは，グローバル化の時代に入り，人，モノ，カネ，情報，文化などの国際交流の多量化，迅速化，自由化が進んでいる。このインフォーマルな国際秩序は，全体として機能的国際秩序（情報，国際金融，貿易，人の移動）の重なり合ったものといえよう。

主権国家秩序の全体が，民主主義の価値を受け入れたのは，冷戦終結後である。1990年代から，世界の民主化と「人間の安全保障」が提唱され，人道的介入や，平和構築が提唱，実践されるに至っている。ここに，主権国家体系は，自由と民主主義を共通の価値とする秩序に入ったように思われる。しかし，中東イスラム世界は，欧米の世界支配に異議を唱えている。また，世界各地で，人権抑圧や貧困，経済格差，排外主義（グローバル化への反動）が続いている。したがって，国際秩序は，かつての先進国 対 途上国の対立とは違って，国境を越えて，国家横断的に上下に二分されつつあるのかもしれない。先進国内でも，経済・社会格差が拡大しつつある。

3　植民地支配体制

　西欧国際体系は，ヨーロッパ諸国が中南米，カリブ海，アジア，太平洋，アフリカ，中東で植民地獲得・支配を促進する国際秩序であった。植民地支配は，19世紀前半の中南米から崩れ始め，民族独立運動は19世紀後半からアジア諸地域で盛んになり始め，第二次大戦後はアフリカで盛んとなった。1940年代後半からアジア諸国，1960年代にはアフリカ諸国が続々と独立して，植民地支配の国際秩序は終わった。

　独立後の旧植民地の経済発展は，順調にはいかなかった。1960〜70年代に，北の先進国の経済発展に対する「南」の途上国の経済停滞という南北問題が，国際的に共通の関心事項となった。これは，かつての植民地問題の現代版であった，ともいえる。しかし，1970年代後半から，アジアの韓国，台湾，シンガポールなどの経済発展が始まり，それにやや遅れて民主化が進んでくると，アメリカヘゲモニー下の市場経済圏に取り込まれて，アジアでは，かつての植民地支配の影は急速に消えつつある。しかし，アフリカ，中東では，植民地支配の遺制問題が消えていない。

4　国際秩序と権力②――機能的考察

1　軍事力

　「秩序と権力」の関係は，国家秩序であれば，その存続と機能を最終的に保障しているのは，国民の合意と，国家内の合法的暴力装置（警察，刑務所，軍隊）である。しかし，国際秩序では，国際的合意も合法的暴力装置もない。諸国の軍事力は平和を保持することもあれば，平和を破壊し，戦争を導くこともある。国民の感情は，しばしば排外的ナショナリズムとして発現し，戦争への道を拓く。

　ここで「国際秩序と権力」について，権力の手段である軍事力に注目して，3つの例を考えてみる。

　第1に，軍事的国際秩序として，まず勢力均衡体系が挙げられる。それは，ユトレヒト条約（1713年，スペイン継承戦争の終結条約）で関係国間に承認されたように，近代ヨーロッパの準フォーマルな国際秩序であった。そのメカニズム

は，超大国の出現を防ぐために，バランサー（イギリス）が弱い側の勢力に与するというものであった。しかし，近代ヨーロッパの国際体系では，多くの戦争が起こっていた。

　勢力均衡体系ではなく，勢力均衡の「政策」は，古今東西で，2か国以上の国家間関係によく見られる現象である。しかし，これが戦争を防ぐのか，それとも戦争を呼び起こすのかは，古くから，未決着の論争点である。細谷雄一によると，均衡の体系だけでなく，協調の体系と，国際共同体の見通しが，あいまって戦争を防げるという（細谷 2012）。勢力均衡は，平和のための必要条件であるが，十分条件でない，ということである。とすれば，勢力均衡体系で最大の問題は，軍事責任者や政治責任者が，必要条件を必要十分条件と思い違いすることの危険である。

　第2に，第二次大戦の末期に生まれた核兵器は，これまでの兵器と異なり，その異常な殺傷能力，破壊能力，残存能力（内部被曝）を持つ「絶対兵器」であり，その軍事的使い方は，核使用の脅しによる戦争（非核戦争も含む）の抑止にある。核抑止体系では，核戦争を手段とすることはできない。

　現在の核保有国は，米ロ中英仏の核大国に加えて，イスラエル，インド，パキスタン，北朝鮮であるが，核大国，特に超大国の米ロが世界の核状況を支配し，核拡散を防ごうとしている（核のガバナンス）。核保有の超大国は，自陣営の非核保有国にその核武装を禁止するとともに，緊急時の核の傘を保障し，原子力の平和利用に協力してきている（核不拡散体制）。それは核アパルトヘイトとも呼ばれており，階層的国際秩序である（Maddock 2010）。日米安保体制は，アメリカの核の傘のもとにあり，日米間の関係は階層的である。

　核戦略体系については，冷戦期における米ソの核軍拡競争にもかかわらず，戦略核の第2次攻撃力による相互抑止体系（MAD）が米ソ間に成立し，迎撃用ミサイルの設置を極度に制限するABM制限条約（弾道弾迎撃ミサイル制限条約 1972年）も成立して，核戦争による地球破滅は回避する努力がなされた。また戦術核を使って，限定核戦争を行うことは，米ソともに何度か計画したが，結局はこれまで使われたことがない。このことを核タブーと呼ぶ（Tannenwald 2007）。しかし，核戦争を阻止する国際秩序は，脆弱である。これまでに戦術核戦争を予防してきたのは，戦略核戦争への恐怖・警戒であったが，その裏面

では戦術核を使おうとする軍事的動機がいつも付きまとっていることも否定できない。

　第3に，冷戦期にあっては，自由主義陣営と社会主義陣営という2つの国際秩序が対決していたが，それが全面戦争に至らなかったのは，両陣営の首脳会談や不断の外交努力があったからであり，それが全面戦争に至らなかったのは，外交努力に加えて，戦略核兵器の相互抑止戦略，およびヨーロッパでの通常戦力および核戦力での「均衡状況」（エスカレーションへの恐怖）が不安定にせよ，存在したからでもある。

2　ヘゲモニー

　ここで「国際秩序と権力」について，権力の表現であり，手段でもあるヘゲモニーに注目して，3つの例を考えてみる。

　第1に，ヘゲモニー（覇権）とは，一定の国際秩序内で一国が他の諸国に対して，政治的，軍事的，経済的，文化的に絶対的に優位に立つことで，その秩序を取り仕切れる能力と規定しておく。このうち，経済的ヘゲモニーとは，生産力，貿易力，金融力の絶対的優位，および世界全体の経済支配力を持っていることである。文化的ヘゲモニーは，他者を押さえるだけでなく，他者から同意を調達できる能力を持っていることである。なお，ヘゲモニーを持つ国を覇権国と呼ぶ。

　近代世界システムでは，これまでにスペイン，オランダ，イギリス，アメリカが覇権国であった。とりわけイギリスは，大英帝国として，一日中太陽の没することのない地球大の帝国であり，カリブ海，北米，アジア，太平洋，アフリカ，中東に多くの植民地を抱えていた。大英帝国自体が，国際秩序であった。

　イギリスは，大英帝国という帝国主義体制を創造する経済的・軍事的ヘゲモニーを持っていただけでなく，それをもって世界大に支配を強化していく経済的・文化的ヘゲモニーを持っていた。フランスは，7年戦争（1756〜63年）に敗れて，覇権国とはなれなったが，インドシナ，アフリカ，中東に植民地を多く持っている帝国主義国家であった。英仏ともに，西洋文明観と白人の責務感のイデオロギーをもって，その植民地統治を支えていた。

第1部 理 論

　第2に，アメリカが覇権国の位置を明確に確保したのは，第二次世界大戦の終了後である。アメリカは，対ソ冷戦のなかで，自由主義国陣営（国際秩序）の指導国の位置を確保した。それを支えたのが，戦後の圧倒的な経済的ヘゲモニー，科学力であり，アメリカ文化の世界的ヘゲモニーであった。英語（米語）が世界的な共通語となり，ハリウッド映画やアメリカの漫画を通じて，アメリカ人の日常生活とその価値が世界中に拡散している。アメリカは，フィリピン，ハワイ，国内植民地（ネイティブ・アメリカンの土地を奪う）以外に植民地を持たないので，植民帝国と見られることも少なく，帝国主義を標榜することもなかった。しかし，アメリカは，非公式の帝国であり，帝国主義的であった。それは，冷戦期のアジア太平洋では，対ソ関係を意識した韓国，台湾，日本，フィリピン，オーストラリアとのハブ・アンド・スポークの同盟関係となり，必要なら軍事介入を，不必要なら自由主義の奨励を，というものであった。

　アメリカは，この非公式の帝国について，はじめは第二次大戦後の復興援助という形で始め，次第に軍事力，経済力のヘゲモニーを確立し，さらに文化的ヘゲモニーでそれを強化し，アメリカの世界支配という国際秩序を常に修正しながらも，維持してきている。たとえば，ブレトン・ウッズ体制の経済的メカニズムがアメリカの世界支配の用具であった。また，アメリカの文化的ヘゲモニーが戦後のアメリカの世界支配を支えてきた。

　冷戦期のアメリカは，世界的に民主主義陣営の指導役を自負しながら，アジア，中東，中南米の各地で非民主的権威主義体制を支持していた。

　第3に，1990年代以降のアメリカのヘゲモニーを新自由主義ヘゲモニーと呼ぶことにすると，すでに1960年代後半から，国際社会で国際的相互浸透・相互依存の状況あるいはトランスナショナル（超国境的，脱国家的）な活動・思想が注目され，人権擁護，難民救援，開発協力，医療協力，地球環境などの国際的NGO活動が活発化してきた。これが1990年代のグローバル化時代へと発展するのだが，それはモノ，カネ，ヒト，情報の移動が地球大に迅速かつ活発になる時代であった。しかも，それは，冷戦の終結の時代と重なるものであった。経済的には，旧社会主義圏を含めて，世界全体が市場経済に入ることになった。アメリカのヘゲモニーは，新自由主義の下に世界中に市場経済原理を推進

している。

　新自由主義は，1970年代末から1980年代始めにかけて，イギリスの M. サッチャー首相，アメリカの R. レーガン大統領が推進した政策であり，それまでのケインズ主義的修正資本主義を否定するものであった。たとえば，アメリカの『国家安全保障戦略』(G. ブッシュ大統領)（2002年）の前文では，民主主義，自由，自由企業，自由市場，自由貿易，自由愛好国民というように，自由の言葉が踊っていた。

　アメリカの経済学者 J. E. スティグリッツは，IMF の新自由主義的な構造調整策が，小さな政府，民営化，資本の自由化，貿易の自由化などで，途上国の人々に深刻な打撃を与えたこと，また，新自由主義的政策は，アメリカでは貧富の格差を拡大し，失業者を増加させていることを指摘していた（Stiglitz 2003, Stiglitz 2012）。

　新自由主義者が進める自由主義経済は，自国もしくは自国の企業の利益を求めるものであり，自らに有利な規制緩和，資本の自由化，貿易の自由化などを進めながら，自らに不利な場合には，例外規定を求めてきている。たとえば，農業補助金であり，ジェネリック医薬品の制限や，GMO（遺伝子組み換え作物）の推進である。基本的問題は，市場原理や自由貿易の選択的拒否（もしくは選択的適用）にあると思われる。その選択と実行には，ヘゲモニーの力が働いている。それは，自由貿易における「非公式帝国」の支配といえるものである。

5　「国際秩序と権力」を超えて

1　「反権力」としての民族解放闘争

　英仏の植民帝国を管理，運営するのは，それぞれの首都の政治家，高級官僚と，植民地に派遣された官僚と，現地で採用される下級官僚である。植民地で働いているのは，現地の人たちであり，経済活動から利益をあげているのは，本国の企業である。現地の地元エリートは，宗主国側から誘いの手がくるが，植民地体制に反対する声をあげるのは，宗主国で教育を受けた人々である。彼らは，インドの M. ガンジーのように，非暴力の抵抗主義をとることもあるし，ベトナムのホー・チ・ミンのように，民族解放のゲリラ戦を展開すること

もある。

「国際秩序と権力」に立ち戻ると，ここで展開されているのは，「国際秩序に抗する反権力」であり，その反権力の内容は，ゲリラ戦のように，これまでの通常戦略とはまったく異質な武力の行使であり，またガンジーのような暴力に対する非暴力での徹底的な抵抗である。両者ともに，これまでの国際秩序に抗議する「反権力」の行動である。ところが，民族解放闘争が成功し，民族独立を達成すると，国際秩序としては，主権国家秩序に吸収されることになる。

2　子どもを守る国際秩序

国際秩序という概念によって，国際関係に権力政治を超える視点を導入できる。たとえば，「子どもを守る国際秩序」である（初瀬・松田・戸田編 2015）。その法的基盤は世界人権宣言（1948年），子どもの権利条約（1989年）[4]，同「子どもの売買，子どもの買春及び子どもポルノに関する選択議定書」（2000年），同「武力紛争への子どもの関与に関する選択議定書」（2000年），国際組織犯罪防止条約の人身取引議定書（2000年），ILO182号条約（1999年，「最悪の形態の児童労働の廃絶」[5]）などである。

関係する国際機関はユニセフ（国連児童基金），ユネスコ（国連教育科学文化機関），WHO（世界保健機関），UNDP（国連開発計画），世界銀行，ILO（国際労働機関），国連安全保障理事会などである。

国連の活動としては，ユニセフ・WHOの「万人のための健康」アルマ・アタ宣言（1978年），国連「世界子どもサミット」（1990年），ユネスコ・ユニセフ・世界銀行・UNDPの「万人のための教育」世界宣言（1990年），武力紛争における子どもの安全に関する安保理決議1261（1999年），国連ミレニアム宣言，UNDP支援のミレニアム開発目標（2000年）[6]，ユネスコなどのダカール世界教育フォーラム（2000年），「子どもたちにふさわしい世界」特別総会決議（2002年）などとなっている。

実際の政策では，子どもの健康について，プライマリー・ヘルス・ケアー（地域住民のニーズに合わせた基礎的保健・医療の提供），予防接種（ジフテリア，破傷風，百日咳，ポリオ，麻疹，結核），下痢症対策（経口補水療法），母乳育児などが実施される。子どもの教育について基礎教育（無償初等教育の義務化，ジェン

ダー平等など）が重視される。子どもの日常生活を守る政策としては，児童労働の禁止，子ども兵の禁止，子どもの人身取引・子ども買春・児童ポルノの禁止などがある。ILO，国，労働組合，企業，NGO が児童労働の撤廃に向けて努力をしている。子どもの性的搾取を防ぐために，世界各地域で，国際機関，政府，NGO が活躍している。[7]

以上を合わせて「子どもを守る国際秩序」と呼ぶことにしたい。

6　日本をめぐる国際秩序

1　中華世界と西欧国際体系

日本（琉球を除く）は，東アジアで，中国大陸，朝鮮半島に近いが，海を挟んで離れて存在する島国として，古代以来，外の国際秩序とうまく関係を保ってきた。それが壊れたのは，秀吉の朝鮮出兵（明の征服を目指して，1592〜93年，1597〜98年）と，1931年（満州事変）〜1945年（連合国への敗戦）の期間であった。

1840〜42年に清国がアヘン戦争でイギリスに敗れるまで，東アジアには，漢代以来，中華世界という国際秩序が支配的であった。この秩序では，皇帝を中心にした天下のもとに，文明圏の中華が周囲の野蛮な夷の世界（東夷，南蛮，西戎，北狄）をその文明の恩沢におくものであった。中国の皇帝の下に，周囲の王は，冊封によって，その支配の正当性を認められ，また定期的に朝貢をする見返りとして，回賜としての貿易を認められ，中国から文明を取り入れた。

日本は，この中華世界に漢代から朝貢をしていたが，すでに聖徳太子の頃には，対隋外交で政治的独立性を主張し始めていた（「日出る処の天子」から「日没する処の天子」への書簡，607年）。それは中華秩序を模倣した日本型小中華秩序といえるものであった。しかし，文化的には，江戸末まで漢文化の影響を受けていた。興味深いのは，中国との貿易が継続していたことで，このことはたとえば11〜13世紀に博多に中国（宋）人街があったことや，薩摩硫黄島の硫黄が火薬の原料として，日宋貿易で中国に輸出されていたことに認められる（大庭 2009；山内 2009）。日本は，中華世界と選択的に接触していたことになる。

16世紀の末から17世紀のはじめにかけて，日本人の商人が東南アジアに貿易（朱印船貿易）に出かけ，その土地（フィリピン，カンボジア，ベトナム，タイ）に

住み着いた（日本町）。当時，明王朝は，海禁（私人の海外活動の禁止）を解いて，外国との互市システムを開いたが，それ以前の倭寇の記憶から，日本に対してのみ，開市，開港することがなかった。日本の商人は，東南アジアの数点で中国商人と出会い，貿易をすすめることができた。日本人は，中華世界と迂回的に接触していたことになる[8]。

江戸時代の日本は，長崎で出島を通じて西欧国際体系と，唐人屋敷を通じて中華世界と接触し，貿易していた。当時のオランダは，世界経済システムでの覇権国であったが，徳川幕府は，これとの外交や軍事の関係を切り捨て，貿易と文化の関係だけを選択した。プロテスタントのオランダは，貿易の利益のために，キリスト教の禁教に同意していた。同じく幕府は，清国との関係でも，冊封，外交の関係を持たずに，貿易と文化の関係だけに限定した。有力な国際秩序と関係するとき，接触点と接触内容を限定するのは，弱者の対応として，優れていたのではないか。

幕末に日本は，尊皇攘夷で西欧国際体系を拒絶しようとしたが，開国（西欧国際体系への強制的参加）を迫られてしまった。開国後は，積極的に西欧国際体系の構成員になろうとした（脱亜入欧論）。それが，富国強兵政策であり，近隣のアジア諸国への帝国主義政策であった。日清戦争は，西欧国際体系の一国である日本が，中華世界の中心である清国に対して，勝利したという意味で，古代以来の東アジアの国際秩序を覆すものであった。

近代の日本は，台湾，朝鮮，関東州，南樺太，南洋諸島，満洲（形式的独立国）を植民地とし，さらに中国大陸から東南アジア，南アジアに軍事的支配を確立することで，1940年代に大東亜共栄圏の国際秩序を作ろうとした。これは，米英などのワシントン条約体制の国際秩序と正面から対決するものであった。このとき，日本は，ヨーロッパのドイツ，イタリアとの三国同盟（1940年）によって枢軸側に与して，米英ソなどの連合国（反ファッシズム，反ナチズム）と世界大戦を戦ったが，ドイツ，イタリアと共同軍事作戦をとることはなかった。アジア太平洋戦争（1931～45年）は，日独伊の新国際秩序の志向と，米英ソなどの現国際秩序の維持との衝突であった。

2 戦後日本とアメリカのヘゲモニー

　第二次世界大戦後に，敗戦国日本は，アメリカ中心の占領政策を受け入れ，冷戦のなかでアメリカ中心の西側の国際秩序に参加することを選んだ。それは日米安保体制（1951年以降）によって，東アジアにおけるアメリカのハブ・アンド・スポークのスポークになることであった。日本は，冷戦期も冷戦後も，一貫してアメリカの非公式帝国の支配のもとにある。日米安保をめぐる国際秩序は，法的には，最初と改定後の日米安保条約，冷戦終結後の安保再定義，および日米行政協定，日米地位協定と，基地・財産などに関する刑事特別法，航空条件（最低高度，制限速度，飛行禁止区域）に関する航空特別法や，日米原子力協定（日本の独自の核政策を制御）などをもって成立しており，政治的には日米首脳会談，日常の外交交渉，行政的には日米合同委員会，実務レベルの合同演習など通じて，機能している。このほかに，核兵器持ち込み，日米地位協定の民事および刑事特別法などの密約群もある（矢部 2014，前泊 2013，吉田 2010）。また1996年の日米安保再定義などで，日米安保体制の制度化は進められており，制度化に基づいて日常業務をする日本側の関係者（政治家，官僚）から忠誠が確保されている。

　たとえば，最高裁（田中耕太郎長官）は，1959年12月に，在日米軍は日本国憲法の禁止する戦力に当たらないとして，在日米軍を合憲との判決を出した。これは，同年3月の東京地裁での違憲判決（伊達秋雄裁判長）を破棄差し戻すものであった。この2つの判決の間に，違憲判決直後から在日アメリカ大使（マッカーサー）⇔藤山外務大臣⇔岸首相⇔愛知法務大臣⇔田中最高裁長官⇔マッカーサー大使の緊密な連絡網が形成されていた。最高裁の判決は，アメリカ側との相談，了解のもとで，出されたものであった。それは，安保条約は高度の政治性を持つので，裁判所の司法審査権（合憲か，違憲か）の範囲外にあるという見解（統治行為論）に基づいていた（矢部 2014；前泊 2013；布川・新川 2013）。

　冷戦期の日米安保条約は，ソ連を脅威の対象としていたが，それがなくなった後にも，安保条約は再定義され，脅威の対象を中国や北朝鮮に変えながら，安保条約は継続している。日米安保体制は，両国間で制度化が進んでいると同時に，適用の対象や地理的範囲で流動化が進んでいる。

　日本の原子力利用は，原子力基本法に基づいている。その第2条2項（2012

年改正）によると，日本の原子力利用は日本の安全保障に資することになっている。日本の安全保障は，最終的にアメリカの核抑止力（核の傘）に依存してきているので，日本の原子力政策は，アメリカの安全保障の政策から影響を受けることになる。それは，日米原子力協定に規制されている。

　国際秩序としての日米安保体制は，アジア太平洋におけるアメリカの同盟群の重要な一環である。それは日米間で対等の関係でなく，支配と従属の関係となっている。しかし，冷戦期に日米安保体制があったから，憲法第9条が生き延びてきたという解釈も可能であるし（酒井 1991），日米安保再定義によって，日本側が日米安保体制を日米同盟関係として抱きしめ直したという解釈も可能である（初瀬 2014）。この秩序は，階層的だが，アメリカ＝支配，日本＝利用（a junior partner）の形で機能してきた，と見ることもできる。それを底支えしてきたのは，戦後日本におけるアメリカの政治的文化的ヘゲモニーであった。

7　おわりに

　本章は，「国際秩序と権力」に重点を置いた関係で，権力政治，ヘゲモニー，あるいは国際秩序による支配，国際秩序の保守の視点を強調する形となった。

　本章で見てきた事例によれば，西欧国際体系は欧米（日）諸国（支配側）の近代化を助け，植民地支配体制は宗主国（支配側）の工業化を助けた。近代世界システム，大英帝国，非公式の帝国としてのアメリカ，（アメリカの）新自由主義ヘゲモニーは，覇権国のヘゲモニー確立のためのもので，そのうえで他の諸国に秩序への参加を許すものであった。主権国家秩序は，先進国・主権国家の存続とその国民の福祉のための仕組みであった。勢力均衡体系は，基本的に軍事力保有のための国際秩序である。核不拡散体制は，核戦争防止を掲げながら，核保有国の核支配のための秩序である。日米安保体制の一面は，冷戦期の日本にとって，安全保障を対米依存して，経済活動に勢力を傾けるための用具であった。

　ここで強調しておくが，本章は，国際秩序が持つ安定や平和への志向の役割を軽視するものではない。たとえば，植民地解放闘争は，植民地支配体制を覆すものとして，歴史的意義を持つものであった。「子どもを守る国際秩序」

は，権力政治を超える1つの視点を提示するものである。本章では，論じることはできなかったが，国際的補正（価値再分配の秩序）としては，ODA（政府開発援助）や，先進国・NGO・国連諸機関による開発協力，医療協力，人権擁護活動，難民救援活動がある。冷戦終結後には，平和構築，人道的介入，それに伴う民主化の実行が，（実践上問題は多いが）国際的に正しい政策として提唱されている。

インフォーマルな国際秩序では，従うべき規則，慣習が明確でない可能性が大きい。機会の平等，結果の公正，結果の修復，あるいは秩序見直しの手続きで，合意のないことが多い。しかし，それでいて，国際秩序の政策論では，ある種の「正しさ」が幅を効かせている。それは，自分たちにとって，役立つことは正しいことで，他の国々や人々にとっても正しいことだ，という思い込みと主張である。それは，権力やヘゲモニー側の思考である。

「日本をめぐる国際秩序」では，歴史的に見て，日本は自らを中心とする国際秩序の試みでは成功していない。しかし，外からの国際秩序に対して，弾力的に対応してきたことは，国際秩序の「正しい」使い方なのかもしれない。

最後に，本章の国際秩序論は，目標設定・国際協調型のグローバル・ガバナンス論の主流に対して，一種の行為先行・強者支配型のグローバル・ガバナンス論を議論するものとなっている。

【注】
1) 「国際秩序」の定義については，藤原・李・古城・石田編（2004），細谷（2012），Kissinger（2015）参照。
2) 国際レジームとは，国際関係の特定の分野（たとえば人権）について，関係諸国が受け入れる（ようになる）原理・規範・規則・意思決定のセットである。
3) 国際レジームの概念には正義とか公正の理念は含まれていないが，グローバル・ガバナンスの概念には，参加型民主主義，人権，自由，福祉などの理念が含まれる。
4) 子どもの権利条約の内容は，「子の最善の利益」のもとに「生きる権利」（健康に生まれ，安全な水や十分な栄養を得て，健やかに成長する権利），「守られる権利」（あらゆる種類の差別，虐待，搾取から守られる権利，とくに紛争下の場合・障害を持つ場合・少数民族の場合），「育つ権利」（教育を受け，また休んだり遊んだり，さまざまな情報を得て，自分の考えや信じることが守られ，自分らしく成長する権利），および「参加する権利」（自由に意見を表明し，グループを作り，活動する権利。そのときは，家族や地域社会の一員としてルールを守り，行動する義務）である（www.unicef.or.jp/about_unicef/

about_rig.htm　2016年11月18日アクセス)。
5) 最悪の形態の児童労働とは，子どもの人身取引，債務労働，子ども兵士，児童買春，児童ポルノ，麻薬の製造・密売など，児童の健康・安全・道徳を損なうものである。
6) 具体的目標としては，乳幼児死亡率・低体重児率・妊産婦死亡率・伝染病による死亡率の低下，初等教育就学率・青年層識字率の向上とジェンダー格差の解消，清潔な水とトイレの普及，ジェネリック医薬品の普及などであった (www.jp.undp.org/content/tokyo/ja/home/sdg/mdgoverview/mdgs.html　2016年11月18日アクセス)。
7) アメリカでも貧しい子どもの問題は深刻である (Stiglitz 2015：178-181)。しかし，アメリカは子どもの権利条約を批准していない。
8) 世界システム論で考えると，16世紀中葉から17世紀にかけて，日本は新世界のペルーと並ぶ，銀の生産・輸出国であり，これをもって，中国や東南アジアの交易圏とつながっていた (祝田 2016)。

【参考文献】

井上達夫 (2012)『世界正義論』筑摩書房。
祝田秀全 (2016)『銀の世界史』筑摩書房。
大庭康時 (2009)『中世日本最大の貿易都市・博多遺跡群』新泉社。
酒井哲哉 (1991)「「九条＝安保体制」の終焉─戦後日本外交と政党政治」『国際問題』3月号。
初瀬龍平 (2014)「「日米安保再定義」─日米安保体制を抱きしめて」菅英輝編著『冷戦と同盟─冷戦終焉の視点から』松籟社。
初瀬龍平・松田哲・戸田真紀子編著 (2015)『国際関係のなかの子どもたち』晃洋書房。
布川玲子・新原昭治編著 (2013)『砂川事件と田中最高裁長官─米解禁文書が明らかにした日本の司法』日本評論社。
藤原帰一・李鍾元・古城佳子・石田淳編 (2004)『国際政治講座4　国際秩序の変動』東京大学出版会。
細谷雄一 (2012)『国際秩序─18世紀ヨーロッパから21世紀アジアへ』中央公論新社。
前泊博盛編著 (2013)『本当は憲法より大切な「日米地位協定入門」』創元社。
矢部宏治 (2014)『日本はなぜ，「基地」と「原発」を止められないのか』集英社インターナショナル。
山内晋次 (2009)『日宋貿易と「硫黄の道」』山川出版社。
吉田敏浩 (2010)『密約─日米地位協定と米兵犯罪』毎日新聞社。
Kissinger, Henry (2015) *World Order*, Penguin.
Maddock, Shane J. (2010) *Nuclear Apartheid: The Quest for American Atomic Supremacy from World War II to the Present*, The University of North Carolina Press.
Stiglitz, Joseph E. (2003) *Globalization and Its Discontents*, Penguin.
Stiglitz, Joseph E. (2012) *The Price of Inequality*, W.W. Norton.
Stiglitz, Joseph E. (2015) *The Great Divide*, Penguin.
Tannenwald, Nina (2007) *The Nuclear Taboo: The United States and the Non-Use of Nuclear Weapons since 1945*, Cambridge University Press.

第3章

グローバル・ガバナンスと民主主義
――方法論的国家主義を超えて――

田村　哲樹

1　はじめに

　本章の主題は，グローバル・ガバナンスを民主主義の観点から考えてみることである。このように述べる際の前提は，ガバナンスと民主主義との区別である。グローバル・ガバナンスが必然的に民主主義的に行われるとは限らず，「非民主的だが，グローバルなガバナンス」もありうる。つまり，本章で検討するのはあくまで，①（国家ではなく）グローバルな次元での，②民主主義に基づく，ガバナンスである。以下では，このような民主主義によるグローバル・ガバナンスのことを，グローバル民主主義と呼ぶ。

　本章では，そのグローバル民主主義について，「方法論的国家主義（methodological statism）」の乗り越えという観点からの考察を行う。方法論的国家主義とは，方法論的ナショナリズム（遠藤 2013；ベック 2008；Wimmer and Schiller 2002）からヒントを得て，ここで用いる用語である。それは，政治現象を考える時に，統治機構としての「国家（state）」ないし「国家のような（state-like）」(Little and Macdonald 2013：796) 諸制度の存在を念頭に置いてしまう，私たちの認識枠組のことを指す。たとえば，もし私たちが家族や親密圏を，それ自体として政治の場として理解することができないとすれば，それは私たちが方法論的国家主義に依拠しているからであると推測できる（田村 2015）。

　グローバル民主主義論の文脈では，方法論的国家主義とは，国家を超える次元での民主主義を考える場合に，国家ないし「国家のような」諸制度を念頭に置くことを意味する。グローバル民主主義を国家間の連合として考えるような

59

議論はもちろん、グローバルな次元の民主主義の制度を国家レベルの民主主義の制度を基にして考えようとすることも、方法論的国家主義の1つのタイプである[1]。本章では、このような方法論的国家主義を克服した形で、グローバル民主主義をどのように考えることができるかについて検討する。

グローバル民主主義を考える際の方法論的国家主義の問題点について、A. リトルとK. マクドナルドは、①グローバルな民主主義的実践の発生の展望の評価を歪め、②グローバルな民主主義的変容のありうる目標を見誤らせ、③すでにグローバルなレベルで発生している民主主義のさまざまな初期形態を無視することになり、④民主主義の理念が国境を越えてどのようにして最もよく推進されうるのかについての有意義な教訓を得ることに失敗する、と主張する（Little and Macdonald 2013：791-792）。本章では、上記の4点すべてに完全に同意できるかどうかについては、判断を留保する。しかし、リトルとマクドナルドの議論に、方法論的国家主義への依拠は民主主義を狭く捉えることにつながる、という問題提起が含まれている点には注目したい。なぜなら、「政治」や「民主主義」という概念そのものの再検討にどのくらい貢献しているかという観点から、さまざまなグローバル民主主義論を検討・評価することは、政治理論の重要な課題の1つだからである[2]。

ポスト方法論的国家主義な立場からのグローバル民主主義論には、異論も予想される。典型的な異論として、次の2つが考えられる。1つは、現実の政治を考慮するならば、国家を無視するような構想にはリアリティがなく、したがって、方法論的国家主義批判では、実現可能なグローバル民主主義を構想することができない、というものである。もう1つは、ポスト方法論的国家主義は、国家を超える次元における「統治」——ここでは拘束的な集合的決定の作成を指す——の重要性を理解していない、というものである。

これらの異議に対しては、本章全体を通じて答えていくことになる。とはいえ、ここでごく簡単に応答しておくと、第1の異議に対しては、むしろ国家を前提とすることで、現実に生じている多様な民主主義的実践を適切に評価できなくなるおそれがあることを指摘しておきたい。第2の異議に対しては、国家あるいは「国家のような」制度以外でも拘束的な集合的決定は行われうるし、方法論的国家主義を脱却したのちに、あらためて統治のための制度を考えるこ

とは妨げられていない，と述べておきたい．

　以下では，次の順序で議論を進める．第2節では，グローバル民主主義論のいくつかのタイプを説明し，それらのいくつかが方法論的国家主義に依拠していることを指摘する．第3節では，代表的なグローバル民主主義論として，コスモポリタン民主主義論を取り上げ，この議論における方法論的国家主義の残存を明らかにする．第4節では，方法論的国家主義を脱却したグローバル民主主義論として，グローバル市民社会論を取り上げる．最後に第5節で，ポスト方法論的国家主義的なグローバル民主主義の制度構想について検討する．

2　複数のグローバル民主主義論と方法論的国家主義

　本節では，グローバル民主主義論の複数の類型を概観し，それらがどの程度方法論的国家主義的な想定に基づいているかを確認する．ここでは，D. アーキブージらによる類型論を参照しつつ，議論を進める[3]．

　ひとくちにグローバル民主主義といっても，その内実はさまざまでありうる．アーキブージらは，グローバル民主主義の理念型として，次の3つを挙げている（Archibugi *et al.* 2012：6-9）．第1の類型は，民主的連合主義（democratic confederalism）である．これは，グローバル民主主義を，国家間の緩やかな連合として捉えるものである．そこでは，各国家は民主主義によって統治されており，したがって，その政府は，国内的な民主的正統性を保持している．このような各民主的国家は，他の国家および全体としての国家同盟に対して，当該国家の市民を代表する排他的な権利を有している．したがって，各国の市民は，国家同盟の諸制度に対する直接的なアクセス権は有していない．各国家は，その同盟に自発的に参加し，そこから脱退する片務的な権利を有する．国家同盟における決定は，メンバー諸国の全会一致を必要とするか，または，もし投票が行われる場合には，「一国家，一投票権」原理に基づく．なお，この国家同盟は，決定を強制する権力を持たない．

　第2の類型は，世界連邦主義（world federalism）である．このタイプの議論では，世界を，国家や国家に類似したさまざまな権威の階層から成るものと捉えるとともに，連邦レベルの政府（権威）の存在も想定される．いずれのレベ

ルでも,「一人一票」をはじめとする民主的な原理が作動するべきであるが,小規模な構成単位に配慮した手続も必要である。連邦レベルの政府（権威）は,管轄事項に関する最終的な発言権を持ち,強制力も行使できる。この連邦からの脱退は,当該連邦の憲法的な規則の定めるところに従ってのみ可能であり,連邦の関連制度による承認を必要とする。

　第3の類型は,民主的多中心主義（democratic policentrism）である。その特徴は,今日のグローバルな空間においては,権力は国家だけでなく,企業,経済組織,国際機関,NGO（非政府組織）などの,無数の非国家的アクターによっても行使される。これらの多様なアクターや権力の場は,それらの活動によって影響を受ける人々に,何らかの決定権限承認とアカウンタビリティのメカニズムによって結びつけられることによって,民主化されうる。こうした決定権限承認とアカウンタビリティのメカニズムは,個々のアクターや分野別のネットワークごとに確立されるものであり,それらを横断する「国家のような」政治構造として確立されるべきものではない。すなわち,そのようなメカニズムは,たとえば選挙を通じた決定権限承認やアカウンタビリティといった形態を必ずしもとる必要はない。

　以上のグローバル民主主義の3類型については,さまざまな評価の仕方が可能であろう。しかし,方法論的国家主義の観点から見るならば,その評価は明らかである。すなわち,民主的同盟主義と世界連邦主義は,「グローバル」民主主義を,国家を中心にして考えようとしている点で,方法論的国家主義を踏襲している。民主的同盟主義が方法論的国家主義に基づいていることは,それがまさに国家間の同盟としてグローバル民主主義を考えていることから明らかである。世界連邦主義の場合は,国家だけではなくさまざまな階層の権威を想定しており,また,連邦レベルの権威・政府という形で,国家を超える民主主義的統治機構を措定し,その一定の権限も認めている。しかし,世界連邦主義も,「国家のような」統治機構をグローバルなレベルで構想しているという点で,やはり方法論的国家主義に依拠した考え方といえる。

　これらに対して,民主的多中心主義は,ポスト方法論的国家主義的である。そこでは,国家は,さまざまなアクターや権力の場のなかのあくまで1つに過ぎない。民主的多中心主義では,集合的意思決定とそれに対するアカウンタビ

リティは，国家レベルで担保されるものではなく，かつ，「国家のような」仕組みによって担保されるべきものとしても考えられていない。それぞれの集合的意思決定の場やユニットにおいて，機能的に等価な，異なる集合的意思決定とアカウンタビリティのメカニズムが想定されているのである。

　以上のように，ひとくちにグローバル民主主義論といっても，そこにはいくつかのタイプがある。そして，それらのなかで，方法論的国家主義を脱却しているといえるのは，アーキブージらの言葉で言えば，民主的多中心主義だけである。

3　方法論的国家主義の残存─コスモポリタン民主主義論の場合

　本節では，方法論的国家主義を脱却してグローバル民主主義を論じることがそれほど簡単ではないことを，D.ヘルドのコスモポリタン民主主義論を事例としながら確認する。方法論的国家主義脱却のために必要な理念的立脚点を有しているにもかかわらず，ヘルドの議論には，なおも方法論的国家主義の残滓を見て取ることができる。

　方法論的国家主義をどのように脱却するのかについて，リットルとマクドナルドの議論を参照しておこう（Little and Macdonald 2013 : 791）。彼らは，「過度に狭い，国家中心的な分析のレンズ」によって，グローバルな民主主義的実践の分析がいかに歪められてしまうかを明らかにしなければならない，という。この「レンズ」は，第1に，民主主義を構成する政治制度や実践の分析を，「うまく機能している」国家レベルの民主主義に類似していると推定されるものに限定してしまう。第2に，この「レンズ」は，民主主義的実践の社会的条件の分析も，一定の範囲内のものにする。つまり，どのような場合に民主主義的実践が可能であるかを考える時に，この「レンズ」のために，それを既存のナショナルな民主的社会の高度に理想化された説明と一致するように考えてしまう。要するに，方法論的国家主義の「レンズ」を通すことで，グローバルな民主主義実践の可能性があらかじめ狭く把握されてしまうのである。

　リットルとマクドナルドは，方法論的国家主義に陥ることなくグローバル民主主義を評価するためには，特定の制度ではなく，その中核にある「民主主義

的価値」に注目することが重要であると述べている。そうしなければ、私たちは、国家レベルで実際に作動している民主主義の諸制度をまず念頭に置き、それらをグローバルなレベルに拡張することができるかどうかという観点から、グローバル民主主義の実現可能性を評価してしまうことになるからである。彼らが掲げる民主主義的価値とは、政治的平等と（人々による）政治的コントロールである（Little and Macdonald 2013：792-793）。

「特定の制度よりも価値から」というリットルとマクドナルドの提案は重要である。制度ではなく価値から始めることによって、その価値を実現する機能的に等価な制度や実践を、国家という枠組みに縛られずに検討することが可能になるからである。

しかしながら、問題は、制度よりも価値から始めることで、方法論的国家主義を十分に脱却できるという保証は存在しないということである。たとえ価値から始めても制度を構想する段階になると、慣れ親しみのある国家レベルの民主主義の諸制度からの類推でグローバル民主主義を語ってしまうことはありうる。以下では、ヘルドのコスモポリタン民主主義論を事例として、このことを確認する。それは、民主主義的自律（democratic autonomy）という価値を基礎とすることから出発する。それにもかかわらず、彼の議論は、方法論的国家主義を十分に克服することはできていないのである。

ヘルドのコスモポリタン民主主義論は、国家の次元ではなくグローバルな次元で新たな「法の支配」を確立し、そのことによってポスト主権国家における統治の形態を構想しようとするものである。ヘルドが注目するのは、グローバル化の進展によって、国家を基礎としたこれまでの民主主義のあり方と、それが直面する社会的・経済的・政治的実態との間にいくつかの乖離が発生しているという状況である（ヘルド 2002：第5, 6章；2011：26-28）。そのような乖離の実態として、たとえば、国際法の発展により、それがますます国内法を超えた規制力を有するようになっていることが挙げられる。また、別の事例としては、政治的意思決定が国際的な組織やアクターによってますます国際的な次元で行われるようになり、その結果、政治権力は国家に集中するのではなく、ますますローカルからグローバルまで複数の次元で共有されるものになっていることも挙げられる。さらに、グローバル化の進展により、社会に発生する諸問

題を，国内問題と国外問題とに明確に区別できなくなっていることも指摘される。

どのようにすれば，これらの乖離を乗り越えることができるのだろうか。この問いに取り組む際に，ヘルドはまず民主主義の理念を，「自律の原理」として明確化することから出発する。彼は，次のように述べている。

　民主主義が「人民による統治」，すなわち政治的共同社会の等しく自由な成員による公共政策の決定を意味するのであれば，そのときの正当化の基盤は，市民としての諸個人および集合体の双方にとって，自律の促進と増進にある。この文脈で，「自律」の概念が意味しているのは，自覚的に推論し，自己反省的であり，また自己決定的である，そうした人間の能力である。それは，民主主義的善ないし，ルソーの用語でいう「共通善」を心に留め，私的・公的生活における行為の多様な方向性について熟慮し，判断し，選択し，行為する（あるいは場合によって行為しない）能力を含んでいる。（ヘルド 2002：174　訳文は一部修正）

この自律の原理は，グローバルなレベルにおいてどのようにして具現化されるのであろうか。ヘルドの答えは，国民国家の下位レベル（ローカル）と上位レベル（リージョナル・グローバル）に多元化・多層化している統治のさまざまな実践を1つの新たな法によって規制することによって，というものである。言い換えれば，それぞれの統治の場や実践は，この1つの法の一部分として位置付けられる。この法秩序は，統治のさまざまなレベルにおいて民主主義を実現するためのものであり，そのための理念を規定したものでなければならない。したがって，それは「コスモポリタン民主主義法」と呼ばれる。コスモポリタン民主主義法は，自律の原理の実現を妨げる，ローカル／ナショナル／リージョナル／グローバルといった地理的な区分を横断して存在する，さまざまな権力の場を規制するものでなければならない（ヘルド 2002：第8章）。

このように，ヘルドのコスモポリタン民主主義論は，ローカルからグローバルまで（これには国家レベルも含まれる），権力が発生するさまざまな場において民主主義を実現するために，コスモポリタン民主主義法という新たな法の形成を構想するものである。すなわち，彼のコスモポリタン民主主義の構想とは，民主主義の理念としての自律の原理を体現するために，グローバルなレベルでの「法の支配」を唱えるものといえる。

以上のヘルドの議論について，（ポスト）方法論的国家主義の観点から見た場合にどのように評価できるだろうか。

　第1に，その理念についてはどうだろうか。たしかに，コスモポリタン民主主義を語る時に，ヘルドが制度からではなく理念から議論を始めていることは，ポスト方法論的国家主義的なグローバル民主主義論を構想するために，重要なことである。しかし，彼の掲げる理念である自律の原理は，彼が国家レベルの民主主義を論じる際にも掲げられている理念である（Held 2006：Chap 10）。実際，彼が自律の原理の重要性を述べる際には，国内類推のロジックが見られる。ヘルドにおいて，この自律という理念は，国家主権と人民主権の両方の考え方に一定の留保を付すものであるとされている。すなわち，自律という原理は，一方の国家主権に対しては，自らの社会の諸条件について決定する「人民」の存在を強調するものであり，他方の人民主権に対しては，政府を法の支配の下に置き人民主権に対する一定の制約を認めることを主張するものである。ヘルドは，このような自律の原理の考え方が，「近代国民国家，とりわけ自由民主主義の姿を帯びた近代国民国家のプロジェクトを擁護しようとしてきたすべての人々にとって，根本的なものであると考えている」と述べている（ヘルド 2002：175　訳文は一部修正）。ヘルドの言っていることは，近代以降の立憲民主主義的国家のあり方およびその理念的価値の説明として正しい。しかし，問題となりうるのは，彼が国家レベルにおける望ましい価値を，そのままグローバル・レベルにおける望ましい価値として適用しようとしている点である。これは，国内類推的な思考法と見なされうる。

　ただし，理念・価値については，たとえ国内類推であっても問題はないと見ることもできる。なぜなら，国内類推的な思考法によって導出された価値であっても，その制度化においては国内類推に拠らない形で議論することも可能だからである。

　したがって，第2のより重要な問題は，ヘルドの議論が制度的なレベルでどの程度方法論的国家主義を脱却しているのか（いないのか）という点である。この点に関するヘルドの議論は，両義的である。一方で彼は，現在の世界において，国家主権のあり方が明確に変容しつつあることを認識している。さまざまな国家を超える機関，法体系，ガバナンス形態の発生によって，「主権は公

的権力の，不可分で無制限の排他的で永続的な形態であるとの想定は，今や効力を失っている」(ヘルド 2011：73　訳文は一部修正)。したがって，グローバル民主主義においては，特定の争点については，国家だけではなく都市や国家を超える地域も含めた空間的に区切られた政治空間に意思決定の権限を委ねつつ，他方で，領域横断的な争点，たとえば気候変動，グローバルな伝染病，金融市場の規制といった問題については，空間的に区切られた政治空間に限られない，新しいより広範な制度が求められる（ヘルド 2011：80-81)。具体的には，①すべての国家と機関から成るグローバルな議会 (assembly) の創設，②国家を超える次元での議会とガバナンス構造の設立と強化，③国際諸組織の透明性とアカウンタビリティを高めること，④（現在の対応が十分ではない場合に）新たな国際組織あるいはメカニズムの設立，⑤国内および国境横断的な市民社会の非国家的組織の透明性とアカウンタビリティの強化，⑥国家を超える次元でのレファレンダムの実施，⑦国家を超える次元での安全保障上の脅威への対応としての法の執行力・強制力の強化，が挙げられている（ヘルド 2005：148-151；see also Held 2006：306-307)。[4]ヘルドはまた，国家を超えるレベルで活動するアクターとして，企業だけではなく，社会運動の活動にも注目している（ヘルド 2011：86-87)。これらのことは，ヘルドのコスモポリタン民主主義論が，アーキブージらの言う「民主的多中心主義」の特徴を，したがってポスト方法論的国家主義的な特徴を，相当程度有していることを意味している。

　それにもかかわらず，ヘルドの議論に方法論的国家主義の残存を見出すことは不可能ではない。ヘルドは，国家を超える地域的およびグローバルなレベルの制度や組織について，それらを国家レベルの機関の「補足」ないし「補完」と表現する（ヘルド 2005：151；2011：80, 134)。それは，国家の存在意義の持続を認めつつ，より広範でグローバルな諸問題に対応するためのガバナンスの多層化だとされる（ヘルド 2005：151-152；2011：134)。ヘルドはあくまで多層化・分散化を主張している。しかし，「補足」「補完」という表現からは，既存の国家レベルでのガバナンスの仕組みを基礎とするという意向を読み取ることもできる。

　また，とりわけ他のより民主的多中心主義的な議論と比較してみると，ヘルドの視点が国家をはじめとするより公式の制度・アクターに向けられているこ

第1部 理 論

とは否めない。ヘルドは,金融,安全保障,環境・気候変動といった争点に関するグローバル・ガバナンスについて論じているが（ヘルド 2011：第6, 7章），そこで描かれるアクターの多くは，国家または，超国家的ではあるが国連など比較的公式化の程度が高い諸機関である。他方，ケイト・マクドナルドが分析するグローバルな衣料産業の展開をめぐる民主主義の欠如の事例では，彼女の言う「民主主義的アカウンタビリティ」の実現におけるアクティヴィストや，労働組合や NGO から成る国際的な「連帯的」ネットワークの役割に焦点が当てられている（Macdonald 2012）。もちろん，ヘルドとマクドナルドの違いが，扱っている争点の違いに由来する可能性は存在する。それにもかかわらず，マクドナルドの議論と比較するならば，ヘルドの関心が国家と「国家のような」諸機関・アクターに傾斜していること，したがってヘルドのほうにより方法論的国家主義の残存を見出すことができることは，明らかであると思われる。J. S. ドライゼクが指摘するように，コスモポリタン民主主義は，超国家的な市民社会における集団活動にも役割を認めるものの，それはあくまで補助的なものであり，公式の諸制度，とりわけ政府諸組織と法システムの構築を強調する傾向があるのである。その結果，コスモポリタン民主主義は，民主主義よりも，法／司法によって，あるいは行政によって問題を解決しようとする潜在的傾向を有している（Dryzek 2006：151, 153）。マクドナルドも，ヘルドを参照しつつ彼と同様の民主主義の理念に依拠していることを念頭に置くならば（Macdonald 2012：185），たとえ理念から始めたとしても，方法論的国家主義を完全に脱却することは難しいのである。

4 ポスト方法論的国家主義へ──グローバル市民社会論の再検討

コスモポリタン民主主義論の検討から見えてくるのは，方法論的国家主義脱却のためには，公式の制度形成に焦点を当てる思考法から，ひとまず脱却しなければならない，ということである。そこで，本節で参照するのは，グローバル市民社会論である。ここでは，「市民社会」を，国家ないし政府から区別された相対的に自立した空間として理解する[5]。それが国境を横断する場合には，「トランスナショナル」ないし「グローバル」市民社会となる。その主な集合

的アクターとして想定されるのは，NPO（非営利組織），NGO あるいは社会運動である。ただし，そのような集団に必ずしも参加しない人々もまた，市民社会の重要な構成要素である。後者については，カフェやサロンなどに集う人々の自由なコミュニケーションが作り出す公論（ハーバーマス 1994）や，無作為抽出などの手法で集まった人々が特定のテーマについて議論するミニ・パブリックス（篠原編 2012）などが含まれる。

　先ほど，国家ないし政府から「相対的に自立した」空間と書いた。しかし，このことは，（グローバル・）ガバナンスとの関係では，1つの論点となる。なぜなら，そもそもガバナンスとは，そのような国家・政府と社会との明確な区別を見直し，両者の協働ないし一定の融合のなかで「統治」を進めていく（べき）という考え方を指しているからである。そうだとすれば，「ガバナンス」における市民社会の「自立」とは何であるのか，という疑問が生じることになる。

　もちろん，ガバナンスにおける市民社会の自立とは，あくまで「相対的な」ものなのだと述べることはできる。しかし，仮にこのように述べるとしても，国家・政府と市民社会との協働あるいは融合の程度が強い場合には，結局，市民社会は国家・政府による統治の単なる道具に過ぎないのではないか，という疑問が生じることになる。いわゆる「統治性（governmentality）」論からの批判である。そこで，市民社会を支持する立場からは，その独自性の擁護は，ガバナンスの一環としての市民社会ではなく，国家・政府から距離を取りこれに対抗する市民社会として，なされなければならないと主張されることになるだろう。とりわけ，市民社会の諸アクターの関心が国家・政府関係の諸組織にとっての優先事項と合致しない場合には，市民社会（のアクター）は，国家・政府から距離を取ったほうがよい，ということになる（cf. Dryzek 2012：109-111）。

　しかしながら，本章の立場からすれば，問題は，「ガバナンス＝国家・政府と市民社会との協働」として捉える思考枠組みのほうである。この考え方は，依然として方法論的国家主義を脱却できていない。ゆえに，それを前提として，国家・政府への対抗として把握される市民社会像も，なおも方法論的国家主義の圏内にあるといえる。方法論的国家主義を脱却したグローバル・ガバナンスを考える場合には，国家・政府から「自立」した市民社会の領域に焦点を

当てるグローバル民主主義から出発しつつ，そこからどのようにガバナンスを語ることができるかを考えるべきである。

まず参考になるのは，N. フレイザーによる考察である。彼女は，「国境横断的な公共圏」の必要性とともに，それがクリアすべき理論的問題について検討している（フレイザー 2013：第5章）。元来，公共圏（において形成される世論）の意義は，①さまざまな意見の批判的な精査を通じて，妥当ではない意見を却下し，妥当な意見に正統性を付与すること，②公職者に説明責任を負わせ，国家・政府の行動が市民の意志の表出であることを保証すること，という2つの役割に求められてきた。フレイザーは，前者を規範的正統性の付与，後者を政治的実効性の確保と呼ぶ（フレイザー 2013：105-106）。しかし，国境横断的な公共圏においては，ナショナルなレベルでは期待できたこの2つの役割を，簡単には期待することができない。第1に，規範的正統性については，そのような公共圏において正統な参加者と認められる人々は，それがもはや「国民」ではないとすれば，いったい誰なのかという問題がある。かつての「国民」は，今では，国境を越えた「分散した対話者の集合（collection of dispersed interlocutors）」であり，それは，かつてと同じような意味では「私たち（デモス）」を構成しない（フレイザー 2013：126）。第2に，政治的実効性については，国境横断的な公共圏において形成される世論の宛先は，それがもはや国家ではないとすれば，どこなのかという問題である。現在想定される世論の名宛人は，「容易に識別することも，説明責任を負わせることもできない，無定形に混在する公的および私的な国境横断的権力」である（フレイザー 2013：126）。要するに，たとえ現実にグローバル化のなかで国境横断的なさまざまな人の流れが発生しているとしても，それだけでは，国境横断的な公共圏の形成を語ることはできない。そのためには，規範的正統性と政治的実効性の問題に，国境横断的な公共圏がどのように対応することができるのかについて，答えを出さなければならないのである（フレイザー 2013：118-119）。

フレイザーの回答は，次の通りである。第1の規範的正統性の問題については，ある人々がその相互行為のための基本ルールを定めるガバナンス構造に従っている時に，その人々を「公衆（public）」すなわち「私たち」と見なすべきであるとされる。つまり，このような意味での「私たち」が，それぞれのガ

バナンス構造における公共圏として，世論形成の参加者としての正統性を持つ。この「公共圏」は，ガバナンス構造（に従う人々）の範囲に対応して形成されるものである。したがって，当該ガバナンス構造が国境を越える場合には，それに対応する公共圏も国境横断的なものでなければならない。フレイザーはこの考え方を，「全被治者原則（all-subjected principle）」と呼んでいる（フレイザー 2013：89-90, 131[6]）。

　第 2 の実効性の問題については，フレイザーは，国境横断的なさまざまな公的な権力を作り出すとともに，それに国境横断的な公共圏に対する説明責任を負わせることだと答える。この問題について，とりわけ，かつては国家が担っていた，公共圏によって形成された意志（を踏まえた決定）を，とりわけ私企業の経済活動を制御するとともに，人々の共通の問題を解決し人々の願いに沿った共同生活を作り上げることができるような行政的な能力を保持する「国境横断的な様々な公的な権力」を，今日どのように実現できるのか，ということが重要な課題となる（フレイザー 2013：132-134）。

　以上のように，フレイザーは，従来国家レベルで，国家に対応する形で形成されていた（あるいは形成されるべきだと考えられてきた）公共圏は，今日の状況の下では，国境横断的／グローバルな公共圏として構想されなければならないと主張する。同時に，公共圏は，単に国境横断的なコミュニケーションや行動の空間なのではなく，それに対応する国境横断的なさまざまな「公的な権力」の構成とセットにならなければならない，とも主張する。このようなフレイザーの議論は，国家という枠組みを明確に相対化したうえで，市民社会／公共圏の視点から国境横断的な民主主義のあり方を構想しようとしており，その意味で，方法論的国家主義を相対化したグローバル民主主義の論じ方の 1 つのモデルとなっていると思われる。

　しかしながら，フレイザーの議論にも不十分な点がある。それは，彼女の議論が，結局のところ，あるガバナンス構造の明確な成立を与件としているように見えてしまう点である。たしかに，彼女の議論は，ガバナンス構造が国家におけるそれにとどまらなくなったという状況認識の下，それに対応する国境横断的な公共圏とそれに基づく民主主義を構想しようとしている。しかし，彼女の議論では，公共圏の範囲はあくまで，それに先行して成立しているガバナン

ス構造に対応するものとして考えられている。そのことは，彼女が「全被治者原則」について，「この原則によれば，所与のガバナンス構造に従属する人々だけが，それに関係する正義の主体としての道徳的地位を持つ」（フレイザー 2013：89　訳文は一部修正。傍点による強調は引用者）と述べているところに見て取ることができる。ここには「国家のようなもの」としての「所与のガバナンス構造」を前提としてしまう思考枠組，すなわち方法論的国家主義が残存しているように思われる。

　このような評価は，フレイザーにとっては不当なものと映るかもしれない。たしかに彼女は，「所与のガバナンス構造」について，「さまざまな類型の権力にたいする関係を含むもの」と述べている（フレイザー 2013：90）。ここから，彼女が「所与のガバナンス構造」を国家のみとして理解しているわけではないことを推測できる。とはいえ，もしも彼女のポスト方法論的国家主義的な志向性を徹底するならば，このような言明だけでは不十分である。そのためには，何であれ「ガバナンス構造」の存在を所与と見なす発想を改め，それを，なんらかのガバナンス構造にあらかじめ従っているとは限らない人々による相互作用のなかから生成されるものとして捉え直すべきだったのではないかと思われる。

　もっとも，たとえ「ガバナンス構造」が「人々の相互作用のなかから生成される」ものだと言えたとしても，話はそこで終わらない。検討すべき問題は2つある。第1に，この場合に「ガバナンス構造」を生成する「人々」とは誰か，どのような範囲の「人々」なのか，という問題である。フレイザーが「全影響者原則」に代えて「全被治者原則」を掲げるようになったのも，この問題への対応が理由であった。フレイザーは，「全影響者原則」では集合的決定の「影響を受ける人」の範囲を確定することができないと考えた。「影響を受ける人」は，さまざまな形かつさまざまな程度で存在すると想定されるからである。しかし，だからといって「全被治者原則」に依拠したとしても，事情は同じである。そもそも，特定の「ガバナンス構造」が明確に存在する場合でも，そこでの決定がその管轄領域の外部に存在する人々に影響を与えるかもしれない。そうだとすれば，そのような人々が当該ガバナンス構造の被治者ではないと言い切れるのかどうかは不確実となる（Owen 2014：122-123）。ましてや，結

局のところ、何が「ガバナンス構造」かが未確定の場合は、「被治者」の範囲を確定することはできない。第2の問題は、仮に「ガバナンス構造」を生成する「人々」の範囲を確定できたとして、その「人々」はどのようにして「ガバナンス構造」を生成するのか、ということである。この2つの問題にどのように答えるべきだろうか。

考えられる1つの回答は、社会契約論的な立場からのものである。しかし、社会契約論では、第1の問題について、「人々」が誰かについて確定することは難しい。むしろ、社会契約論は、契約を結ぶ人々が誰であるかがあらかじめ確定している場合に、有効となる理論であろう。第2の問題については、確かに「人々」が確定した後ならば、社会契約論によってこの問題に答えることも可能である。しかし、個人主義を基礎とした社会契約による「ガバナンス構造」の生成は、近代主権国家の構成原理（として考えられたもの）と同じであり、その意味で方法論的国家主義の範疇にあると考えることもできる（cf. Dryzek 2012：114）。そうだとすれば、より非個人主義的な基礎に基づく「ガバナンス構造」の生成論が模索されるべきであろう。

したがって、ここでは熟議民主主義に依拠することにしたい。第1に、熟議民主主義は、「人々」が誰かを特定することに貢献しうる。「被治者」であれ「影響を受ける人」であれ、どこまでの範囲の人々がそれに相当するのかは、人々が共有する共通理解に依存すると考えることができる。そうだとすれば、熟議を通じて、「被治者」あるいは「影響を受ける人」とは誰なのかについての共通理解を形成すればよい。[7] 第2に、熟議民主主義は、コミュニケーションないし言説を基礎とする、非個人主義的な民主主義の考え方である。熟議民主主義論によるガバナンス構造の構成とは、熟議を通じて「どのようなガバナンスか」をめぐる複数の言説の争いのなかから、特定のそれが人々の間で共有されることであると捉えることができる。

5　ポスト方法論的国家主義的な制度構想

最後に、グローバル民主主義の制度の問題に戻ろう。ポスト方法論的国家主義の考えに基づいて、どのようにしてグローバル民主主義の制度を構想するこ

とができるのだろうか。

　もちろん，前節の議論を踏まえるならば，制度生成のプロセスについては比較的容易に説明することができる。グローバル民主主義の制度がどのようなものであるかはグローバル／国境横断的な熟議に依存する。その熟議によって扱われるのは，制度構想についてのさまざまな言説である。民主主義の制度についてのさまざまな言説は，制度についての青写真を提供する。制度についてのさまざまな言説のなかで特定のものが，あるいは複数の言説の変容を通じて新たに構成されたものが，広く人々の合意を得ることで，当該言説に基づいた制度の実際の設立の蓋然性が高まると期待できる。

　とはいえ，以上は制度設計のプ・ロ・セ・ス・の説明であり，制度の「青写真」，つまり具体的な内容についての説明ではない。それでは，制度の青写真として，どのようなものが考えられるだろうか。その一例として，ここでは，ドライゼクによる「言説代表（discursive representation）」論を取り上げておきたい。これは，通常の選挙によって選出されるものとは異なる代表制についての提案である（Dryzek 2010 : Chap 3）[8]。ドライゼクは，選挙による代表と並んで，ある争点についてさまざまな言説ができるだけ等しく代表されるべきと考え，そのような代表の制度を「言説院（The Chamber of Discourses）」と呼ぶ。彼が言説代表を提案する理由は，以下の3点である。第1に，言説代表を設けることによって，民主主義による決定をより合理的なものにすることができる。民主主義が想定しているのは，ある提案が多様な観点から批判的に検討される機会が提供されることで，意思決定がより優れたものになる可能性である。多様な言説が代表されることは，このような民主主義の特性を強化することにつながる。第2に，通常の代表制において想定されている「個人」観への疑問である。「個人」は，単一の意見・観点を持っているのではなく，「多層的な自己（multiple self）」として捉え返される。個人とは，複数の言説が交錯する場なのである。そうだとすれば，「個人」ではなく「言説」を単位として代表を考えた方が，各自の「多層性」をより踏まえた代表制となると考えられる。以上は，民主主義一般に当てはまることである。しかし，次の理由は，グローバル民主主義の場合により当てはまる。すなわち，第3に，「人々」の単位・境界が明確ではない場合には，従来の意味での代表制は十分に対応することができ

ない。現実に行われている国境横断的な機関やNGO等の国際的なネットワーク・ガバナンスにおける意思決定・政策形成に対しては，さまざまな言説が，それらのアクターによって行われる意思決定に反映されるようにするべきである。以上のように，ドライゼクは，代表されるべきものを個人ではなく言説として捉え直し，言説院という制度構想を提案する。この構想は，とりわけグローバルな次元で民主主義を考える場合に重要であるとされる。

環境問題を事例として，言説代表のイメージを具体化してみよう。環境問題をめぐるグローバル・ガバナンスにおいては，「環境問題」をどのように捉え，どのように対応するべきかをめぐる，異なる言説が適切に代表される必要がある。H. スティーヴンソンとドライゼクは，少なくとも4つの言説があると指摘する (Stevenson and Dryzek 2014：41-54)。第1は，「主流の持続可能性 (Mainstream Sustainability)」言説である。これは，環境問題を現在の政治経済の仕組みや想定の範囲内で取り扱おうとする考え方である。つまり，この言説の下では，いかにして既存の市場と開発の論理に組み込んでいくかという観点から環境問題が扱われる。第2は，「拡張的な持続可能性 (Expansive Sustainability)」言説である。この言説では，環境問題はやはり経済成長と両立可能なものとして扱われる。ただし，環境問題を議論する際の政治的側面における改革が唱えられる。すなわち，開発途上国，市民社会のさまざまなアクター，ローカル・コミュニティなどの政治的立場がより強化されなければならないとされる。第3は，「限界 (Limits)」言説である。これは，経済成長，人口増大，浪費的な消費などに基づく既存の経済のあり方そのものを問題にする言説である。ただし，そのための政治的側面における変化については論じられない。最後に，「緑のラディカリズム (Green Radicalism)」である。この言説では，経済成長の根本的な方向転換が唱えられるとともに，その推進のためには，既存の政治構造をより分権的ないし市民社会中心的な方向に改革していくことが必要だとされる。言説代表の考え方に従うならば，環境問題についてのガバナンスにおいては，これら4つの言説が等しく代表されなければならない。

しかしながら，言説代表といっても，言説院の構成員として実際に選ばれるのは人である。どのようにして人を選べば，多様な言説を適切に代表したことになるのだろうか。ドライゼクは，言説が「個人」に対応するものではない以

上，通常の代表制のような，選挙による代表選出は否定される。それに代わって，無作為抽出はありうる手法である。実際，無作為抽出は，熟議のためのミニ・パブリックスのメンバー選出においても，広く用いられている。しかし，適切な言説をもれなく代表するには大人数が必要であり，そして，大人数の場合，そこでの熟議が不十分になるおそれがある。そこでドライゼクは，Q分類法，深層面接，歴史分析などの手法を用いることで，多様な言説を把握し，それぞれの言説を代表しうる人々を選出することを提案している[9]。

6　おわりに

　本章では，ガバナンスと民主主義との結びつきは自明ではないとの想定の下に，グローバル・ガバナンスにおける民主主義のあり方を検討した。その際，方法論的国家主義の乗り越えという視点からの考察を行った。この視点からすれば，グローバルな次元での「国家のような」制度構想を中心とするコスモポリタン民主主義でさえも，依然として方法論的国家主義を脱却できていないということになる。本章では，方法論的国家主義の完全な脱却のために，非国家的な領域，すなわちグローバルな市民社会にあらためて注目すべきことを論じた。その際に生じる「ガバナンス構造」をめぐる理論的問題については，熟議民主主義の考え方が有効である。最後に，ポスト方法論的国家主義の立場からの制度構想として，ドライゼクの言説代表のアイデアを紹介した。

　本章の考察の前提は，「もしもポスト方法論的国家主義に依拠するならば」というものである。したがって，このことを前提としなければ，他のグローバル民主主義の構想もありうる。しかし，国境横断的なネットワーク・ガバナンスや国境横断的な紛争・争点の発生は，すでに一定程度現実のものとなっており，そのなかで，意思決定の場としての国家の存在は相対化されつつある。そうした現実を踏まえつつ，「国家」や「国家のようなもの」に「特別な地位を認めない」（藤谷 2015：351）形でグローバル・ガバナンスを考えようとする場合には，本章の考察は参考になるはずである。

【注】

1) 本章で「方法論的国家主義」と呼ぶものは、グローバルな次元の秩序構想を、国家レベルのそれを再現する形で構想しようとする「国内類推」と共通する部分がある。しかし、だからといって本章におけるポスト方法論的国家主義の立場が、(たとえばヘドリー・ブルのような)国内類推への批判論と同じ立場だというわけではない。なぜなら、国内類推への批判論においては、「主権国家システム」への信頼が見られるからである(スガナミ 1994：19)。
2) 政治理論のなかで、「政治」そのものの考察を行うタイプのそれについて、別稿では、「政治の政治理論」(田村・松元・乙部・山崎 2017)と呼び、価値の正当化のための論証を行うタイプの政治理論(規範的政治哲学)と区別した。
3) R. マルチェッティは、グローバル民主主義のモデルとして、「政府間主義(intergovernmentalism)」、「グローバル・ガバナンス」、そして「グローバルな政体(global polity)」の3つを挙げている(Marchetti 2012)。本人も認めているとおり、この3類型は、アーキブージらの3類型と対応している。すなわち、政府間主義は民主的同盟主義に、グローバル・ガバナンスは民主的多中心主義に、そしてグローバルな政体は世界連邦主義に、それぞれ対応している。
4) ヘルドは「長期的な制度要件」についても述べており、これについては、本文で述べたものとは若干異なっている(ヘルド 2005：152；2011：134-135)。
5) 本章では、市民社会と「公共圏(public sphere)」とを、ほぼ同義の概念として用いる。
6) 「全被治者原則」とは異なる考え方として、「全影響者原則(all-affected principle)」がある。ここでの文脈に即していえば、これは、政治的決定に潜在的に影響を受ける人々が「公共圏」を形成するという考え方である。フレイザーは、かつては自分自身もこの「全影響者原則」に依拠していたが、現在では「全被治者原則」の方を支持していると述べている(フレイザー 2013：130-131)。その理由は、「全影響者原則」では、誰が影響を受けている人なのかの判断を客観主義的な方法に委ねざるをえないことに加えて、結局のところ、誰もが何らかの影響を受けているという話になってしまい、本当に当該問題に関係すべき人々をそうではない人から区別できないからであるとされる(フレイザー 2013：89)。なお、訳書では、全被治者原則は「被治者限定原則」、全影響者原則は「被害者限定原則」と、それぞれ訳されている。また、全影響者原則について、松尾(2016)も参照。
7) 「私たち」の構成のための熟議については、田村(2009)で論じた。また、「影響を受ける人」の範囲確定における熟議の必要性については、松尾(2016)も参照。
8) 言説代表についての言及として、高橋(2015：74-76)も参照のこと。
9) 一般的なQ分類法の説明として、岡本(2011)を参照。

【謝辞】

本章は草稿に対して、山崎望さんから有益なコメントを頂いた。記して感謝申し上げたい。

なお、本章は、科学研究費補助金基盤研究(B)「トランスナショナル・ローの法理論」

(研究課題番号16H0359) および同基盤研究 (B) 「自由主義と自由の制度化の多元性と相互作用」(研究課題番号26284014) による研究成果の一部である。

【参考文献】
遠藤乾 (2013)『統合の終焉—EUの実像と論理』岩波書店。
岡本伊織 (2011)「Q分類法による価値観の測定—いかに捉えづらいものを捉えるか」『赤門マネジメント・レビュー』第10巻第12号。
篠原一編 (2012)『討議デモクラシーの挑戦—ミニ・パブリックスが拓く新しい政治』岩波書店。
スガナミ, ヒデミ (1994) 臼杵英一訳『国際社会論—国内類推と世界秩序構想』信山社。
高橋良輔 (2015)「国境を超える代表は可能か?」山崎望・山本圭編『ポスト代表制の政治学——デモクラシーの危機に抗して』ナカニシヤ出版。
田村哲樹 (2009)「熟議の構成,熟議による構成—ミニ・パブリックスを中心に」小野耕二編『構成主義的政治理論と比較政治』ミネルヴァ書房。
田村哲樹 (2015)「『民主的家族』の探究—方法論的ナショナリズムのもう一つの超え方」『法政論集』第262号。
田村哲樹・松元雅和・乙部延剛・山崎望 (2017)『ここから始める政治理論』有斐閣。
ハーバーマス, ユルゲン (1994) 細谷貞雄・山田正行訳『公共性の構造転換—市民社会の一カテゴリーについての探究〔第2版〕』未來社。
藤谷武史 (2015)「グローバル化と公法・私法の再編—グローバル化の下での法と統治の新たな関係」浅野有紀・原田大樹・藤谷武史・横溝大編著『グローバル化と公法・私法関係の再編』弘文堂。
フレイザー, ナンシー (2013) 向山恭一訳『正義の秤—グローバル化する世界で政治空間を再想像すること』法政大学出版局。
ベック, ウルリッヒ (2008) 島村賢一訳『ナショナリズムの超克—グローバル時代の世界政治経済学』NTT出版。
ヘルド, デヴィッド (2002) 佐々木寛・遠藤誠治・小林誠・土井美徳・山田竜作訳『デモクラシーと世界秩序—地球市民の政治学』NTT出版。
ヘルド, デヴィッド (2005) 中谷義和・柳原克行訳『グローバル社会民主政の展望—経済・政治・法のフロンティア』日本経済評論社。
ヘルド, デヴィッド (2011) 中谷義和訳『コスモポリタニズム—民主政の再構築』法律文化社。
松尾隆佑 (2016)「影響を受ける者が決定せよ—ステークホルダー・デモクラシーの規範的正当化」日本政治学会編『年報政治学2016-Ⅱ政党研究のフロンティア』木鐸社。
Archibugi, Daniele, Mathias Koenig-Archibugi and Raffaele Marchetti (2012) "Introduction: Mapping Global Democracy," in Archibugi *et al.*
Archibugi, Daniele, Mathias Koenig-Archibugi and Raffaele Marchetti eds. (2012) *Global Democracy: Normative and Empirical Perspectives*, Cambridge University Press.
Dryzek, John S. (2006) *Deliberative Global Politics: Discourse and Democracy in a Divided World*, Polity.

Dryzek, John S. (2010) *Foundations and Frontiers of Deliberative Governance*, Oxford University Press.
Dryzek, John S. (2012) "Global Civil Society: The Progress of Post-Westphalian Politics," *Annual Review of Political Science*, 15.
Held, David (2006) *Models of Democracy*, 3rd edition, Polity.
Little, Adrian and Kate Macdonald (2013) "Pathways to Global Democracy? Escaping the Statist Imaginary," *Review of International Studies*, 39 (4).
Macdonald, Kate (2012) "Global Democracy for a Partially Joined-up World: Toward a Multi-level System of Public Power and Democratic Govrnance?" in Archibugi *et al.*
Marchetti, Raffaele (2012) "Models of Global Democracy: In Defence of Cosmo-Federalism," in Archibugi *et al.*
Owen, David (2014) "Dilemmas of Inclusion: The All-Affected Principle, the All-Subjected Principle, and Transnational Public Spheres," in Nancy Fraser *et al.* (edited by Kate Nash), *Transnationalizing the Public Sphere*, Polity.
Raffaele, Marchetti (2012) "Models of Global Democracy: In Defence of Cosmo-Federalism," in Archibugi *et al.*
Stevenson, Hayley and John S. Dryzek (2014) *Democratizing Global Climate Governance*, Cambridge University Press.
Wimmer, Andreas and Nina G. Schiller (2002) "Methodological Nationalism and Beyond: Nation-State Building, Migration and the Social Sciences," *Global Networks*, 2 (4).

第4章

グローバル・ガバナンスとしてのサミット
——政策調整「慣行」の視角から——

大矢根　聡

1　はじめに

　1970年代初め，ニクソン・ショックや石油ショックが相次ぎ，1960年代に高度成長を記録した国際経済は変調をきたした。しかも，IMF（国際通貨基金）をはじめとして，国際秩序を支える国際レジームが大きく動揺した。効果的な対応策が見出せないなかで，フランスのV. ジスカール・デスタン大統領が提案したのが，サミット（主要国首脳会議）の開催であった。主要国の首脳が直に大局的観点から議論し，共同歩調で難局に対処する構想であった。1975年11月，この提案に基づいてランブイエ・サミットが開催され，アメリカとイギリス，ドイツ，フランス，イタリア，そして日本の大統領・首相が一堂に会した。その後，カナダ首相とロシア大統領もメンバーに加わっている。

　初期のサミットにおいて，首脳達はマクロ経済や貿易，金融など，国際経済上の難問に取り組んだ。これらの問題について，主要国が一定の方針や原則に合意し，政策協調を図って，好ましい国際的波及効果を誘発しようとしたのである。1980年代に入ると課題は安全保障分野に広がり，さらに地球環境や開発などへと拡張した。しかし2008年，これまでの中核的課題であった経済分野において，それもアメリカを震源地として国際的危機が勃発した。リーマン・ショックである。この危機に対応するには，もはやサミット参加国のみでは限界があり，中国やインドなどの新興国を加えた20か国の枠組みとして，G20サミットを新設するに至った。

　こうしたサミットは，IMFやGATT（関税と貿易に関する一般協定）のような

国際レジームとは異なる，独自の制度的特性と存在意義を持っている。とはいえ，このサミットの特性を明確化する理論的枠組みは乏しく，グローバル・ガバナンスこそがその有力な候補であった（山田 2008；赤根谷 2002；Fratianni et al. 2005；Cooper and Pouliot 2015）。しかし，サミットがグローバル・ガバナンスの典型的現象なのかといえば，そうではない。グローバル・ガバナンス概念の中核的要素の一部は，むしろサミットの実態と乖離しているのである。

　それでは，サミットはグローバル・ガバナンスの一形態として，どのような存在だといえるのか。本章ではそれを明確化するために，第1に，グローバル・ガバナンスの概念に照らしてサミットの形式的特徴を吟味し直す。その作業を通じて，サミットにおける大国間協調，ソフトな制度的枠組み，国際秩序の安定化という，実は矛盾しかねない3要素の共存状態が鮮明になろう。第2に，その共存状態に基づくサミットが効果的に機能するうえで，政策調整の慣行こそが不可欠であったことを指摘する。第3には，サミットの歴史的展開を振り返り，政策調整の慣行の所在と効用を実態的に検証する。その際に，日本外交が果たした役割も確認したい。

2　グローバル・ガバナンスとしてのサミット

　グローバル・ガバナンスは，次の4点を強調する点において従来の類似する概念，特に国際レジーム（国際制度）と異なっている（山本 2008：169；グローバル・ガバナンス委員会 1995：2-3；Rosenau and Czempile 1995：13-14）。第1に，グローバル・ガバナンスは国際秩序の実現方法において，公式的な国際組織や国際条約などの「ハードな制度」のみでなく，非公式的な協議や暗黙の慣行など，「ソフトな制度的枠組み」の役割を強調する。この点は，サミットに適合している。サミットは公式的な組織体や協定をもたず，首脳会議を毎年開催して，その成果を法的拘束力のない宣言を通じて発信するという，緩やかな形態をとっているのである。

　第2にグローバル・ガバナンスは，対象分野においてIMFやWTOなどの国際レジームのような単一分野でなく，分野横断的な広域を扱う。これもサミットに合致しており，サミットが対応した課題は，経済分野に加えて安全保

障や地球環境，人権など，実に広範に及ぶ。これに関連して，サミットがIMF，WTOなど各分野の国際レジームに対して，機能の活性化やその見直し，相互調整などに踏み込むのも特徴的である（Cohn 2002）。

しかしグローバル・ガバナンスの要素として，他の2点はサミットの実態とむしろ一見乖離している。すなわち第3の要素は，国際秩序を支える主体として，国家だけでなくNGO（非政府組織）や企業など，多様な存在とそのネットワークに着目する。しかし，サミットは国家を主体とし，しかも大国の首脳とそれを補佐する高級官僚（シェルパ）のみが関与する点で，エリート主義的な色彩が濃い。もちろん後でみるように，2000年代に入るとサミットでもNGOとの対話が始まるが，NGOや市民社会の関与は，逆の反サミット運動・暴動にも顕著なのである。

第4のグローバル・ガバナンスの要素は，国際秩序に関して現状維持的な安定にとどまらず，新たな国際規範を意図的に創出する点である。これに対してサミットは，現状の自由主義的な政治経済秩序を前提にし，その安定化・強化に力点を置いてきた。自由主義の理念は元来，経済・社会の発展や進歩を展望しているものの，サミット参加国は大国として，自国の立場や利益の現状維持に関心を向けがちであった。

以上のように概観すると，サミットはむしろ伝統的な大国間外交の系譜に位置付けても違和感はない。19世紀のヨーロッパ協調，戦後では1955年7月のジュネーブ首脳会談や1960年5月のパリ首脳会談などの延長線上に位置しそうである。もちろん，こうした大国間協調や大国間の勢力均衡も，グローバル・ガバナンスの一形態ではある（Frankel 1988：226；Holsti 1992）。とはいえグローバル・ガバナンスは，大国のみならず国家自体の機能が流動化し，多様な主体が協働関係を構築しつつある状況に呼応した概念にほかならない。サミットは伝統的な大国間協調の亜種なのか。あるいは，それ以上の今日的な存在感を放っているのだろうか。

3 大国間協調とソフトな制度的枠組みの間

1 大国間協調とハードな制度

　グローバル・ガバナンス概念に照らすと，サミットが大国間協調を基本とし，ソフトな制度的枠組みによって国際秩序の安定化を図る装置である側面が浮き彫りになった。ここで留意するべきは，その大国間協調，ソフトな制度的枠組み，国際秩序という3要素が矛盾しかねない点である。もちろん，大国間協調は国際秩序の基礎になりうるが，ソフトな制度的枠組みは，以下のように大国間協調と理論的に整合しない。またソフトな制度的枠組みは，国際秩序を実現する機能の点でハードなそれに劣っている。

　サミットにおける大国間協調と国際秩序の関連については，A. ベイリンが「集団覇権」の観点から明確化している（Bailin 2005）。従来の覇権安定論によると，戦後の国際秩序は覇権国たるアメリカの卓越したパワーによってこそ実現した。したがって，アメリカのパワーが相対的に低下すると，必然的に国際秩序は動揺せざるをえない。従来の通説的見解は，このアメリカの覇権衰退をサミット参加国が補完し，国際秩序の動揺を抑えたとしていた（Cohn 2002：91-92；Putnam 1984：44）。ベイリンはこの議論を一歩進め，アメリカのパワー縮小分と他のサミット参加国のパワーがほぼ均衡し，パワーの供給分布が持続したと論じたのである。またサミット参加国が，自由主義的な国際秩序に共通の利益を見出したと，主張した。さらに彼女は，発展途上国も経済的利益を享受して国際秩序に統合されたが，その利益はパワーの国際的な供給分布を変えるには至らず，そこに国際的な中心・周辺構造が残ったと指摘した。このようにベイリンは，大国間協調と国際秩序の関連性について，より踏み込んだ議論を提起したが，サミットがソフトな制度的枠組みである点は十分に考慮していない。

2 ソフトな制度的枠組みとしての慣行

　大国間協調が成立するならば，サミットがソフトな制度的枠組みである必要はない。大国間協調に基づいてハードな制度が存立し，その明確なルールを備

えた制度のほうが各国の行動を強く規制し，国際秩序を効果的に維持するはずだからである（Abbott and Snidal 2001）。しかもサミットでは，大国間協調が相対的に成立しやすい。その参加国は，後に加入したロシア以外は対米同盟国であり，また国内に自由主義・民主主義の政治経済体制を備え，同質性が高いからである。またサミット参加国は少数であり，国際秩序を阻害しがちな集合行為問題，すなわち国際秩序の利益を享受しながらも貢献しないという，フリーライディング（ただ乗り）が多発する現象も生じにくいためである。

そうだとすれば，なぜサミットが，ソフトな制度的枠組みのままで40年以上も持続しているのか，謎が残る[3]。ソフトな制度的枠組みは，各国に与える負担が少なく，柔軟に運用でき，相対的に容易に合意形成を実現できる点に特徴がある。そのため，むしろ対立的な国家間の妥協に適している（Abbott and Snidal 2001）。

そこで本章では，次のように考える。まず，サミットは大国間協調の場だと考えられがちだが，実は意外なほど各首脳間の対立に彩られている。参加国の経済や安全保障の政策には根深い相違もあり，しかも異なる信条と強烈な個性を持つ首脳が対峙するのである。首脳達が激論を戦わせる場面も少なくなく，たとえば1979年の東京サミットに関してJ. カーター大統領は「こうした会議に似つかわしくない激しい言葉の応酬」があり，個人攻撃もあったと述懐している（カーター 1982：188）。国家間が一見協調的でも，避けがたい対立を秘めていることは，理論的にもJ. グリエコが提示して久しい。彼はGATT東京ラウンドの分析を通じて，主要国が貿易自由化に共通利益（絶対利得）を見出しながらも，獲得しうる経済的利益の規模に相対的な相違（相対利得）があり，後者をめぐる衝突が不可避だと論じたのである（Grieco 1990）。グローバル・ガバナンスは協調を常態とするわけではなく，当然ながら対立や競合を伴う（Avant, Finnemore and Sell 2010：7）。

サミットは，このような対立を踏まえて，政策協調をどうにか確保する装置だと考えられる。そうであるなら，サミットで当然のように大国間協調が成立するわけではない。各国の政策上の異質性や自律性を容認しながらも，全体的な協調性や共通性を創出するために，相互に必要な調節を行うメカニズムが存在しているはずである。本章は，それが政策調整の慣行に結実していると仮定

する。対立的状況において大国間協調を成立させるため，ソフトな制度的枠組みに基づく政策調整を実施し，その結果として国際秩序が実現しているのだとすれば，一見矛盾する3要素は整合的に解釈できよう。

ここでは，以上の想定に基づいて，サミットにおける政策調整の慣行を解明する。この慣行 (practice) とは，特定の社会的文脈で定着している，各国の共通理解や相互期待を反映した行動パターンを指す。この共通理解や相互期待を活用すれば，サミット参加国は利害を「足して2で割る」タイプの妥協に終始せず，より正当性の高い原則や規範を目指しやすくなろう。この慣行についてはV. プーリオが示唆的な分析を重ねているが (Pouliot 2008 ; Adler and Pouliot 2011)，本章ではその示唆を得て，サミットの歴史的展開を概観し，政策調整慣行の所在と機能を確認する。1977～78年の政策調整に関しては優れた研究があるが (飯田 1995)，それが慣行と化し，より持続的な機能を果たした点が明確になれば，サミットのあり方を見直す手がかりになりうる。以下では，サミットの歴史的展開を冷戦とその後に分け，それぞれを2つの時期に区分して検証する。

4 サミットにおける政策調整とその慣行化

1 経済成長の政策調整：1970年代末

1975年に創設されたサミットは，低迷する国際経済を活性化し，回復軌道に乗せるという目標を掲げて，マクロ経済や貿易，通貨などの問題を協議し始めた。その創設から数年後の1977～79年，サミット参加国は抽象的な原則や方向性の提示を超えて，一定の役割分担構想のもとに各国の政策を特定化するという，政策調整に乗り出した。しかも，各国の政策に具体的な目標値を設け，より厳格なコミットメントを確保しようとしたのである。

すなわち，1977年のロンドン・サミットは「機関車論」構想を掲げて，経済状況の好調なアメリカと日本，西ドイツが景気刺激策をとり，国際経済の成長を牽引しようとした。その際，目標値として日本が対GDP（国内総生産）の6.7％，アメリカが5.8％，西ドイツが5％という経済成長率を提示した。また，翌1978年のボン・サミットは「護送船団方式」構想を提起した。日・米・

西独による国際経済の牽引に加えて，経済状況の芳しくないイギリス，イタリアなども相応の措置をとったのである。この2年間の政策調整は，単なる協調的な景気刺激策にとどまらず，GATT 東京ラウンド（多国間貿易自由化交渉）の早期妥結や保護貿易主義への反対を謳い，国際秩序の維持を意識的に追求するものだった（飯田 1995）。

　もっとも，首脳達が容易に合意に達したのではない。ロンドンにおいてカーター大統領が経済成長を主張すると，事前に調整していた福田越夫首相は応じたが，西ドイツの H. シュミット首相はインフレを刺激してしまうとして，強力に抵抗したのである（シュミット 1989：260-261）。両者の対立を含めて首脳間の議論は緊張を帯び，政策調整は次の3要素を伴って初めて成立した。

　第1に，経済宣言では各国の共同歩調を強調した。しかし第2に，各国の政策上の自律性をある程度残し，ロンドン・サミットの宣言は経済成長の目標値を明記していない。目標値は，日・米・西独の各国が各々に表明し，それを事実上の国際公約と解する形をとったのである。ボン・サミットの宣言では数値を記したが，各国の経済事情を考慮して各国毎に異なるタイプの目標値を示し，また示さない例外も認めた。すなわち，西ドイツは GNP（国民総生産）1％相当の成長措置をとり，フランスはインフレ率を低減させつつ GNP0.5％相当の赤字予算を拡大するなどとしたのである。

　第3には，相互監視体制を築いた。一定の政策や目標値を掲げても，それを各国が遵守する保証はなかった。しかもサミットは，事務局や統計を中立的に収集，検証する組織を欠いていた。そこで，IMF や OECD（経済協力開発機構）に統計と分析を求め，それらの閣僚会議の際に遵守状況を検証した。サミットは既存の国際レジームの支えを得て，初めて機能を確保したのである。

　こうして主要国は，互いに立場の相違を認めながらも，政策調整を実現する方法を獲得した。ただし，それが成果に直結したわけではなく，特に日本は公約した目標値を遵守できず，政策実施の遅れを繰り返し批判された（大矢根 2016：92-94）。また，各国が無理な経済成長を試みて財政赤字を拡大したため，同様の措置を繰り返すのは容易ではなくなった。

　とはいえ，これらの政策調整は重要な先例となった。翌1979年の東京サミットでも，先の事例とは逆に経済成長を阻害しうる石油輸入の削減に関して，類

似した措置をとったのである。1977〜78年にOPEC（石油輸出国機構）が石油価格を引き上げ，国際価格が高騰して第2次石油危機が発生した。これに対して，主要国は石油輸入国として協調的に輸入削減を敢行し，価格の鎮静化と価格設定上の主導権の回復を企図したのである。

　ここでも，首脳間の意見集約は難航した。ヨーロッパ諸国は輸入削減に積極的だったが，アメリカは各国の自主的な輸入抑制にとどめようとし，また日本は，石油の輸入依存度が高いために消極的だったのである。議論が難航するなかで，日本以外の首脳が密談して厳格な輸入削減で大勢が決し，大平正芳首相は日本の苦しい実情を訴えて，どうにか穏健な輸入削減について同意を得た。こうして各国は，1985年までという当初の予想以上に長期間の輸入削減に関して，目標値を経済宣言に盛り込んだのである（船橋 1991：110-139）。たとえば，アメリカは1985年の目標値を1977年の水準に削減し，日本は輸入を拡大するものの，1985年に1日630〜690万バレルに抑えるとした。今回も，各国が協調して目標値を示し，しかし石油産出や経済の状況に基づいて異なる数値とした。また，それらの数値の妥当性を相互に確認するとともに，監視体制を設けたのである。

　以上のような政策調整が実現したのは，なぜか。第1の要因は，あるシェルパ経験者も指摘したように，首脳達が政策調整の前提となる基本認識を共有できたためであろう。それは経済的困難に対する危機感に裏づけられており，比較的堅固であった（小倉 2009：7-8）。第2に，首脳達の経済思想と専門性が，その共通認識を支えていた。当時の主要国政府の多くはケインズ主義的な需要管理を当然視しており，またサミット出席者は，シュミットやジスカール・デスタン，福田赳夫や大平正芳など，経済閣僚の経験者が多かった。「世界全体としての需要管理」が可能になったのは，そのためにほかならない（吉田 1977：9）。

　以上の過程において，日本外交はどのような位置を占めたのか。サミットは，日本が創設時から参画した数少ない国際制度であり，しかも経済大国として活躍しうる場であった。とはいえ1980年代前半まで，日本は他の欧米諸国と同等の扱いを受けなかったという（松浦 1992：16, 24）。日本に求められたのは経済力だけでなく，主要国が当然視している政策常識への順応だったのである

(大矢根 2016)。それは輸出依存・資源輸入の緩和や，輸出主導型成長から内需主導型成長への政策転換を意味し，当時の日本には前例がなかった。サミットの準備会合では，日本による輸出急増や輸入低迷などが「特殊日本的問題」と表現されて繰り返し議論になり，日本のシェルパはそれが首脳会議で争点化しないように腐心したという（船橋 1991：304-305；松浦 1994：51）。この時期の日本は，政策調整への参加を企図しながらも，主要国の本格的メンバーとして認知されるのに苦慮したのが実態であった。

2　構造改革をめぐる政策調整の応用：1980年代半ば

1980年代前半，サミット参加国はインフレなき経済成長と，節度ある財政・金融政策の実施に繰り返し合意した。にもかかわらず，各国の成長政策を互いに特定するような政策調整は，実現していない。アメリカのR. レーガン政権が，新自由主義的な政策理念を背景にして市場介入に強く抵抗し，またレーガン政権のドル高・高金利政策によって，各国の政策選択幅が狭まったためであった。このためサミットでは，ドイツやフランスなどの首脳が繰り返し対米批判を口にした。そのようななかで，1982年のベルサイユ・サミットは世界的な景気後退への対応に失敗したと，ベイリンは喝破している（Bailin 2005：chapter 3）。

そのアメリカも，数年後にはドル高・高金利による国際収支の悪化に苦しむに至り，その是正を主要国に頼らざるをえなくなった。そのための協調的な為替介入は，サミットではなく5カ国蔵相・中央銀行総裁会議が実施し，ドル安と円高・マルク高を誘導した（プラザ合意）。1987年2月には，その結果として生じた過度のドル安を抑える措置を，7カ国蔵相・中央銀行総裁会議が実施した（ルーブル合意）。この7カ国蔵相・中央銀行総裁会議は，その後サミットに統合され，その傘下のG 7蔵相会議に再編される。1987年のベネチア・サミットでは，経済宣言を首脳会談で作成せず，この蔵相会議が担当することになった。この頃，首脳達は経済閣僚の経験を欠く政治家に移っており，専門的な経済論議は蔵相達に委ねたのである（久保田 2008：156-157）。

とはいえ，政治家としての首脳が政策協調を図るべき課題は存在した。先の為替調整によっても主要国間の国際収支不均衡が縮小せず，補完的措置が不可

欠であった。そのためには緊縮予算や規制緩和，民営化など，つまりは国内の既得権益層の抵抗を退け，構造改革に挑む必要があったのである。

　興味深いのは，その際に従来の政策調整が応用された点である。第1に，サミットの経済宣言において，構造改革を協調して推進する方針を打ち出し，またサミット参加国間の役割分担や全体的整合性を示した。構造改革の具体的課題も，各国が互いに指摘し合った。しかし第2に，構造改革の実施は各国が自主的に進めるものとした。第3には，その実施を確実にするために，相互監視体制を敷いたのである。構造改革の課題は，従来の経済成長策と違って各国毎に異なり，目標値による統一的推進に馴染まない。そこで互いに構造問題を指摘し，また外圧をかけ合うようにして推進したのである。従来の政策調整が性格を異にする課題に応用された点で，その慣行化はより確かなものになったといえる。

　具体的には，まず1985年のボン・サミットにおいて，構造改革政策の実施を国別に定めた。1986年の東京サミットでは，各国の改革の相互連関を検討し，相互監視のための指標や方法に改善を加え，その分析をOECDに求めた。また1987年，ベネチア・サミットの経済宣言は黒字国・赤字国双方の責任を明記し，相互監視を強化した。さらに1988年のトロント・サミットは，その経済宣言に「構造改革に関する付属書」を設け，各国毎に構造改革上の具体的課題を列挙したのである。同時にその宣言は，国際経済状況が上向いたのは，政策調整の成果だとも記した。

　この政策調整は，サミット参加国の経済思想の変化によって後押しされた。従来のケインズ主義的な（需要に着目する）考えに代わって，レーガン大統領やイギリスのM. サッチャー首相，中曽根康弘首相などは経済の供給サイドに着目し，構造改革に関心を向けていたのである。また，70年代後半の政策調整を通じて各国が財政赤字を拡大していたため，政策選択肢をそれ以外の領域に求めたという事情も作用していた（手島 1985：12）。

3　政策調整から国際レジームの再検討へ

　サミットにおける一連の検討と協調は，国際秩序の安定化に資すると想定されたからこそ実施された（栗山 2016：142-43）。したがって，首脳達が共通して

国際秩序を阻害しかねない課題だと受け止めれば、経済分野以外もサミットの争点となりえた。実際、1979年12月にソ連がアフガニスタンに侵攻すると、この安全保障問題が議題になった。この侵攻は、日本の大平正芳首相でさえ「国際秩序の重大な挑戦」であると解したのである（北米 1980）。こうして1980年から82年のサミットでは、ソ連に対する非難と経済制裁を議論し、1983年のウィリアムズバーグ・サミットは、中距離核兵器削減交渉の対ソ方針を検討する場になった。

ただし安全保障上の意見調整は、従来の政策調整とは似て非なるものである。それは、サミット参加国の協調を国際的に拡張するための、価値創出的な過程ではない。むしろ冷戦の対立構造を前提にして、サミット参加国が結束してソ連・東側陣営に対峙し、国際的な現状維持を保つための戦略的調節になる。この意見調整においても、首脳達の立場は容易には一致しなかった。レーガン大統領が対ソ強硬論を唱えたが、ドイツのシュミット首相やフランスのF. ミッテラン大統領はソ連とパイプライン設置計画を推進しており、足並みが揃わなかったのである。また中距離核兵器削減交渉では、ミッテラン大統領がアメリカの安全保障政策に追従することに抵抗した。この時のサミットは、NATO（北大西洋条約機構）や日米安全保障条約などの同盟を調整して束ねる、いわば同盟間の結節点として機能したのである。

それもサミットの一側面であるが、同時にこの頃のサミットは、国際レジームを束ね、各レジームの機能を見直す機能を発揮し始めた。多分野の国際レジームの安定化や新設を検討するうえで、主要国首脳が一堂に会するサミットは、恰好の場であった。しかも、先に見たように、サミットの政策調整慣行は既存の国際レジームによって支えられていたのである。

1980年代には、特にGATTと地球環境の国際レジームが議論の対象になった。まず、保護貿易主義への動きを引き戻すため、GATTの新たなラウンドを立ち上げる案が日米を中心に浮上したのである。その議論は、上記のウィリアムズバーグ・サミットで始まったが、ヨーロッパ諸国がいっそうの貿易自由化に慎重であり、また途上国の抵抗も強かった。それでも1986年の東京サミットまでには、新ラウンドの開始に関して合意が醸成されたのである（Cohn 2002：132）。また地球環境問題については、1980年代半ばに気候変動をめぐる

学術的研究が進み，政治的取組みの局面へと移行した。1989年のアルシュ・サミットは，主要国が本格的に議論する機会になり，その経済宣言の3分の1を地球温暖化問題が覆うほどであった。サミットの動きは国連における取り組みを補強し，京都議定書をはじめとする国際レジームに結実する。

　こうした1980年代のサミットに対して，日本はどのように関与したのか。構造改革がサミットの中心的課題になると，日本は，国内の構造的問題を背景に貿易黒字を拡大していると厳しい批判を被り，政策調整に積極的に関与するのが難しくなった。そこで日本政府は，対外関係の基軸としているアメリカに照準を絞り，二国間で対応する迂回策をとった。サミット前に日米首脳会談を開催し，規制緩和や市場開放などの構造改革策を打ち出して，アメリカ側の懐柔を図ったのである。1986年4月，東京サミットを控えて日米首脳会談を実施し，中曽根康弘首相が前川レポート（国際協調のための経済構造調整研究会報告書）の意義を強調したのは，その典型であった。こうした対応によって，サミットで対日批判が噴出する事態は避けられた。しかし同時に，日本がサミットの多国間交渉を習熟し，本格的関与を試みる機会は先送りされたのである。

　とはいえ，日本はこの時期，苦手であった安全保障や国際レジームの見直しに関して一定の役割を演じている。ウィリアムズバーグ・サミットにおいて中曽根首相は，ソ連が中距離核兵器削減交渉で核兵器をヨーロッパで削減し，（日本に近い）シベリアに移してもソ連の脅威は変わらないとし，サミット参加国の安全が「不可分」だと主張した。これは，日本が他の主要国と共通の土俵で議論に応じたものとして，サミットで一定の評価を得た（長谷川 2014：151-155；本野 1983：29-30）。GATTレジームに関して新ラウンド開始論を提起したのも，実は中曽根であった。彼はこれを「大きな関心事」とし，アメリカの同意を得たうえでサミットで示したのである（中曽根 2012：440；松浦 1993：18-20）。

5　冷戦後のグローバル化推進・修正と政策調整慣行の断片化

1　国際レジーム再検討の本格化と政策調整慣行の作用：1980年代末から

　1989年の冷戦終結は，サミットが掲げてきた自由主義と民主主義の勝利を意味するものと受けとめられた。サミット参加国の首脳達は，これらの理念の正

第 1 部　理　論

当性を再認識して強力に推進し，それらを冷戦上の対決の論理ではなく，グローバルな経済的統合や民主化の思想的基礎に位置付けた。1992年のミュンヘン・サミット経済宣言は，象徴的にも「恒久的な平和の形成，人権尊重の保証，民主主義原則の貫徹，自由市場の保障，貧困の克服および環境の保護のために，稀なほど好ましい条件が整った」と高らかに謳っている（Economic Declaration 1999）。

とはいえ，こうした状況が経済分野の政策調整を再強化することはなく，むしろ構造改革への取り組みも周辺化してしまった。サミット参加国が財政赤字やインフレなどの深刻化に見舞われ，各国の国内経済事情が冷戦後の好条件を相殺したのである。1993年の東京サミットに参加したクリントン大統領が「経済政策調整の問題に関する成果は曖昧なものだった」と嘆いたのも，そのためであった（Clinton 2005：82）。

しかし他方で，国際レジームを再検討する動きは，冷戦後の自由主義と民主主義の高まり，そしてグローバル化の進展を背景にして進んだ。すなわち第 1 に，サミットは旧共産圏（特にソ連および1991年以降のロシア）の市場経済化・民主化を支援し，既存の国際レジームとグローバル化に組み込む動きを見せた（Bayne and Woolcock 2003：134）。第 2 に，国連という中核的レジームに対しても，再検討の目を向けたのである。

前者の旧共産圏支援は，単なる支援以上の含意を秘めていた。支援対象は従来の敵対国であり，特にソ連・ロシアはなおも国際関係上の影響力を持つ大国であった。同国を国際秩序を維持する際のパートナーに位置付けることは，象徴的な意味を持ったのである。サミットはソ連・ロシア首脳との対話の場となり，1998年にはロシア大統領を正式メンバーに受け入れた。サミットはG 7 からG 8 になったのである。

この過程は平坦ではなかったが，合意形成のために政策調整の慣行が部分的に援用されたのは興味深い。ドイツやフランスなどはソ連・ロシアの改革を期待し，支援にも積極的であった。しかしアメリカやイギリス，日本は時期尚早だと考え，特に日本は北方領土や極東のソ連軍を問題視していた。そのようななかでサミット参加国は，まずはIMF・世界銀行レジームなどに対ソ・対露支援の調査・勧告を要請する点で合意したのである。従来，参加国が対立しかね

ない相互監視をめぐって，既存の国際レジームに統計や分析などを委ね，中立的で正当性のある基礎を求めたのを踏襲したものであった。

第2の国際レジーム再検討の対象は，国連であった。冷戦後の国連は，一時的ながら東西対立の舞台ではなくなった。しかも1991年のロンドン・サミットは，今後の軍備管理を国連で進める点に合意し，ナポリ・サミット（1994年）は，旧ユーゴスラヴィア紛争に関してヨーロッパ首脳とエリツィン大統領が協議し，統一的なメッセージを出す機会を提供した。そして1995年，ハリファックス・サミットにおいて，国連とその付属機関の包括的な見直しに踏み込んだのである。しかし首脳達の意見は分裂した。

一方では，サミットが国連の見直しを主導し，特にグローバル化に則して途上国に対する開発戦略を再検討すべきだという声があった。他方では，途上国の反発を憂慮し，サミットが世界の司令塔のように振る舞うことに強い抵抗が生じた。結果的に，サミットがイニシアティヴをとって国連改革を後押しし，経済社会理事会やUNCTAD（国連貿易開発会議）などの専門機関の権限重複の調整，事務局の透明性拡大などを提言した。同時に，国連機関やそれを支える各国の立場に配慮して，改革の実施は国連各機関の手続きに委ねたのである（Communique 1995）。この各機関や各国の自主性の尊重にも，政策調整慣行の影がうかがえる。

GATT・IMFレジームについても，見直しが続いた。前者では，先に開始した新ラウンドが停滞していた。そこで1993年，東京サミットを前にしてカナダとEC，日本が合意形成のシナリオを描き，サミットの経済宣言で交渉妥結への決意を明示して，最終合意を牽引したのである（松浦 1992：130-132）。後者のIMFレジームについては，1994年末のメキシコ通貨危機を受けて，サミットとして危機の早期警戒と緊急融資の体制づくりを提案した。

以上の一連の展開において，日本はどのように関与したのか。日本をめぐる貿易摩擦は1990年代に鎮静化していき，サミットで対日批判が相次ぐ恐れは小さくなった。長年フランスのシェルパを務めたJ.アタリが，日本の貿易問題が初めて顕在化しなかったと語るほどであった（渡邊 1990：11）。それと反比例するかのように，日本の主張が独自の論理に基づくものとして一定の承認を得て，サミットの宣言にも部分的に反映する場面が現れた。

1989年に中国で天安門事件が発生すると,その人権侵害に対してサミットで経済制裁が決まった。これに対して日本は,中国を孤立させると同国の改革開放路線が後退しかねないと懸念を示し,対中支援の必要性を主張したのである（垣見 2015：71-72）。また,韓国や台湾などの NIEs（新興工業化経済群）に関して,日本は他の主要国のように,応分の責任を果たしていないと批判しはしなかった。その経済発展の取り組みを評価し,責任分担は段階的に求める立場をとったのである。

こうした対応は,サミットの議論がともすれば欧米偏重になるのを相対化し,アジアや途上国の事情を反映させて,議論を多様化する意義を持った。その意味では,日本が「むしろ G8 の中で孤立する方がいい」という側面があったのである（小倉・千野・古城 2009：10；栗山 2016：143-144 も参照）。

2　市民社会・新興国との接点：1990年代末から

冷戦終結から約10年が経過すると,自由化や民主化,グローバル化の負の側面が表面化し,それらの直線的な推進に異論が浮上した。サミット参加国にも立場の相違や再考の動きが生じ,2000年代半ば以降のサミットの宣言は,それを反映している。市場の責任ある運営,経済的自由化の社会的コスト,持続可能な開発などの概念が散見されるのは,そのためにほかならない（Bayne and Woolcock 2003：88-91）。

それと並行して,NGO を中心とする市民社会や新興国など,新たに台頭した国際的主体に対しても,サミット参加国は異なる態度を見せた。しかし,むしろその相違のために,幾つかのサミット開催国が先行的・実験的にそれらとの接点を切り開くことになったのである。市民社会に対してはヨーロッパ諸国が敏感に反応し,特にドイツやイギリスの首脳が NGO の主張に呼応した。その結果として,1999年のケルン・サミットに市民社会が関与し,2005年のグレンイーグルズ・サミットでは,イギリスの T. ブレア首相が主要国首脳と NGO 代表の会合を実施するに至ったのである。またサミットにおいて,地球環境や途上国の累積債務などがさかんに議論されるようになった（近藤 1999：17；藪中 2005：4；Bayne and Woolcock 2003：92, 241）。

また新興国に関しては,アメリカが中国やインドなどによる温暖化効果ガス

の排出拡大を問題視し，地球環境レジームへの参加を求めた。新興国の関与は，国際経済や開発の問題を検討するうえでも，もはや不可欠であった。このため2003年，エビアン・サミットにおいて主要国と新興国の首脳が会合を開き，2007年のハイリゲンダム・サミットからは会合が定例化したのである。

すでに言及したように，1990年代以降，政策調整の慣行は断片化して作用しており，従来のような政策調整は，サンクトペテルブルク・サミット（2006年）における省エネルギー対策などに限られていた。その対策は，省エネルギーのために協調的な行動計画を決め，各国が独自に目標を設定するように求めていた。こうした政策調整の要諦は，元来サミット参加国の協調性と自主性をどうにか両立させる点にあった。上にみた市民社会や新興国の関与も，一部のサミット参加国が先導し，他の国々がそれを容認して協調的に継続した点において，政策調整の要素，少なくとも精神が作用したものと考えられる。

以上の過程には，日本も関与していた。2000年の九州・沖縄サミットの準備段階において，小渕恵三首相の指示を受けたシェルパがNGOと頻繁に接触したのである。首脳宣言にNGOの主張を盛り込み，宣言前文で市民社会とのパートナーシップを謳ったのは，その表れであった。とはいえ，サミット会場に設置したNGOセンターをめぐって，その官僚主義的な運営が批判を受けたのは，NGO活動の文化を十分に習熟していなかった表われかもしれない（野上 2000：9-10；Dobson 2004：130-131）。新興国に関しても，2008年の北海道・洞爺湖サミットの際に20カ国の首脳を招き，気候変動問題について議論の場を設けるなどした。日本は従来からサミット参加国と非参加国の架橋を意識しており，上記の試みは，それを国際的主体の変化に応じて拡張する意義を持ったといえる。

6　G20サミットにおける政策調整慣行の移植

1　リーマン・ショック対策としての政策調整

こうしてサミットは，限定的ながら市民社会や新興国との対話を伴い，大国間協調以上の場になった。しかし2008年，こうした柔軟化では対応しきれない事態が発生した。リーマン・ショックが勃発し，その国際的衝撃を収束するに

は，既存のサミットでは不十分だったのである。サミットを開始した1975年，その参加国は世界のGDP（国内総生産）の62％を占有したが，2008年にはロシアを加えても55％に目減りしていた。他方で新興国の成長は著しく，たとえば中国のGDPは約3倍に拡大していたのである。

　この数年前から，フランスのN. サルコジ大統領やイギリスのG. ブラウン首相がサミット参加国の拡大を主張していたが，ここにきて拡大論を強めた。消極的だったアメリカのG. W. ブッシュ大統領もこれに応じ，ここにG8サミットとは別にG20サミットが誕生した（藤井 2011）。G8サミット（2014年にロシアの脱退を決めてG7に回帰）はこの後も開催し，リーマン・ショック後の経済対策やイラン・北朝鮮等の核開発などを検討しているが，その役割は相対的に低下せざるをえなかった。G20サミットは2008年11月にワシントン，2009年4月にロンドンで開催され，リーマン・ショックとその後のギリシャ金融危機などへの対応を主導した。その際に興味深いのは，かつてのサミットにおける政策調整が復活した点である。

　G20ワシントン・サミットの経済宣言は，危機の原因として主要国の政策立案者・規制当局等に言及し，主要国の責任を示唆した。ここには，新興国がサミットに参加した影響が如実に表れている。このサミットと半年後のG20ロンドン・サミットは，当面の危機対策として金融規制の強化や透明性の確保，国際経済の回復策を検討した。2009年9月のピッツバーグ・サミットでは国際経済の安定化へと力点を移し，むしろ拡張的な財政運営が今後の危機につながりかねないという懸念から，緊縮財政へと方針を転換した。その際に，各国の政策調整のために「強固で持続可能かつ均衡ある成長のための枠組み」を設けたのである。

　G20各国は，この枠組みを協調の基本方針とし，そのもとに各国が自国の経済政策を位置付けた。各国が政策上の自主性を確保すると同時に，その全体的効果の調和を図ったのである。しかも，各国の政策の達成度を相互監視するために，IMFに分析上の支援を求めた。従来の政策調整の慣行が再現しているのは明らかであろう。こうしてピッツバーグ・サミットの首脳宣言は，G20サミットが「国際経済協力に関する第1のフォーラム」であると謳った（Leader's Statement the Pittsburgh Summit 2009）。

2010年11月のソウル・サミットでは，その「強固で持続可能かつ均衡ある成長のための枠組み」の効果を確認するとともに，「ソウル・アクションプラン」に合意した。それは，金融政策や貿易・開発政策などに関して，政策調整の具体策として各国毎に政策を特定していた。また，それを MAP（相互評価プロセス）のもとで，OECD や IMF などの国際レジームによる分析に依拠して相互監視するものであった。もっとも，目標値などの評価の客観的基準は厳密化してはおらず，また各国が特定した政策は，その多くが既存の政策であった。

2　G20サミットとしての国際レジーム見直し

　G20サミットも，従来のサミットのように既存の国際レジームの再検討に乗り出した。各国に対して WTO レジームのラウンド（ドーハ開発アジェンダ）の加速を求め，ミレニアム開発目標に対する確かなコミットメントを要請したのである。また IMF や世界銀行の国際レジームに関しては，意思決定の制度是正にも踏み込んだ。新興国は従来から，これらの意思決定が主要国に過度に有利であり，国際経済パワーの変化に対応していないと批判していた。この点が主要国を含む G20サミットの場で合意され，IMF レジームの意思決定に関わる SDR（特別引出権）の再配分，世界銀行レジームの投票権改革などの要請に結実したのである[4]。

　その過程で，新興国と主要国が対立したわけではない。G20参加国間の関係の構図はより複雑であった。新興国も，WTO や IMF などの国際レジームによる経済的利益を享受し，またアメリカ市場やドル資産などの主要国経済に依存しており，国際秩序の大幅な現状変更を求めはしなかった。G20サミット内の対立軸は争点毎に異なり，特に各国国内の政府・市場関係や市場に関する理念に左右されたという。そのため，アメリカとブラジルが同様の立場に立ち，また韓国やメキシコが先進国と新興国の調整役を演じるなどしたのである（Schirm 2013）。

　また G20サミットは，すでに見た政策調整だけでなく，従来のサミットの一般的慣行も踏襲していた。プーリオ等の指摘によれば，G20サミットもメンバー自身による自主的ルールに基づいて運営され，メンバーを拡大したとはい

え少数独占的・国家中心的な性格を残し，国家間協調を基調にし続けているのである（Cooper and Pouliot 2015：342-347）。

　こうしてG20サミットが成立した局面で，日本の関与に変化は見られたのか。フランスやイギリスのサミット参加国拡大論に対して，日本は一貫して消極的であった。サミットの一体感が失われる点を主な論拠としたが，これまで日本はサミット参加国と非参加国，主要国と新興国・途上国の架橋に独自の役割を見出しており，メンバーが拡大すると，その役割は必然的に稀薄化する。また，G20サミットがIMF・世界銀行レジームの意思決定改革を促すと，それらのレジームにおける日本の権限も減少すると予想されたのである。

　このような状況において，日本は自由主義や法の支配などの理念を掲げ，むしろ欧米主要国との共通性を強調し始めた。それはG７サミットの役割を支える意味を持った。他方で日本経済は低迷し，財政赤字は巨額にのぼった。それがサミット外交を阻害する場面も現れ，G20トロント・サミット（2010年）で国際経済危機の防止の観点から各国の財政赤字の半減などに合意した際，日本は例外扱いになった。もちろん保健衛生を始めとして，日本の経験を背景に顕著な貢献を示している分野もある。日本はサミットの多国間外交について，従来とは異なる次元で独自の役割を摸索せざるをえない局面に入っているのである。

7　おわりに

　サミットでは，参加国首脳の個性やパフォーマンスが目を引く。しかし本章では，サミットの制度的枠組みの形態と機能に照準をあわせ，それをグローバル・ガバナンスの観点から再検討した。その結果，浮き彫りになったのは，政策調整とその慣行化の政治的重要性である。

　政策調整は，サミットの協調的な原則と各国の個別的な事情の均衡点において，また各国間の相互監視と各国の自主的実践の均衡点において成立した。それがサミットの慣行となり，参加国が反復的に利用した結果として，サミットは大国間協調という従来型のグローバル・ガバナンス以上の存在へと推移していた。すなわち，一部の国が先導的・実験的な取り組みを試みるのを許容し，

その成果を他の参加国が協調的に発展させた結果，サミットはNGOや新興国など，新たな国際的主体と接点をもった。またサミットは，国際経済上の危機はもとより，安全保障や地球環境，途上国の債務など，次々に浮上する新たな課題に対処できた。さらにサミットは，既存の国際レジームに支えられながらも，その機能を大局的に見直し，また新たな規範的方針を打ち出したのである。こうしてサミットは，今日的なグローバル・ガバナンスとしての機能を，ある程度果たしてきたといえる。

　もちろん，そこには等閑視できない限界があった。政策調整の慣行は，常に安定的に作動したわけでなく，むしろ散発的であり，部分的応用にとどまった場合が多い。サミット参加国の経済思想や経済状況などの変動に，大きく左右されたのである。今後の研究上課題として，どのような条件のもとで政策調整が効果的に作動するのか，その因果関係の明確化が必要であろう。

　本章では，日本外交の役割も再確認した。サミット成立の当初，どのような対外協調がどこまで求められるのか，どのような独自性であれば許容されうるのか，日本政府は把握しきれなかった。経済力にふさわしい貢献を実現できず，いわば安全運転に終始しがちだったのは，そのためでもあろう。もちろん日本も，一時的ながら安全保障の議論やアジアに関する措置などで，興味深い独自性を示した。しかしそれは，サミットにおいて新たな潮流を創出するものではなかった。2000年代に入るとG20サミットが存在感を増し，日本の関与はさらに稀薄化しかねない状況にある。サミットにおける政策調整の慣行と，それが象徴する共通認識や行動様式を習熟し，協調性と独自性の連立方程式を具体的課題に則して解いて，意義ある貢献を示す道は，なお険しそうである。

【注】

1) 理論的にはD. スナイダルの議論（Snidal 1985）を参照。
2) ベイリンは，集合覇権が常に効果的に機能したと論じているのではなく，経済的危機に対応できた場合とできなかった場合，それを左右した要因などを指摘している。
3) サミットに関して，準備会合のパターン化，関連する閣僚会議の開催件数の増大などを制度化，つまりはハード化の表われと捉えることも不可能ではない。しかし，こうした傾向を批判し，簡素な首脳会議に回帰する動きも繰り返し浮上している。
4) 2011年11月，IMFはSDRを修正し，BRICSのほとんどが10大出資国に入り（中国6.39％，インド2.75％，ロシア2.71％，ブラジル2.32％など），アメリカやヨーロッパ，

日本の比重は減少することになった。世界銀行も，新興国と途上国の投票権の割合を3.13ポイント引き上げて47.19％にした。

【参考文献】

赤根谷達雄（2002）「国際政治経済システムにおけるサミット―相互依存からグローバリゼーションへ」『国際問題』2002年6月号。

飯田敬輔（1995）「先進国間のマクロ政策協調―国際公共財理論の立場から」草野厚・梅本哲也編『現代日本外交の分析』東京大学出版会。

大矢根聡（2016）「新興国の馴化―1970年代末の日本のサミット外交」『国際政治』183号。

小倉和夫・千野境子・古城佳子（2009）「サミットと日本外交」『世界経済評論』2009年7月号。

垣見洋樹編（2015）『海部俊樹回想録―われをもっていにしえとなす』人間社。

カーター，ジミー（1982）持田直武・平野次郎・植田樹・寺内正義訳『カーター回顧録（上）―平和への闘い』日本放送出版協会。

久保田勇夫（2008）『証言・宮澤第一次（1986〜1988）通貨外交』西日本新聞社。

栗山尚一（2016）『戦後日本外交―軌跡と課題』岩波書店。

グローバル・ガバナンス委員会（1995）京都フォーラム監訳『地球リーダーシップ』NHK出版。

近藤誠一（1999）「ケルン・サミットの成果と日本」『世界経済評論』vol. 43, no. 9。

シュミット，H.（1989）永井清彦・萩谷順訳『シュミット外交回想録（上）』岩波書店。

手島冷志（1985）「ボン・サミットの成果と今後の問題」『世界経済評論』vol. 29, no. 7。

中曽根康弘（2012）『中曽根康弘が語る戦後日本外交』新潮社。

野上義二（2000）「沖縄サミットの成果と日本」『世界経済評論』vol. 44, no. 10。

長谷川和年（2014）『首相秘書官が語る中曽根外交の裏舞台―米・中・韓との相互信頼はいかに構築されたのか』朝日新聞社。

藤井彰夫（2011）『G20―先進国・新興国のパワー・ゲーム』日本経済新聞社。

船橋洋一（1991）『サミットクラシー』朝日新聞社。

北米一（1980）「（総理訪米）日米首脳会談」（外務省公開文書，請求番号2014-00251）。

松浦晃一郎（1993）「東京サミットの全体像と日本の立場」『世界経済評論』vol. 37, no. 9。

松浦晃一郎（1994）『先進国サミット―歴史と展望』サイマル出版会。

本野盛幸（1983）「ウィリアムズバーグ・サミットの成果と日本」『世界経済評論』vol.27, no. 8。

山田高敬（2008）「環境に関する国際秩序形成―G8サミットの役割」『国際問題』No.572。

山本吉宣（2008）『国際レジームとガバナンス』有斐閣。

藪中三十二（2005）「グレンイーグルズ・サミットの成果と日本」『世界経済評論』vol.49, no. 9。

吉野文六（1977）「先進国間の経済政策の調整」『国際問題』205号。

渡邊幸治（1990）「ヒューストン・サミットの成果と日本」『世界経済評論』vol. 34, no. 10。

Adler, Emanuel and Vincent Pouliot（2011）*International Practices*, Cambridge University Press.

Abbott, Kenneth W. and Duncan Snidal (2001) "Hard and Soft Law in International Governance", Judith L. Goldstein, Miles Kahler, Robert O. Keohane, Ann-Marie Slaughter eds., *Legalization and World Politics*, The MIT Press.

Avant, Deborah D., Martha Finnemore and Susan K. Sell (2010) "Who Governs the Globe ?," Deborah D. Avant, Martha Finnemore and Susan K. Sell eds., *Who Governs the Globe ?*, Cambridge University Press.

Bailin, Alison (2005) *From Traditional to Group Hegemony: The G7, The Liberal Economic Order and the Core-Periphery Gap*, Ashgate Pub Ltd.

Bayne, Nicholas and Stephen Woolcock (2003) *The New Economic Diplomacy: Decision-Making and Negotiation in International Economic Relations*, Ashgate.

Clinton, Bill (2004) *My Life: The Presidential Years*, Vintage Books.

Barnett, Michael and Raymond Duvall (2005) "Power in Global Governance," Barnett and Duvall eds., *Power in Global Governance*, Cambridge University Press.

Cohn, Theodore H., 2002, *Governing Global Trade: International Institutions in Conflict and Convergence*, Ashgate.

Communique, Halifax Summit (1995) June 16, Halifax.

Cooper, Andrew F. (2010) "The G20 as an Improvises Crisis Committee and/or a Contested 'Steering Committee'," *International Affairs*, vol.86, no. 3.

Cooper, Andrew F., and Vincent Pouliot (2015) "How much is Global Governance Change ?; The G20 as International Practice," *Cooperation and Conflict*, vol.30, no. 3.

Dobson, Hugo (2004) *Japan and the G 7 / 8*, 1975–2002, Routledge.

Economic Declaration, Working together for Growth and Safer World (1992) July 8, Munich.

Frankel, J. (1988) *International Relations in a Changing World*, Oxford University Press.

Freytag, Andreas and Paolo Savona et al. eds. (2011) *Securing the Global Economy: G8 Global Governance for a Post-Crisis World*, Routledge.

Grieco, Joseph M. (1990) *Cooperation among Nations: Europe, America, and Non-Tariff Barriers to Trade*, Cornell University Press.

Holsti, K. J. (1992) "Governance without Government: Polyarchy in Nineteenth-Century European International Politics," in James N. Rosenau and Ernst-Otto Czempiel eds., *Governance without Government: Order and Change in World Politics*, Cambridge University Press.

Leader's Statement the Pittsburgh Summit (2009) September 25, Pittsburgh.

Pouliot, Vincent (2008) "The Logic of Practicaliy: A Theory of Practice of Security Community," *International Organization*, vol.62, no. 2.

Putnam, Robert D. (1984) "The Western Economic Summit : A Political Interpretation," in Cesare Merlini ed., *Economic Summits and Western Decision-Making*, St. Martin's Press.

Putnam, Robert D. and Nicholas Bayne (1987) *Hanging Together, Cooperation and Conflict in the Seven-Power Summits*, Sage Publications.

Rosenau, James N. and Ernst-Otto Czempiel eds. (1995) *Governance without Government: Order and Change in World Politics*, Cambridge University Press.

Schirm, Stefan A. (2013) "Global Politics and Domestic Politics: A Societal Approach to Divergence in the G20," *Review of International Studies*, no. 39.

Snidal, Duncan (1985) "The Limits of Hegemonic Stability Theory," *International Organization*, vol. 39, no. 4.

第2部

歴史——戦後国際関係史への視座

第5章

覇権システムとしての冷戦とグローバル・ガバナンスの変容

菅　英輝

1　はじめに

　ガバナンス概念はしばしば「政府なき統治」と定義される。このことは政府の役割を除外することを意味するものではない。それゆえ，グローバル・ガバナンスは，世界政府不在の国際社会において，国家が果たす役割が相対的に低下していることを踏まえながらも，政府も含めて多様なアクターが秩序形成に関わっている国際社会の現状に注目するものである。「秩序なしではガバナンスは存在しえないし，またガバナンスなしでは秩序も存在しえない」とローズナウが述べているように，この概念はまた，ガバナンスと秩序との密接な関連に注目する（「ルールの体系」）（Rosenau 1992：1-8）。加えてこの概念は，冷戦後は一国では解決できない地球的問題群が出現するようになったことを反映し，多様なアクターが協働することによって共通の問題解決に当たるという点も含意する。冷戦との関連でいえば，核兵器の出現によって，核戦争の勃発は全人類の破滅を意味するようになり，核戦争の防止は，国際社会全体の共通の関心事となった。

　冷戦が開始されると，米ソ両国はそれぞれが望ましいと考える帝国的・階層的秩序を維持するために，東西両陣営内の同盟国に対して，両国が設定したルールや規範に従うことを求めた（覇権システムとしての冷戦ガバナンス）。そこには，多分に思い込みの面があったとしても，米ソ両国の指導者たちの間には，自らが望ましいと考える秩序を構築することが，世界の平和と安定および国民の生活向上をもたらすという信念のようなものが認められた。

そうした信念や思い込みのゆえに、米ソはどちらの政治経済システムが人類に平和と安定、繁栄と福祉、自由と平等をもたらすかを巡って対立することになった。両国の指導者たちは、それぞれ自由主義と社会主義という理念に基づく体制の普遍性と正統性を主張したが、両国の体制間競争は冷戦の主たる原因となり、これに権力闘争が加わって、冷戦が激化した。その結果、米ソは、相手より優位な立場に自らを置くべく、冷戦体制への国民の動員と体制の引き締めを維持すると同時に、第三世界諸国を含むできるだけ多くの国々をそれぞれの陣営内に統合しようと試みた（冷戦統合）（菅 2001：3-5, 14-16）。

しかし、米ソが大きなコストを払って築き上げようとしたグローバルな冷戦システムは、最終的には崩壊することになった。米ソ中心のガバナンス・システムが機能しなかった最大の理由はどこにあるのだろうか。掲げた理念の普遍性と支配の正統性の主張にもかかわらず、冷戦秩序は、その本質において、米ソを頂点とする覇権システムではなかったか。しかもこのシステムがさまざまな矛盾と対立を内包していたことは、ブロック外に位置する非同盟諸国や中立諸国においてはもちろんのこと、ブロック内諸国間でも、米ソがそれぞれの秩序の正統性を維持することを困難にした。

冷戦秩序は、①米ソ対立と共存、②東西両陣営に対する米ソ覇権、③第三世界諸国への米ソ覇権の拡大競争、④冷戦体制への国内世論の動員と国内体制の引き締め（国内冷戦）の4つから構成されるシステムとして捉えることが可能だが、それは矛盾と対立を内包する不安定なシステムであった。それゆえ、米ソ中心の冷戦秩序の変容・崩壊の過程は、相互核抑止体制の矛盾（核軍拡競争がもたらす核戦争の危険と軍備管理の困難）、米ソ中心の「核アパルトヘイト」（核独占）体制と非核保有国との軋轢の増大、東西両陣営内における同盟諸国からの米ソ覇権システムへの異議申し立て、政治的脱植民地化運動、「自由主義モデル」と「社会主義モデル」の限界、国際システムの構造的変容と非国家的アクターの影響力の増大による社会的変動が、重層的に絡み合う複雑なプロセスであった。

まず第1節で、戦後国際秩序形成過程においてワシントンとモスクワが、どのようにして米ソ中心のガバナンスの枠組みを構築しようとしたのかを、冷戦統合という視点から明らかにし、そのさいどのような矛盾や問題に直面したの

かを考察する。第2節では,「平和共存」と米ソ共同管理体制の形成を目指すブロック支配の動きに対して,東西両陣営内から異議申し立ての動きが生起する過程を分析することを通して,冷戦ガバナンスの変容を明らかにする。第3節では,冷戦ガバナンスの変容を東西両陣営の外側から促した第三世界の脱植民地化運動の展開過程を考察する。第4節では,1970年代に入って顕在化するブレトンウッズ体制(特にドルを基軸通貨とする国際通貨体制)の動揺と崩壊ならびにソ連型経済システムの行き詰まりの考察を通して,米ソ中心の冷戦統合の限界を明らかにする。第5節では,「社会的デタント」,「下からのデタント」の動きに注目する。デタントの時期には,国家レベルにおいてのみならず,社会レベルで重要な変化が生じていたこと,それに伴い多様な非国家的アクターの役割が増大していたことに注目することで,市民社会レベルで生じつつあった社会変動もまた,ガバナンスの変容と冷戦の終焉に深く関わっていたことを明らかにする。

　本章では,覇権システムとしての「グローバル冷戦」(ウエスタッド)の特質と矛盾に注目し,冷戦秩序の変容と終焉をもたらした要因の考察を通して,冷戦後のガバナンスのあり様についても示唆を得ることを目指す。

2　第二次世界大戦後の新たな国際秩序形成の動き──冷戦統合による米ソ中心のガバナンスの構築

　冷戦期を通して,「自由と平等」を目標として掲げる米国と「平等と公正」を旗印として掲げるソ連はともに,自らが掲げる目標の普遍性を主張してお互いに譲らなかった(Westad 2005:chapters 1, 2)。米国は「自由主義的・資本主義的秩序」の形成に取り組み,ソ連は「社会主義的秩序」の形成を目指した。この間,米ソ両国は,第三世界諸国を含め,できるだけ多くの国々を東西両陣営に組み込むことによって,グローバルな規模でのガバナンス・システムの構築を目指した。

　だが,冷戦システムはさまざまな矛盾を内包していた。第1に注目されるのは,米ソ中心の核抑止体制に根差す対立と矛盾である。米ソの覇権争いは不可避的に核軍拡競争を惹起したため,両国の指導者たちは,「恐怖の均衡」の安定化を図るべく,偶発戦争を回避するためのメカニズム構築とルール形成を目

指した。このプロセスは一方で，米ソ間のデタントを随伴したが，他方で，両陣営内の結束が緩むというパラドックスを内包していた。

　米ソ両国はまた，核軍拡競争に鎬を削る一方で，核兵器の抑止力を梃子に自陣営に対する支配を強化していった。だが，米ソが保有する核兵器は，ブロック支配の手段として機能する反面，核戦争の危険を高めることになった。このため，米ソ両国は一方では，核戦争を回避するために軍備管理交渉を推進し，他方ではブロック支配を維持するために核不拡散体制の推進を通して，冷戦の制度化を進めていった。

　両国の緊張緩和は，ヨシフ・スターリンが死去した53年3月以降に顕在化し始めたが，1955年の米英ソ仏首脳によるジュネーヴ会談はその最初の例であった。米ソデタントの研究者スティーブンスは，この会談をデタントの第1回目と位置付け，その意義を「核戦争を回避する必要性を共に宣言した」ことに求めている（スティーブンス 1989：40）。1959年9月15日のニキータ・フルシチョフの訪米は，緊張緩和に向けた米ソ共通の関心が続いていることを示し，米ソ首脳会談後に発表された共同声明は，両国関係の拡大と紛争解決に関する対話の重要性を確認した。だが，62年10月22日に発生したキューバ危機は，冷戦を安定化させるレジームの形成が不十分であることを露呈した。このため，キューバ危機の教訓は，米ソ間でホットラインの開設（63年6月），米英ソ間で部分的核実験禁止条約（63年8月）の締結につながった。さらに1968年7月には核拡散防止条約（NPT）が調印され，米ソデタントの制度化の進展をみた。

　しかし部分的核実験禁止条約やNPT条約に示される米ソの動きは，米ソが核兵器を独占することで，ブロック内支配を維持・強化することを狙ったもの（「核アパルトヘイト」政策）であり，ブロック内で米ソの特権的な地位に反発する動きを生起させることになった。

　米ソによる核独占の動きに象徴されるように，ブロック内秩序は，階層的・帝国的秩序としての性格が濃厚であった（木畑 2014：第4章）。その意味で，冷戦秩序は，第二次世界大戦以前の秩序の重要な柱を構成していた旧秩序，すなわち植民地宗主国と植民地との関係に見られる帝国主義的秩序と親和性を有していた。冷戦システムは支配・従属の関係を内包する秩序であるため，この対立・矛盾は米ソデタントが進展する過程で，東西両陣営内からのみならず，脱

植民地化を推進する運動体側からも変革を求める声があがった。そうした異議申し立てはやがて，米ソ中心のガバナンスの変容をもたらすことになる。

3　米ソ共同管理体制形成の動きと両陣営内からの異議申し立て　―顕在化する米ソ覇権システムの矛盾

　冷戦秩序は，米ソ両超大国によるブロック支配を特徴とし，それを持続させようとするものであったがゆえに，両陣営内からは，米ソ中心の支配体制に異議を申し立てる動きが顕在化することになった。

　東側陣営では，トルーマン・ドクトリン，マーシャル・プランに対抗するために，1947年9月，各党間の情報交換と調整を目指す組織として，コミンフォルム（共産党・労働者党情報局）が設立された。この組織は，経済力と軍事力で圧倒的なパワーを有する米国との闘いにおいて，スターリンがイデオロギー面での統制を強めて対抗することを意図したものであった（横手 2014：252-254）。その結果，東欧諸国が独自の社会主義への道を歩むことは許されなくなり，ソ連をモデルとして国家建設を進めることが求められるようになった。[1]

　だが，上からの指令は，ブロック内の緊張を高めることにつながった。コミンフォルム設立当初積極的な役割を果たしたユーゴスラヴィアが，スターリン型社会主義路線に従わないと見なされ，1948年6月，コミンフォルムから追放されたのは，その最初の兆候であった。

　その後1956年2月の第20回党大会演説で，フルシチョフ第一書記が，「平和共存」路線を発表し，さらに「秘密報告」でスターリン批判を行ったことを契機に，東欧諸国では，改革を求める大衆運動が起きた。特に経済の分野では，ポーランドのヴオジミエシュ・ブルスは，従来の社会主義経済を「集権化モデル」と規定し，「分権化モデル」への移行を対置した。加えて，56年6月のポーランドでの労働者の反乱（ポズナン暴動）に続き，10月にはハンガリーで学生と労働者の暴動（ハンガリー動乱）が発生した。後者は，ソ連軍の介入によって鎮圧されたことで，東欧における改革の動きは頓挫したものの，これらの動きはソ連のブロック支配に対する挑戦であった。

　フルシチョフの「スターリン批判」は中国にも波及し，その後の中ソ対立の原因となった。毛沢東は時を同じくして，農業集団化キャンペーンを開始して

おり，1958年には大躍進政策を開始した。人民公社の創設，家族の解体，貨幣の廃止を導入する大躍進政策は，「ソ連モデル」とは異なる社会主義への道を選択するものであった。毛沢東はまた，58年から59年にかけて，フルシチョフの「平和共存」路線に対抗する形で，民族解放闘争支援を強める一方で，60年4月にはソ連指導部と一連の論争を開始し，両国間の対立は公然化した。同年6月ブカレストで開かれたルーマニア共産党第3回大会で，双方は激しい非難の応酬を繰り広げた（ジャイ 2010：243-258）。

中国は，米ソ中心の核ガバナンスにも反発し，その打破を目指した。ソ連は中国の求めに応じて核技術情報の提供を行っていたが，1958年8月の台湾海峡危機の直後，毛沢東の冒険主義に懸念をいだいたフルシチョフは，中国に核兵器製造技術データの供与を取り決めた1957年の核に関する協定を廃棄した。このことは，中ソ間の亀裂をさらに深めただけでなく，中国をして改めて核兵器開発の必要性を痛感させた。その結果中国は，1964年10月に核実験を行い，米ソ中心の「核アパルトヘイト」体制を打破すべく，核とミサイルの開発に邁進した。

1968年8月にチェコの自由化運動「プラハの春」にソ連軍とワルシャワ条約機構軍が介入して，これを弾圧すると，中国は，ソ連が「社会帝国主義」になり果てた，とモスクワ非難をエスカレートさせた（毛里 1989：90）。同年11月にレオニード・ブレジネフ政権が，「ブレジネフ・ドクトリン」（制限主権論）を発表し，「プラハの春」運動を，社会主義共同体全体の利益を脅かす行動だとして，チェコへの軍事介入を正当化するや，中国指導部は猛烈に反発した。さらに69年3月には珍宝島（ダマンスキー島）での軍事衝突事件が発生し，中ソ同盟体制は事実上破綻した。

中ソ対立の激化に伴い，中国は自国の安全にとって，米国よりソ連を主敵と認識するようになった。北京は，それまで米ソ両国と対峙していた「二条線戦略」（二正面戦略）からソ連の覇権主義に対抗する「一条線戦略」へと転換することになり，そのことは，米中和解に向けた中国側の動機となった。一方，中ソ対立の激化は，ヴェトナム戦争の泥沼化に苦しむ米国にとっても，米中関係の和解を可能にする機会を提供するものであった。

1972年2月のリチャード・ニクソン大統領の訪中に伴う米中関係改善の動き

は，アジアにおける米中対立の終わりを告げるものであり，米ソ冷戦に代わって中ソ対立が，この地域の主要な対立軸となったことを意味する。米中関係改善はまた，日中国交正常化の障害を取り除いたことで，外交関係の正常化をうたった72年9月25日の日中共同声明の発表につながった。米中和解と日中国交正常化の実現に伴い，もともと米ソ冷戦の線引きがあいまいであったアジアで，米ソ二極から米中日ソを中心とする多極的構造へとガバナンスの大きな組み換えが起きることとなった。ヘンリー・キッシンジャーによると，それは，軍事的には二極だが，経済分野では多極の世界であり，経済分野で日本の果たす役割は「極めて重要だ」というものであった（菅 2016：278）。

中ソ対立と米中関係改善は，2つの意味で重要であった。第1に，それはナショナリズムとイデオロギーの相克を意味し，その後の展開過程において，前者が後者を圧倒していく過程であった。そうした傾向は，冷戦後の世界にも持ち越される。第2に，これらの動きは，冷戦の脱イデオロギー化を意味し，ソ連を盟主とする東側陣営内のガバナンスのみならず，冷戦システムにも構造的な変容をもたらすこととなった。

一方，冷戦ガバナンスの変容は，西側陣営内でも進展した。西側ブロック内での米国のヘゲモニー支配に対する挑戦は，2つの方向からもたらされた。1つは，欧州統合に向けた動きの進展である。1952年の欧州石炭鉄鋼共同体（ECSC）という超国家的組織の発足に続いて，57年1月欧州経済共同体（EEC）と欧州原子力共同体（EURATOM）が成立した。政治統合の分野では，模索と挫折が繰り返されるものの，EECの発足は，60年代を通して，欧州が対米自立を獲得していく過程の画期をなすものであった。欧州における経済統合の進展は，その後60年代の経済成長を通して，欧州が，その経済力を背景に政治的存在感を増していく過程でもあった。米国はこれ以降，EECが進めるルール・規範形成の外に置かれることになり，共通農業政策（CAP），課徴金制度，域内共通関税といった点で，GATTのルール・規範との間に齟齬をきたさないように調整をはかる必要性が生じた。EECは紆余曲折を経ながらも，67年7月にはEEC・ユーラトム・ESCE 3共同体の行政機構が合併し，欧州共同体（EC）が成立，その1年後の68年7月1日に域内関税の撤廃と対外共通関税の導入により関税同盟が成立した。

米欧関係のガバナンスの変容は経済分野にとどまらず，政治外交，安全保障の分野でも徐々に顕在化した。その牽引役は，独自の欧州秩序構想を抱くシャルル・ドゴールであった。彼は，欧州諸国の政治的結集を通して，欧州の復権を図り，米ソ中心の秩序からの自立を目指す外交を展開した。なかでも注目されるのは，米ソ「核アパルトヘイト」体制打破の動きである。ドゴールは米国の「核の傘」からの脱却を目指し，1960年2月にはサハラ砂漠で第1回目の核実験を実施した。ソ連による核戦力の増強は，NATO諸国間に米国の核抑止力への不安を惹起しつつあったが，そうした動きに対処するためジョン・F・ケネディ政権は62年12月，多角的核戦力（MLF）構想を発表し，フランスにも参加を呼び掛けた。だが，ドゴールは63年1月，同構想への参加を拒否し，さらに同年6月，フランス大西洋艦隊の引き上げをNATO理事会に通告，66年7月1日にはフランス軍のNATO軍事統合司令機構からの離脱を決定した。

ドゴールの挑戦がもたらした大西洋同盟の揺らぎは，1950年代末から60年代にかけて生じていた米欧関係の構造的変容を反映したものであった（Bozo 2001：xv-xvi）。それゆえ，米欧関係におけるガバナンスの変容を促す動きは，フランスだけでなく，西ドイツでも見られた。西ドイツでは，63年にコンラート・アデナウワーを引き継いだルドウィク・エアハルト政権が，連立相手の自由民主党（FDP）の離反によって66年末に崩壊した後，カート・キージンガーを首班とする社会民主党（SPD）と与党キリスト教民主同盟・社会同盟（CDU/CSU）との大連立が実現した。ウィリー・ブラントは連立政権の外相として，東側陣営との関係改善を目指した。しかし，同政権の下では，CDUのキージンガー首相は，伝統的な「西方政策」を維持する方針だったのに対して，SPDのブラントは，東西関係の緊張緩和と交流の拡大を目指す，新たな「東方政策」を追求したことで，ブラントの「東方政策」の全面的展開は，69年11月にブラント政権が誕生するまで待たなければならなかった。

4　第三世界における脱植民地化運動の挑戦—冷戦ガバナンスの変容と植民地支配の終焉

脱植民地化と主権国家間の平等な関係の樹立を目指す第三世界の人々もまた，冷戦システムへの反発や異議申し立てを行った。脱植民地化運動が植民地

支配の打破と冷戦ガバナンスの変容という点で果たした役割も大きかった。

独立，自主，近代化を目指す脱植民地化運動は，植民地支配に対する抵抗に加えて，米ソ中心の冷戦統合に対する挑戦という性格を帯びた（菅 2001：14-16）。それは米ソ中心の冷戦秩序が，帝国主義・植民地主義との親和性を有していたからだ。

第三世界の人々の目には，冷戦の論理を優先する米ソ両国の行動は両面性を持っていると映った。米国は戦後の秩序形成過程で，反帝国主義，反植民地主義の旗印を掲げてはいたが，他方で，ソ連との関係悪化に伴い，反植民地主義と冷戦の論理とのバランスをとるようになり，しばしば反共・反ソという冷戦の論理を優先させた。このため，米国は，第三世界のナショナリズムが共産主義陣営と結びつく可能性がある場合には，植民地宗主国と協力してこれを抑圧する行動に出ることもあった。米国の秩序形成が帝国性を有していたのと同様に，ソ連はロシア帝国以来の帝国的体質を引きずり，戦後は東欧を自己の勢力圏に組み込む措置を講じていった。そうしたソ連の帝国性は，東欧諸国の反発と離反を招く原因となった。ユーゴスラヴィアをはじめ，中ソ対立が激化すると，アルバニアとルーマニアはソ連圏から離脱し，前者は中国との連携を強め，後者は独自路線を追求するようになった。

一方，植民地主義は，第二次世界大戦後においても生き残りを図ったため，戦後秩序の形成は，脱植民地化，植民地主義，冷戦が複雑に交錯するなかで展開されることになった。そうしたなかにあっても，米ソが戦後，植民地主義，帝国主義批判の立場から，植民地の人々の民族解放運動を支持したことは，彼らが目指す新たな秩序形成にとって大いなる励みとなった。

中国における毛沢東政権の樹立（1949年10月），インドネシアの独立（同年12月），インドシナからのフランスの撤退（1954年），マラヤの英植民地からの独立（57年8月）といった脱植民地化運動の成果は，戦後のアジアにおいて，米ソ両超大国や植民地宗主国が管理できない，大きな力学が働いていたことを示している。その象徴的出来事が，55年4月インドネシアで開催されたアジア・アフリカ会議（バンドン会議）であった。この会議は，それまで西欧列強諸国に支配されてきた，アジア・アフリカの新興独立諸国が開いた世界史上初の国際会議であった。バンドン会議は最終的に「平和十原則」を採択するが，米国

は親米諸国を通じて，この会議に冷戦の論理を持ち込み，「平和五原則」（領土保全と主権の相互尊重，相互不可侵，相互の内政不干渉，平等互恵，平和共存）に敵対する行動をとった。だが最終的には，共産主義諸国，中立主義諸国，親米諸国が一同に会し，異なるイデオロギーを乗り越えて「平和十原則」を採択した。このことは，アジア・アフリカの新興独立諸国が，冷戦秩序とは一線を画した，独自の秩序形成を目指す強い意志を示したという点で，歴史的意義を持つものであった。それは，米国が目指す「自由主義的・資本主義的秩序」でもなく，またソ連が目指す「社会主義的秩序」でもなく，いわんや帝国主義的秩序でもなかった。新興独立諸国が「平和十原則」を，遵守すべき国際政治の行動規範として掲げ，米ソと一線を画する秩序形成を目指したことは，米ソ中心のガバナンスの変容に少なからず影響を与えた（菅 2011：61-65）。

　「バンドン精神」や「平和十原則」はその後，非同盟運動に受け継がれ，1961年には，28か国がベオグラードに参集し，第1回非同盟諸国会議が開催された。ベオグラード会議は，東西対立の解消と新・旧植民地主義の除去，平和共存を訴えた。73年には非同盟諸国は国連加盟国の過半数を占めるようになり，米ソ両超大国もその影響力を無視できなくなる。「アフリカの年」といわれる1960年には，一挙に17か国の新興独立国が国連に加盟したため，国連では，反植民地主義がにわかに高揚した。その結果，60年12月，43か国が共同提案したアジア・アフリカ決議案が，国連総会で可決された。この植民地独立付与宣言には，89か国が賛成，反対0，棄権9か国であった。この宣言は，植民地宗主国が，「条件や留保をつけることなくすべての権限を委譲するための方策を直ちにとる」ことをうたっていた。このことは，この独立付与宣言が，国連の場で，植民地保有の国際的正統性を否定したことを意味した（半澤 2001：81-101）。

　植民地主義を否定する流れが強まったことは，植民地からの独立の動きをさらに加速させることになった。ドゴール政権の下で，フランスは1959年後半から60年半ばにかけて，14カ国にのぼるアフリカ植民地に独立を付与した。62年にはエビアン協定を締結し，アルジェリアからも撤退した。アフリカにおける英国の残存植民地の独立も60年からの2年間で進展した。61年にタンガニーカ，62年にウガンダがそれぞれ独立し，63年に中央アフリカの解体，ザンジバルとケニアの独立，64年にマラウィがそれに続いた。英国はその後，68年に

なって，アデンからの即時撤退に加えて，71年までにマレーシア，シンガポールから，すなわち「スエズ以東」から撤退すると発表した。

　植民地の独立によって植民地主義に終止符が打たれたことは，原理的には，国際社会が主権国家から成るシステムに組み換えられたことを意味した。換言すると，ガバナンスの仕組みが，植民地を長きにわたって支配してきた西欧の帝国主義列強を中核とする西欧国家体系（内と外の原理を使い分ける体系）から主権国家間の平等を構成原理とする主権国家体系に大きく変容したことを意味した。このことが，米ソ中心の帝国的・階層的秩序にとって有する含意も重要であった。

5　ブレトンウッズ体制の崩壊とソ連型経済システムの行き詰まり—冷戦統合の限界

1　国際経済秩序をめぐる米ソ間競争とアジアの台頭

　米ソ両国は，安全保障上のコスト負担に加えて，経済・技術援助などさまざまな恩恵を提供することによって，ブロック支配の正統性を担保しようとした。米国は，同盟国に安全を提供するだけでなく，「IMF・GATT体制」の創設を通して，通貨の安定と貿易の自由化を目指し，この枠組みが「国際公共財」として機能するよう主導することによって，支配の正統性を高めようとした。一方のソ連は，米国の経済力と軍事力における劣勢を補うために，スターリンの下でイデオロギー統制を強化して米国に対抗し，その後軍事力の強化も目指し，1970年代に入ると，核戦力における対米パリティを達成するようになった。だが，経済の領域では，米国と西側陣営が依然として優勢であり，IMF・GATT体制が機能している間は，ワシントンの国家意思が幅を利かせていた。

　その一方で，戦後の米国のヘゲモニー支配の重要なメカニズムであったIMF・GATT体制は，1960年代末にその矛盾を顕在化させた。世界経済の拡大は基軸通貨であるドルの需要の増大をもたらしたが，この需要増に応えるには，米国は市場を開放し輸入を拡大するか，在外米軍の調達や軍事・経済援助の増大を通して，ドルを世界に供給し続ける必要があった。こうして，米国はドルの「散布」を続けたことで，ドルへの信認の低下を招き，ついに71年8

月，ニクソン大統領の下で，新経済政策の発表（ニクソン・ショック）およびドルと金の交換停止に追い込まれた。米国は，同年12月にスミソニアン合意にこぎつけ，ドルを基軸通貨とする体制の維持を図ったが，持ちこたえられず，国際通貨制度は73年2月全面的に変動相場制に移行し，ブレトンウッズ体制は終焉を迎えた。

一方のソビエト体制は，官僚制の肥大化と硬直化に加えて，競争の原理が働かないことから生じるさまざまな弊害（経済制度の非効率性，技術革新の停滞，労働生産性の低下）ゆえに，70年代には経済が行き詰まってしまった。その結果，社会主義の理念と現実とのギャップの拡大は，ソ連の支配の正統性のさらなる低下を招くことになった。

米ソのヘゲモニー支配の経済的基盤が揺らぐなか，冷戦統合の変容を促した力学としてもう1つ注目されるのは，「開発独裁体制」国家の経済成長である。1950年代末に登場した「開発独裁体制」国家もまた，60年代末から70年代に入って，アジアにおける1つの大きな流れを形成し，この地域における冷戦ガバナンスの変容を促した（秋田 2017：第Ⅱ部第6，7章，終章）。これらの国々は，抑圧的な体制に対する国民の不満を逸らし政権の正統性を高めるためにも，開発主義のイデオロギーを強調した。開発独裁型政権は当初，輸入代替工業化路線を採用したが，国内市場の狭隘さ，資本不足，製品の競争力の欠如などが原因で，成果をあげることができなかった。開発路線が軌道に乗っていくのは，これらの国が60年代半ばに，輸出志向型工業化戦略へと転換してからである。これ以降，これらの国は，それまでの保護主義的規制を緩和ないし撤廃し，関税を引き下げ，為替レートや金利の自由化，外貨規制の緩和など市場重視の政策を採用したことで，1960年代を通して，8％を超える経済成長を達成し，70年代に入っても，高率の成長を続けた。

アジアの「開発独裁体制」国家を中心とした目覚ましい経済成長は，アジアにおける冷戦の変容にも深く関わり，1970年代末に中国が，経済の分野で，社会主義路線から市場メカニズムを導入する改革開放路線へ転換する契機となった。中国の方針転換は，「社会主義モデル」を採用していた第三世界諸国に大きな衝撃を与え，これらの国々が，社会主義と計画経済を断念し，市場経済に転換する大きな流れを作り出すことにつながった。

積極的な外資導入によって成長を目指す政府主導型開発モデルは,「社会主義モデル」からの離反という流れを作り出すのに重要な役割を果しただけでなく,米国主導の「リベラルな秩序」でもなく,ソ連モデルでもない,独自の開発モデル(経済的には開放的だが政治的には非民主的)を提示することで,たんなる米ソ冷戦の客体にとどまらず,冷戦ガバナンスの変容に主体的に関わった。

2 新国際経済秩序(NIEO)の挫折と新自由主義的潮流の優位性

一方で,アジア以外の第三世界諸国の多くは,異なる運命を辿った。1973年10月に勃発した第四次中東戦争を契機に石油危機が発生し,欧米諸国は軒並み低成長時代に突入したが,同時に,オイルショックが,資源を保有していない途上国に与えた影響も大きかった。南北問題が深刻化するなか,途上国は74年5月の国連資源特別総会で新国際経済秩序(NIEO)樹立宣言を発表し,発展途上国からの工業製品輸出に対する市場開放や特恵導入,一次産品価格の安定維持,開発資金供給の拡大を先進国側に求めた。しかし,石油価格の高騰で産油国に流れ込んだオイルマネーは,韓国や台湾などのNIEs諸国,それにメキシコやブラジルを除けば,その圧倒的部分が米国や欧州市場に流れ込んだ。世界金融市場の急激な膨張は新自由主義路線に有利に働き,援助ではなく民間投資を呼び込むことによって開発を目指すべきだとする先進国側の論理が優勢となった。その結果,IMFや世銀に代わって,先進国と途上国が対等な立場で参画する「世界開発基金」の創設を軸とした国際経済・金融制度の改革を求めた途上国の要求は頓挫した。81年10月メキシコのカンクンで開催された南北サミットは,新自由主義を基調とする国際経済・通貨システムを確認するものとなった(山口 2016:73-86)。

1981年1月に登場したロナルド・レーガン政権は,「小さな政府」論を掲げ,新自由主義路線を追求し,規制緩和,自由化,市場化を積極的に進めていった。レーガン政権が採用した高金利政策(82年末には22%)は,73年の第一次石油ショックによって膨らんだ巨額の累積債務を抱えていた第三世界諸国の負債額を急増させ,これらの国々の多くは支払い不能に陥った。返済のためにIMFや世銀から融資を受けるには,コンディショナリティ(「構造調整」プログ

ラム）を受け入れなければならなかった。その条件とは，外国為替と輸入についての規制の撤廃，公的な為替レートの切り下げ，貿易の自由化，インフレ抑制政策（金融引き締め，緊縮財政，賃金統制），外国資本に対する規制緩和が含まれた。その結果，第三世界諸国の多くは，債務危機への対応過程で後年「ワシントン・コンセンサス」として知られるようになる政策の多くを受け入れることになり，新自由主義システムに組み込まれることになった。その意味で，第三世界における開発をめぐる米ソ間のモデル競争は，レーガン政権期に決着がついたということもできる。

NIEO の挫折は，アジアの「開発独裁体制」国家，中国，インドなどを除けば，全体として南北問題をさらに深刻化させることになり，冷戦後のグローバル・ガバナンスのあり様に後遺症を残すことになった。

3　欧州デタントと欧州統合の進展

アジアや発展途上国で地殻変動が進展しているのとほぼ時期を同じくして，欧州においても，米ソデタントの停滞を打破する動きが欧州諸国間で顕在化していた。デタントの下で東西両陣営内の多極化が進展するにつれて，陣営内の結束が緩み，米ソは同盟内政治をこれまでのように管理することに困難を感じるようになった。このため，米ソ両国はブロック内支配を維持するために，対立の要素を強調する「レトリックとしての冷戦」を展開するようになった。カルドーのいう「想像上の戦争」である（Kaldor 1990）。

しかし「想像上の戦争」という政治手法は一時的には，陣営内の結束を強める方向に働くことはあっても，米ソ両国は，動き出したデタントの歯車を止めることはできなかった。デタントの進展に伴い NATO が危機に陥ったさいに出されたアルメル報告（1967年12月）が，抑止力とデタントは補完的な関係にあるとの結論を導き出したことは，その証左であった。

欧州デタントの歯車の推進役となったのは，西ドイツ首相ブラントであった。ブラントは政権を掌握すると，「東方政策」（オスト・ポリティク）を推進し，欧州デタントに拍車をかけた。ニクソンとキッシンジャーは，ブラントの「東方政策」には強い警戒心を示したが，米ソデタントという大きな脈絡のなかで進められる限り，東西間のデタントを推進するブラント外交には反対でき

ない立場に置かれていた（マクマン 2017：269）。そうした米国の置かれた立場をうまく利用しながら，ブラントは，1970年8月，ソ連との間でモスクワ条約を締結し，ポーランド，東ドイツ国境（オーデル・ナイセ線）を含む国境の現状維持で合意した。翌年12月7日，今度は，ポーランドとの間でワルシャワ条約を締結し，第二次世界大戦の帰結としての国境の現状維持と紛争の平和的解決で合意をみた。さらに71年9月3日，ベルリンに関する4か国協議で合意が成立した。続いて72年5月17日，西ドイツ議会でのモスクワ条約とワルシャワ条約の批准を受けて，同年5月22日から29日にかけてモスクワで開催されたニクソン＝ブレジネフ首脳会談で，SALT Ⅰ と ABM 条約が調印された（妹尾 2011：2，3，4，5章；山本 2010：4，5，6章）。以上の経緯から明らかなように，ブラント外交は，欧州と東側諸国との間のデタントの推進力となっただけでなく，ニクソン政権首脳の予想を超えて，グローバルなレベルでの米ソデタントの促進にも貢献した。

　欧州デタントの進展で重要な役割を果たしたのは，ドイツだけではなかった。注目されるのは，英国の欧州安全保障協力会議（CSCE）への対応である。ヒース政権（1970～74年）は，ブラントの東方政策に強い支持を与えると同時に，「人・情報・思想のより自由な移動」（第三バスケット）を CSCE の議題で取り上げることを強く主張した。その結果，75年8月に CSCE が採択したヘルシンキ議定書に，「人・情報・思想のより自由な移動」が盛り込まれることになった（橋口 2016：136-138；斎藤 2006：5，6章）。CSCE は東西の政府間関係の改善のみならず，人，情報，思想の交流の拡大の基礎を提供することで，後述するように，非国家的アクターが，冷戦の終焉に向けた流れを作り出すのに貢献した。

　ニクソン政権は，CSCE 交渉には終始，消極的ないしは懐疑的な態度で臨んだ。しかし，欧州デタントの進展に歯止めがかからない状況下では，欧州統合の流れと自立化傾向を食い止めることは困難であった。EC 加盟国は，欧州審議会（CE）や欧州人権裁判所を通して人権問題を重視し，欧州独自の理念や規範の形成に努めた。1978年12月には，ブリュッセルの欧州理事会で欧州通貨制度（EMS）を79年1月1日に設立することを決議するなど，統合と自立化の度合いを強めていった。

6　「社会的デタント」と冷戦ガバナンスの終焉

　冷戦は社会全体を動員して闘う「総力戦」であり，米ソによる国内体制の引き締めに伴う抑圧的，非民主的な要素への社会的不満は，緊張状態が持続している間は相当程度封じ込められていた。だが，50年代半ばに緊張緩和の兆しが見られ，その後米ソデタントが進展するなか，東西間の人，カネ，モノの交流が拡大するにつれて，社会レベルでも大きな変化が生まれ，核廃絶，人権尊重，ジェンダー間の平等，多国籍企業の越境的活動などへの取り組みにおいて，非国家的アクターの果たす役割が増大し，「下からのデタント」が，冷戦秩序の変容，ひいては冷戦システムの動揺・崩壊を惹起する起動力となった。その意味で，50年代半ば以降，冷戦システムの変容を促す新たな担い手が重要な役割を果たすようになっていたことに注目する必要がある。

　冷戦秩序は，市民の目から見て，階層的，抑圧的，非民主的で，時には非人道的だと映った。この点は東側陣営内に限られることではなく，西側社会でも同様であった。このため，市民社会の側から異議申し立て運動が起きた。

　冷戦秩序を最も象徴的に体現するのが，核兵器であったことから，市民や知識人の間では反核平和運動が組織され，抗議運動は早くも，1950年代に１つの盛り上がりを見せた。55年に世界の指導的物理学者11名が連盟で発したラッセル・アインシュタイン宣言が，それである。同宣言は，核廃絶を唱える科学者たちの集まりである国際会議（パグウォッシュ会議）の発足につながり，その第１回会合は57年にカナダのパグウォッシュで開催された。この会議に参集した科学者たちは，翌58年１月には，世界44か国の有力な科学者9236人の署名を集めた核実験停止請願書を国連に提出するなど，反核の国際世論の喚起に努めた。

　西側陣営の政府の大半は，米国の核抑止戦略に依存している立場から，ワシントンへの影響に敏感で，1950年代から60年代に展開された国内の反核平和運動には厳しい態度で臨んだ。英国政府も，バートランド・ラッセルが主導した反核市民組織「百人委員会」に対しては厳しい対応を示した。百人委員会が，トラファルガー広場での集会を計画すると，たとえば，英国政府は，同広場の

利用権を停止する閣議決定を行ったのみならず，当時89歳を迎えていたラッセルとその妻を逮捕投獄した。あわせて，組織のスタッフ28人も投獄されたうえ，デモ当日広場に参集した１万5000人の市民は3000人の警官隊によって解散させられ，1314人が逮捕された（芝崎 2014：122-124）。英国政府の過剰な対応は，反核市民運動家たちにとって，冷戦秩序が非民主的で抑圧的であることを確認するものであった。

　この時期の反核市民運動は，「反冷戦の意識をはらみつつ冷戦を下から変容させるダイナミズム」（芝崎 2014：133；カルドア 1999：343）を持った。反核平和運動は60年代半ば以降，ベトナム反戦運動に引き継がれたが，反戦運動の高揚は米国のベトナムからの撤退を余儀なくさせると同時に，それまで対ソ「封じ込め」政策の基礎となっていた「冷戦コンセンサス」の崩壊を招いた。

　1960年代は，国際政治の領域においては，反植民地主義，反戦・平和，フェミニズム，公民権，参加民主主義を求める運動が高揚したが，その担い手たちは，知識人，女性，活動家，マイノリティ，学生，労働者，第三世界の民衆といったように多様であった。しかし，アクターの多様性にもかかわらず，彼らは既存の秩序に対する異議申し立てという共通の目標を掲げていた。また，運動が目指す価値についても，自由（人間解放），民主主義，マイノリティの権利拡大，民族自決の追求といった共通性を認めることができる（Macedo 1997；Farber 1994；菅 2001：19）。注目すべきは，国内における異議申し立て運動は，国際政治の文脈においては，米ソ中心の冷戦秩序や先進国中心の秩序に対する異議申し立てと連動するという特徴が見られたことだ。たとえば，米国の場合，公民権運動やフェミニズム運動はベトナム戦争反対，反植民地主義の運動と結びつくことによって，トランスナショナルな共振現象を起こした（Fink, et al. 1998：2-3）。60年代の市民社会の多様なアクターによるグローバルな異議申し立て運動は，70年代の米ソデタント，欧州デタントの背景をなしており，脱国家的運動が冷戦の変容に少なからず影響を及ぼした（Suri 2003：2，5，261）。

　反核平和運動は，1960年代末に下火になったが，70年代末に出現した「新冷戦」の下で，より大きな規模で再燃した。ソ連の中距離核ミサイルSS20に対する対抗措置として，巡航ミサイルとパーシングⅡミサイルが配備されることになった英国，西独，イタリア，オランダ，ベルギーの５か国だけでなく，そ

の他の国々でも集会やデモが繰り広げられ，1981年〜83年秋にかけて欧州各国で総勢500万人が参加したと推定されている（カルドア 1999：351）。

　80年代の欧州における反核平和運動の成果の1つは，ミハイル・ゴルバチョフが，非攻撃的な防衛といった，平和運動の主張の多くを取り入れるようになり，「合理的十分性」戦略を打ち出したことだ。その結果，1987年に中距離核戦力（INF）全廃条約が締結された。巡航ミサイル，パーシングⅡ，SS20の撤去を実現したINF全廃条約は，平和運動が掲げた目標であっただけでなく，東欧への軍事介入を正当化する68年のブレジネフ・ドクトリンに代わって，ゴルバチョフが「シナトラ・ドクトリン」（東欧による「選択の自由」の容認）を発表することが可能な状況を作り出した（カルドア 1999：357-361）。

　注目されるのは，1980年代の反核運動は，東欧の反体制派が，「自主的な政治行動が可能となるような空間ないし場を作り出す助け」となったことだ（カルドア 1999：357）。その契機となったのは，75年のヘルシンキ合意である。東欧の反体制派知識人は，人権を要求するさいの論拠をヘルシンキ合意に見出した。チェコのグループ「憲章77」の指導的人物の1人であったミラン・シメッカは，ヘルシンキ合意が，第二次世界大戦の結果引かれた国境線を承認したことで，「外的からの脅威という，ソ連の根深い恐怖心を取り除く」のに役立ち，そのことが「ソ連のデタントに対する姿勢に好影響を及ぼした」と述べている（Simecka 1989：363）。70年代末から80年代にかけては，ポーランドでは社会自衛委員会（KOR）や「連帯」，ハンガリーでは青年を中心とした「対話グループ」が出現したが，欧州核兵器廃絶運動（END）やオランダの教会間平和委員会（IKV），西ドイツの緑の党などは，東欧の反体制派との対話を開始した。「下からのデタント」という形をとった東西間の交流は，東欧諸国やソ連における反体制派の人々にとって「対抗公共空間」を形成するのに役立った（井関 2001：169-184）。

　米ソ中心のガバナンスの変容は，上述のように，東西間のトランスナショナルな交流の増大によって引き起こされていたが，東西間の「社会的デタント」の進展はまた，ソ連社会内の変化を反映していた。1985年3月に誕生したゴルバチョフ政権は，国内改革とデタントのさらなる定着に向けて一連のイニシアティブを発揮した。87年12月のINF全廃条約の締結，88年12月のソ連の通常

戦力の一方的削減，東欧諸国向けの「シナトラ・ドクトリン」の発表などは，パグウォッシュ会議をはじめとする国際会議やセミナーなどの場で，西側の核物理学者，軍備管理専門家，平和運動家が，ゴルバチョフのアドバイザーたちとのトランスナショナルな交流を通して，ゴルバチョフと彼の助言者たちに影響を与えたことが，その重要な背景となっている。

　この間の経緯を詳細に考察したエヴァンジェリスタは，その起源を70年代に遡って検討している（Evangelista 1999）。イングリッシュの研究は，エヴァンジェリスタの研究をさらに推し進め，物理学者，軍備管理専門家，外交問題専門家だけでなく，彼らも含めたさまざまな分野の知識人たちが，56年のフルシチョフのスターリン批判演説後に体制改革運動を展開するなかで，ゴルバチョフの「新思考」外交の形成に影響を与えるに至った経緯を詳細に明らかにした。

　それによると，ゴルバチョフの「新思考」外交が始動する背景として，以下の3点が重要であった。第1に，レオニード・ブレジネフ政権期にソ連経済が長期停滞を続け，ゴルバチョフが権力を掌握した時点では，さらに深刻化したソ連の経済の立て直しは喫緊の課題となっていた。ソ連経済を再建するためには，GDPの16.5%，国家予算の40%（76年度）を占めるまでになっていた国防費の削減は不可欠であり，そのためには，西側世界との対決路線を修正し，デタントを推進することは必須となっていた（English 2000 : 200-206）。第2に，ゴルバチョフとの交流を深めていた知識人たちの存在である。ゴルバチョフは権力を掌握すると，徐々に，民主主義，人権，軍縮，平和といった点で価値観を共有する改革派知識人を重要なポストに昇格させていった。1985年末には，アレクサンダー・ヤコヴレフを党中央員委員会のイデオロギー担当書記に，86年2月にはアナトリー・チェルニャーエフをゴルバチョフの外交顧問に，同年3月には駐米ソ連大使を務めていたアナトリー・ドブルイニンを党中央委員会の国際部長に抜擢した。アメリカ・カナダ研究所（ISKAN）所長ゲオルギー・アルバートフもまた，早くからゴルバチョフに対して，東西関係全般に関する助言を行っていたが，彼は，パルメ委員会の委員を務めた経験上，同委員会がまとめた報告書の提言である「共通の安全保障」という考えに影響を受け，のちにゴルバチョフが採用する「防衛的戦略」概念を提唱することになる（English 2000：169, 207-215)。第3に、ゴルバチョフの「新思考」外交に影響を与えたもう1つの要因は、86年3月のチェルノブイリ原発事故であった。この事件は、ソビエト体制の後進性と腐敗、軍縮の緊急性、さらなる国内改革の必要性をゴルバチョフに痛感させることになった (English 2000：169, 215-222)。ソ連の知識人と西側のカウンターパートとの間のトランスナショナルな交流の増大が、ゴルバチョフの助言者たちの価値観の変化を促し、そのことが「新思考」外交の形成に大きな役割を果たした。ソビエト体制の欠陥が明確になるなか、ソ連の改革派の間でソ連の経済や社会を改革する必要性が痛感されるようになったことが、冷戦ガバナンスに大きな変化をもたらした。

以上の記述から明らかなように、冷戦秩序の変容は、国家間レベルでデタントを促す力学だけでなく、非国家的集団のトランスナショナルな交流の拡大によってももたらされた。「社会的デタント」の担い手たちは、50年代半ばに米ソデタントが開始されたころから、すでに活動を開始し始めており、彼らの影響力は、国家間デタントが進展するのに伴い、ますますその重要性を高めていたのである。

7　おわりに

冷戦期の米国はそのリベラルな秩序形成において、政治的民主主義よりも経済的自由主義を優先してきた。したがって、冷戦期の米国はソ連に対しては排除の論理を適用したが、反面ソ連と敵対的であるかまたは米国に友好的であれば、それが非民主的独裁政権であっても秩序に組み込むことにそれほどの違和感を示さなかった。多くのラテンアメリカ諸国は独裁政権であったが、米国資本に市場を開放し、開放的な経済関係を維持していた。アジアでは、朴政権下の米韓関係、マルコス政権下の米比関係、インドネシアのスハルト政権など、「開発独裁体制」国家の場合も同様であった (菅 2016：1, 2, 6章)。

加えて、米ソの主要な対立軸に帝国主義と反植民地主義の対立軸も加わり、米国の戦後秩序形成は複雑な展開を見せた。この複雑な対立軸のなかで、自由主義は共産主義に敵対し、帝国主義により親和性を示した。米国はしばしば、冷戦の論理を優先し、反植民地主義運動は共産主義と結びつかない限りにおい

て支持された。そのような構図の下で，自由主義と帝国主義との間にはコラボレーションが見られた。それゆえ，民族自決をめぐるワシントンの政策は一貫性を欠き，米国の介入はしばしば，第三世界諸国の改革や自決の要求を抑圧し，混乱をもたらす結果となった。

モスクワもまた，反帝国主義，反植民地主義のスローガンを掲げながらも，結局は第三世界への介入を深めていった。しかし，その支援のあり方は，「ソ連モデル」の受容を前提とするものであったことから，毛沢東が50年代末に中国独自の社会主義建設を目指すと，中ソ対立を引き起こした。60年代初めに中ソ対立が顕在化すると，マルクス＝レーニン主義の正統性をめぐる争いが第三世界で展開されたことから，ソ連は中国に対抗するために，ますます第三世界への介入を拡大することになった。ヴェトナム戦争が米国の第三世界への反革命的介入の挫折の象徴となったように，1979年12月のアフガニスタンへのモスクワの軍事介入は，第三世界の知識人や政治指導者たちの間で共産主義離れを引き起こし，イスラーム諸国では，若者たちが政治的イスラームへ転向する契機となるなど，ソビエト経済の停滞と相まって，ソ連の第三世界での威信の失墜をもたらした。

米ソ両超大国が，「自由主義モデル」と「社会主義モデル」を第三世界に押し付けるやり方は，帝国のそれであり，第三世界諸国からみれば，「やり方を少し変えただけの植民地主義の継続」と映った（Westad 2005：396）。しかも，その帰結は第三世界の大半の国々にとっては，悲惨なものであった。冷戦後の世界において，かつて第三世界と称された国々が置かれている現状は，米ソ両超大国の一方的な軍事介入の帰結でもある。

冷戦の終焉は米ソ中心の秩序形成の挫折を意味したが，そのことは，19世紀後半の「帝国主義の時代」に始まる帝国主義的秩序の崩壊と，それに代わる国民国家間の形式的平等の実現を意味した。また，冷戦の変容は脱イデオロギー化の過程でもあったことから，冷戦後の世界では，グローバル資本の市場原理主義とナショナリズム（国益中心主義）がその空白を埋めることになった。それに伴い，冷戦の特徴であった「自由の帝国」と「公正の帝国」という2つの価値観や理念の対立に代わって，冷戦のもう1つの特徴であったパワー・ポリティクスが前景化するようになっている。

その一方で，冷戦後の秩序の担い手はより多様化し，脱国家化・脱中心化が進んだことで，冷戦後のガバナンスの行方は不透明感を深めている。冷戦期においても，1950年代半ば以降，人権，民主化，環境，ジェンダー，反核・平和，マイノリティといった多様な集団による運動が影響力を持つようになっていったことを確認してきたが，冷戦後はグローバル化の潮流のなかでそうした脱国家的アクターの果たす役割がますます増大している。と同時に，「G―ゼロ後の世界」と言われる状況も出現している。そうした「無極化の時代」にあって，国家，国際組織，脱国家的アクターが協力しながら，より，民主化された，公正で平和な秩序を構築することができるかどうかが，グローバル・ガバナンス論の課題となっている。

【注】
1）　羽場は，東欧諸国にとって冷戦は「自己決定機能」の喪失の時代であったと指摘しているが，ソ連の帝国性を示すものといえよう（羽場 2016：36）。

【参考文献】
秋田茂（2017）『帝国から開発援助へ――戦後アジア国際秩序と工業化』名古屋大学出版会。
井関正久（2001）「六〇年代の旧東西ドイツ――異なる体制下における抗議運動の展開」『国際政治』126号，169-184頁。
菅英輝（2001）「冷戦の終焉と60年代性」『国際政治』126号，1-22頁。
菅英輝（2011）「東アジアにおける冷戦」和田春樹ほか編『岩波講座東アジア近現代通史第7巻アジア諸戦争の時代1945-1960年）』岩波書店。
菅英輝（2016）『冷戦と「アメリカの世紀」』岩波書店。
木畑洋一（2014）『二〇世紀の歴史』岩波書店。
斎藤嘉臣（2006）『冷戦変容とイギリス外交』ミネルヴァ書房。
芝崎祐典（2014）「反核運動と冷戦の変容――1950年代後半から1960年代初頭におけるヨーロッパ反核市民運動とそれに対する政府の対応」菅英輝編著『冷戦と同盟』松籟社。
妹尾哲志（2011）『戦後西ドイツ外交の分水嶺』晃洋書房。
橋口豊（2016）『戦後イギリス外交と英米間の「特別な関係」』ミネルヴァ書房。
羽場久美子（2016）『ヨーロッパの分断と統合』中央公論新社。
半澤朝彦（2001）「国連とイギリス帝国の消滅」『国際政治』126号，81-101頁。
毛里和子（1989）『中国とソ連』岩波書店。
山口育人（2016）「ブレトンウッズ体制崩壊後の国際通貨制度の再編成」『国際政治』183号，73-86頁。

山本健（2010）『同盟外交の力学』勁草書房。
横手慎二（2014）『スターリン』中央公論新社。
カルドア，メアリー（1999）「反核運動―権力・政治・市民」坂本義和編『核と人間Ⅰ―核と対決する20世紀』岩波書店。
ジャイ，チャン（2010）「深まる中ソ対立と世界秩序」菅英輝編著『冷戦史の再検討』法政大学出版局。
スティーブンス，R.W.（1989）『デタントの成立と変容』滝田賢治訳，中央大学出版部。
マクマン，ロバート（2017）「デタント期の米独関係」菅英輝編著『冷戦変容と歴史認識』晃洋書房。
Bozo, Frédéric (2001) *De Gaulle, the United States, and the Atlantic Alliance*, Rowman & Littlefield Publishers, Inc.
Evangelista, Matthew (1999) *Unarmed Forces: The Transnational Movement to End the Cold War*, Cornell University Press.
English, Robert D. (2000) *Russia and the Idea of the West: Gorbachev, Intellectuals and the End of the Cold War*, Columbia University Press.
Farber, David (1994) *The Age of Great Dreams*, Hill and Wang.
Fink, Carole et al. eds. (1996) *1968: The World Transformed*, Cambridge University Press.
Kaldor, Mary (1990) *The Imaginary War: Understanding the East-West Conflict*, Basil Blackwell.
Macedo, Stephen ed. (1997) *Reassessing the Sixties: America in the 1960s*, W. W. Norton & Co.
Rosenau, James N. (1992) "Governance, Order, and Change in World Politics," in James N. Rosenau and Ernst-Otto Czempeil eds., *Governance without Government*, Cambridge University Press.
Simecka, Milan (1989) "From Class Obsession to Dialogue: Détente and the Changing Political Culture of Eastern Europe," in Mary Kaldor *et al.*, eds., *The New Détente: Rethinking East-West Relations*, Verso.
Suri, Jeremi (2003) *Power and Protest: Global Revolution and the Rise of Détente*, Harvard University Press.
Westad, Odd Arne (2005) *The Global Cold War*, Cambridge University Press.

第6章

イギリス帝国からのコモンウェルスへの移行と戦後国際秩序

山口　育人

1　はじめに

　第二次世界大戦後の世界は，冷戦あるいはアメリカの覇権の時代として理解されるが，同時に「帝国世界の解体」の時代であり（木畑 2014），主権国家からなる世界が確立していく時代でもあった。本章は，戦後世界におけるグローバル・ガバナンスのなかで，イギリス帝国から移行するコモンウェルスがいかなる役割を果たしたのか，国際経済ならびに安全保障の観点から検討したい。[1]

　まず次節では，大戦後の世界において，帝国的な階層序列や支配構造を維持しようとするイギリスの動きと，「水平的結合による諸国家共同体」としてのコモンウェルスへの移行とのせめぎ合いがあったことを確認する。そのうえで，戦後のコモンウェルスが，1つには国際経済ガバナンス，もう1つには冷戦ガバナンスのもとでいかなる展開を見せたのか検討を進めたい。そこで第3節ではブレトンウッズ体制とコモンウェルスの関係，第4節は安全保障・軍事面でのコモンウェルスの展開を見ていく。また第5節では，1970年代になってコモンウェルスはメンバー諸国にとって国際経済関係ならびに安全保障・軍事領域での機能をほとんど失う一方で，新たな分野での国際協力の場としての側面を見せていくことを確認する。こうしたコモンウェルスのあり方の変化を手掛かりにして，大戦後のグローバル・ガバナンスの変容についても考えたい。

第 2 部　歴史

2　「帝国世界の解体」の時代とコモンウェルス再編

　第二次世界大戦とともにイギリスは帝国支配への挑戦を正面から受けることになる（マゾワー 2015）。1941年の大西洋憲章第 3 条では民族自決の原則がうたわれ，また国連安全保障理事会常任理事国の地位に象徴されたように大国主導の性格を持っていたものの，国際連合の発足は戦後世界の編成原理が主権国家からなるそれであることを確認するものであった。これに対してマラヤや香港などで植民地支配を復活させたように，大戦後イギリスは主権国家体制への潮流を押しとどめようとする。国連憲章の起草にあたっても「非自治地域」規定でもって植民地支配を維持しようとしたのであった（半澤 2014：227）。またイギリスは，植民地の近代化を実現する信託があるとし，特に開発の責務を強調することで支配の正当化をはかろうとした（五十嵐 2015；Pedersen 2015）。

　コモンウェルスについても，対等な主権国家からなる水平的な共同体ではなく，オーストラリア，カナダなど旧白人自治領諸国とその他の植民地とのあいだに地位の格差を設け，後者については，とりわけ小規模領域について主権の一部をイギリスが留保することや，複数の植民地を併せて連邦をつくりイギリスの影響力行使を続けようする模索が少なくとも1960年代に入るまで続いた。大戦後イギリス帝国の脱植民地化においては，31年のウエストミンスター憲章や49年の新コモンウェルス成立によって公的には規定された「水平的結合による諸国家共同体」としてのコモンウェルスへの移行と，帝国的な階層序列や支配構造を残そうというイギリスの動きとのあいだでせめぎ合いがあったのである（McIntyre 1999：697-698）。

　しかしながら，かかるせめぎ合いだけで戦後国際秩序のなかでのコモンウェルスのあり方をすべて説明することはできない。大戦後の国際経済秩序のもとでイギリスは，植民地やコモンウェルス諸国を市場・投資先，あるいは食料・資源供給地とする垂直的な帝国経済関係をいかに再建するか課題だと考えていた。しかしその一方で，旧白人自治領諸国や新たに独立する旧植民地は工業化を軸とする経済的国家建設を追求しはじめ，またコモンウェルス諸国の経済に浸透しようとするアメリカの貿易や金融パワーにイギリスは対抗しなければな

らなかった。そしてなにより，開放的で，自由・無差別な国際貿易・通貨関係を目指すブレトンウッズ体制のもと，コモンウェルス経済との関係をいかに構築するのかという問いを突きつけられたのである。

また戦後世界のあり方を大きく規定することになった点でいえば，東西冷戦の重要性も否定できない。みずからの世界的役割や植民地支配を継続するためのレトリックとして冷戦の論理が用いられたのであったが，同時に，アメリカのジュニア・パートナーとして世界大国の地位を維持しようしたイギリスにとって，西側の冷戦戦略を支えるように脱植民地化をマネジメントし，コモンウェルスを再編することが求められたことも考えなければならない。

3　ブレトンウッズ体制とコモンウェルス

1　ブレトンウッズ体制とスターリングエリア

第二次世界大戦後の国際経済秩序を支えた通貨，金融，開発に関する国際レジームにおいては，アメリカ主導で成立した1944年のブレトンウッズ協定とそれに基づき誕生したIMF（国際通貨基金）と世界銀行が，貿易レジームにおいては，GATT（関税及び貿易に関する一般協定）が中心的役割を果たした。世界経済の諸問題や国家間の経済関係は，国際機関あるいは国際ルール・条約に従って管理することが目指されたのであるが，通貨，金融，開発，貿易の4つの国際レジームの集合体としてのブレトンウッズ体制を考察することは，国際経済ガバナンスの一例を考えることを意味しよう。しかしながらそこでは，大戦後30年近く，スターリングエリア（Sterling Area）と呼ばれる，ブレトンウッズ体制と必ずしもすべて背馳したわけではないが，独自の仕組みやメンバー相互の関係を持つ経済グループが存在したことを無視できない。

イギリスとカナダを除くコモンウェルス諸国，植民地を中心に構成されたスターリングエリアは，イギリスの通貨スターリングポンドを主な国際準備・決済通貨として利用し，貿易や投資でイギリスと密接な関係を持つ経済グループであった。第二次世界大戦の勃発に伴い，ロンドンにドルを集めて共通の外貨準備とし（「ドルプール」と呼ばれた），また戦争遂行に必要な資源・生産物をポンド決済で効率的にやりとりするために形成された。エリア外に対する為替や

貿易制限でメンバー諸国は歩調を合わせる一方，エリア内の貿易や投資は最大限自由に行われた。こうしてコモンウェルスでは，地域的ではあるが多角決済・貿易制度が維持されたのである。またエリア各国は国際収支黒字が出た場合にはそれをポンド残高という形でロンドンに預けて運用し，赤字になった場合や開発資金が必要な時にはそのポンド残高を使用するか，あるいはイギリスからの投資流入で補った。ブレトンウッズ体制では，国際貿易・通貨の開放性が貫徹し，ドルが基軸通貨として君臨し，アメリカの指導性のもとIMFや世界銀行が中心となって世界経済が管理・運営された，といった理解は実態を表していないのである。ポンドは1960年代末まで世界の準備通貨のうち3割ほどのシェアを占め続け，決済通貨としてもドルに次ぐ役割を保っていたのである。

　大戦終結が近づき戦後世界経済構想の議論が進むなかイギリスは，スターリングエリアや通貨ポンドの将来について選択を迫られた。ポンドの国際通貨としての役割を放棄し，スターリングエリアを解体したうえで，イギリスやコモンウェルス諸国は個別に自国通貨を持ってブレトンウッズ体制に参画することも理論的には考えられた。しかしスターリングエリアは大戦後30年近く継続したのである。なぜか。まず，イギリスを中心とするエリア諸国相互の緊密な貿易，金融関係が続いたことがあげられよう。

　たとえば1948年，イギリス・植民地・コモンウェルス諸国で世界全体の輸出・輸入額の4割ほどを占め，60年代初頭でも貿易決済でポンドが占める割合は30％近くあり，スターリングエリア諸国間の貿易もその程度を占めていたと推測される。またドル不足という戦後の事情があった。戦争によってアメリカが生産力を拡張させたのに対し，東半球は工業，農業，資源生産とも大きな被害を受けていた。それによって世界の貿易黒字はアメリカをはじめとする西半球に集中したため，どれほどにドルが強い国際通貨になったとしても各国はそのドルを手に入れることが困難となったのである。そこで通貨ポンドを基盤とするスターリングエリアの仕組みによって，国際貿易・金融関係を維持することが求められたのであった。

　戦後再建を進めるイギリスにとって市場や資源供給先としてスターリングエリアとの関係維持が必要であったが，それと同時に，コモンウェルス諸国に

とってもスターリングエリアは重要であった。メンバーの多くは発展途上国であり、またオーストラリアやニュージーランド、南アフリカなども同じく経済拡大や工業化を軸とした経済的国家建設を目指すうえで、資本の流入や輸入のための外部資金を必要としたのである。こうした国々にとって、投資・援助チャンネル、ならびに対外貿易・通貨関係の窓口となったのがスターリングエリアなのであった。

　その後1950年代後半になるとドル不足も解消に向かい、イギリス・スターリングエリア諸国の戦後再建もひと区切りを迎える。そして58年、ポンドがドルとの自由な交換性を回復し、ドル圏との貿易・為替制限の多くが撤廃されると、経済グループとしてのスターリングエリアを解消することも選択肢の1つと考えられるようになった。しかし、マラヤやガーナ、それを追って相次いで独立していった新規のコモンウェルス諸国のなかで、スターリングエリアから離れてゆく国は少なかった。国際政治上は東西両陣営からの中立を目指すなど政治的自立へのこだわりを見せ、また61年にEEC加盟申請をしたイギリスとの貿易関係が希薄化しつつあったのとは様相を異にしたのである。

　1958年にカナダのモントリオールで大規模なコモンウェルス経済会議が開催された。その際、自国経済の発展が世界貿易全体の拡大にいっそう依存するようになっていること、開発投資の流入が必要であること、そして現実にポンド残高を外貨資産として保有していることなどを考慮したコモンウェス諸国からは、ポンドの国際通貨としてのあり様や、スターリングエリアが維持されることに異議は唱えられなかった。57年の独立まで貴重なドル収入をロンドンに送り、代わりに受け取るポンド残高も十分に活用できない状況にあったマラヤ、ガーナであってもそうした姿勢であった。たとえば独立直後のガーナはGNPの28％を対外貿易に依存し、その8割はポンドで決済されていたのである（山口 2015：74-75）。

　ところが、このように開発投資や国際金融面に重きを置いてコモンウェルス諸国がスターリングエリアにとどまったことで、イギリスにとって難しい問題が提起された。スターリングエリアを維持するために海外投資や援助をしつつ、同時にポンドの信認を守るために投資や軍事支出を抑制して国際収支を安定させるという、矛盾するような要請が1960年代イギリスを悩ませることに

なったのである(山口 2015：75)。さらに60年代にさしかかると，冷戦の主戦場が「第三世界」に移りつつあるとの認識から，西側世界とアジア・アフリカとのつなぎとしてコモンウェルスの重要さが増すとの指摘がイギリス政府内でなされるようになった。そこから，コモンウェルスとの関係を支え，また援助・投資チャンネルとしての役割を柱にしたスターリングエリアの安定がアメリカの冷戦政策の期待に応えることである，との議論さえも見られることになったのである。

イギリス政府の文書が指摘するところによると，途上国やカナダ，オーストラリアなどは国際収支赤字の基調にあったが，それらの国々には1956年から60年のあいだに，西ドイツからの15億ドルに対して，アメリカから100億ドル，イギリスから30億ドルが援助や投資として供給されていた。そして英米のこうした負担が，たとえば西ドイツと経済成長で差がつく要因であるとの指摘がなされたのであるが，「政治的理由により……大規模な投資の継続」は避けられないと結論づけられた。また独立後のコモンウェルス諸国へ公的援助を継続する方針も決められていた(Tomlinson 2012：236)。

1958年の西欧主要通貨の対ドル交換性回復によって，ブレトンウッズ協定で目指された無差別，開放的な国際通貨制度がほぼ完全に機能しだすかに思われた。ところが，世界経済が拡大を続け，また開発資金需要が高まるのに応じて国際通貨たるドルやポンドはより多く世界に流出することになった。このことはアメリカやイギリスの国際収支赤字が継続・拡大することを意味し，ドルやポンドへの信認を低下させると理解されるのであった(「トリフィンのディレンマ」と呼ばれた)。こうして皮肉にも60年代に入ってすぐに揺らぎはじめたブレトンウッズ体制を維持するため，国際通貨を抱える英米両国は緊密な連携が求められ，ポンドの安定を保つことは「ドル防衛の第一線」を守ることであるといわれる状況が出現したのであった(山口 2016b：282-283)。

しかし幾度にもわたる経済引き締めや競争力強化の試み，次節で見る海外軍事コミットメントの見直しを繰り返したイギリスであったが，1967年11月，ポンドは切り下げに追い込まれ，事実上，国際通貨としての役割を終えるプロセスに入った。そうなると次はドルの行方に関心が集まることになった。ヴェトナムからの撤退，投資や貿易規制，日独への黒字削減圧力など，R. ニクソン

政権はドル防衛をさまざまに試みたが、71年8月、ドルの10％切り下げと金ドル交換の停止を発表せざるをえなくなった。その後、73年に先進国主要通貨が次々と変動相場制に移行し、ブレトンウッズ体制は崩壊する。イギリスはコモンウェルス諸国に対しても投資や為替制限を強化し、事実上、スターリングエリアは解体した。また、変動相場に移行したポンドも国際準備・決済通貨としての役割を失っていくことになった。

2　ブレトンウッズ体制の崩壊とコモンウェルス

　1960年代、国際通貨制度が動揺する一方で、経済建設を本格化させようとしていた途上国は、先進国同士の工業製品貿易を軸とした水平貿易の成長や産業高度化など、先進国との経済格差拡大を強く意識するようになっていた。また先進国に対して援助や投資を増やすことを強く求めたが、その資金を提供するアメリカやイギリスの経済力は後退しはじめていた。かかる世界経済の変化を前に途上国は、64年創設のUNCTAD（国連貿易開発会議）を拠点に、世界貿易の構造変革自体を主張することになるのであった。

　そして1970年代に入るとUNCTADに結集した途上国による国際経済ガバナンスへの意義申し立ては激しさを増す。GSP（一般特恵関税）導入や先進国の市場開放など貿易構造の改革要求を強めるだけでなく、国際通貨制度をめぐってはIMFによる開発資金供給の拡張やSDR（IMF特別引き出し権）を途上国への資金援助と結びつける要求が繰り返しなされた。そして74年国連特別総会における「新国際経済秩序（NIEO）」樹立決議は、途上国への富の移転を構造化するべく大戦後の国際経済システムを根底から変革すべきとの主張の頂点をなした（山口 2016a：76-79）。

　ブレトンウッズ体制崩壊後のコモンウェルスの経済協議は当然、スターリングエリアの運営に関するものではなくなった。IMF・世界銀行の年次総会にあわせて毎年開催されていたコモンウェルス蔵相会議は南北対立の場に陥った。また1975年前後に、世界経済の課題を討議するコモンウェルス専門家委員会や民間有識者によるコモンウェルス経済フォーラムが誕生したことは特筆すべきことであったが、そこでも議論の焦点は南北問題となった。[4]

　しかし、世界貿易や資金移動の拡大に伴う国際収支不均衡への対応と開発資

金の供給限界という国際通貨システムが直面した2つの課題は，1973年末からはじまった石油危機と巨大なオイルマネー出現を契機にアメリカが進めた国際金融・通貨の自由化を基盤とする国際民間資金移動の拡大によって解決されることとなった。ブレトンウッズ体制は，基軸通貨ドルに依拠する「民営化された国際通貨システム」へと移行するのであった（山口 2016a：75-80）。

そしてポスト・ブレトンウッズ体制を模索するなかで展開した国際経済ガバナンスのあり方と目的をめぐる対立は，1981年，先進国と途上国首脳がともに集まったメキシコ・カンクン・サミットで事実上の決着となる。会議では，IMF・世界銀行に代わって先進国と途上国が対等な立場で参画する「世界開発基金」創設を柱にした国際経済制度の改革構想である「ブラント・レポート」[5]が討議された。国際協調による南北格差解消と世界経済拡大を目指す「国際ケインズ主義」を掲げたものであった。しかしカンクン・サミットは，R. レーガンや M. サッチャーが主張したように，新自由主義を基調とし，グローバリゼーションへと向かう国際経済・通貨システムを確認するものとなった（山口 2016a：82-83）。

第二次世界大戦後のブレトンウッズ体制が機能するに当たっては，①世界貿易の拡大に伴って生じる国際収支不均衡への対応，②途上国への開発資金の供給が核心となる課題であったが，そこでは，アメリカの提供するドルならびに援助・投資や市場，それとスターリングエリアの仕組みが中心的な役割を果した。そして，脱植民地化を経た途上国の多くを世界経済に取り込んでいった。先進国をモデルに経済的国家建設を目指したこれら国々にとって，この2つの核心となる課題に対応がなされる限りブレトンウッズ体制は簡単に否定できるものではなかった。それが1960年代になるとブレトンウッズ体制を維持する英米の経済力が後退し，途上国は新国際経済秩序（NIEO）の樹立を目指すようになったのである。

大戦後のスターリングエリアと通貨ポンドは，アメリカが提供する国際通貨ドルや投資・援助，市場といった国際経済における国際公共財を補完する性格を強めた。イギリスは，垂直的な帝国経済構造の再建に成功したというより，ブレトンウッズ体制のサブ・システムとしてのスターリングエリアを支えるため自身の国際収支を安定させ，同時に海外投資や援助を維持することを求めら

れたのである。ただしイギリスの経済力だけでスターリングエリアを維持することはできず，南アフリカの金産出，独立するまでのマラヤやガーナなど植民地からのドル吸い上げ，そして，マーシャルプランをはじめとするアメリカによるさまざまな対外援助によってスターリングエリアは支えられたのであった。

4　インド洋安全保障問題とコモンウェルス

1　「イギリス帝国の湖」

　本節で検討するのは，戦後コモンウェルスが安全保障の領域でいかなる役割を持ったかである。そこで着目したいのが「イギリス帝国の湖」とも呼ばれたインド洋とそれを取り巻く地域の安全保障問題である。

　第二次世界大戦後にあっても，イギリスの植民地やコモンウェルス諸国はインド洋を取り囲むように位置していた。1970年代初頭で，イギリスの貿易先の22％をインド洋沿岸諸国が占め（オセアニア6％，南アフリカ5％，ペルシャ湾4％，南アジア3％，東南アジア2％，東アフリカ2％），石油の45％，資源や食糧は3割ほどがこの地域から輸入されていた。直接投資額も4割強がこの地域向けであった。

　またイギリス軍の海外展開においても，インド洋とその沿岸地域はNATO（北大西洋条約機構）領域のそれとならぶ規模にあった。そして，ペルシャ湾岸と東南アジアを中心とする「スエズ以東」と呼ばれたこの領域は，西側の対ソ戦略においてイギリスの管轄として見なされた。1956年のスエズ戦争の結果，イギリスの中東での軍事的プレゼンスは大きく後退するが，翌年の軍事戦略の見直しによっても，ペルシャ湾岸，東・南部アフリカ，マラヤにはイギリスの利害があり，軍事的関与を継続するとされていたのである（山口 2014：269）。

　それでも1964年に成立したH. ウィルソン労働党政権は，国際収支赤字や経済成長に必要な投資や資源が奪われているとの認識から「スエズ以東」のコミットメントの見直しに着手する。これは68年1月の「スエズ以東」撤退表明に帰着し，イギリスにとってワールド・パワーとしての役割を終焉させる歴史的決定になったとされる。ただし見直しが開始された当初，全面撤退が考えら

れていたわけではなかった。64年12月, 訪米から戻ったウィルソンは議会で, 「アメリカは, 世界平和を維持するパワーとしてのイギリスの特別な役割を認め」, それは「他の国にはできない貢献なのである」と述べていた。そこで見直しは, 軍の駐留や基地を部隊の機動展開で代替する検討からはじまり, イギリス領の島々にそのための拠点を設けることが提案された。また当時アメリカのL. B. ジョンソン政権はヴェトナム戦争に深入りするなか, 中東や東南アジアにおけるイギリスの軍事プレゼンスが失われることを懸念しており, 「スエズ以東」撤退をしないよう圧力をかける一方で, イギリスへの支援を考えはじめていた。64年から, 空港, 港湾や通信設備などを置くための調査が英米両政府共同で実施され, チャゴス諸島ディエゴガルシアが候補地となる。その後, 66年の防衛白書では, 東南アジアにおいて, オーストラリア・ニュージーランドや西側同盟国との共同行動, およびマレーシア・シンガポール政府との協力を進めることでイギリス軍をさらに削減する方針が示された。その1年半後の67年7月には, コンフロタシと呼ばれるマレーシアとインドネシア間の武力紛争が終結したことも理由としつつ, マレー半島, ペルシャ湾岸ともにイギリス軍の駐留を最小限にまで縮減するとされた。そしてこの直後, ポンド危機に見舞われたウィルソン政権は71年末までの「スエズ以東」撤退表明に追い込まれることになったのである。

ところが, 撤退政策を批判して1970年の選挙戦を戦った保守党のE. ヒース政権によってウィルソンの決定は再検討に付される。その筆頭にあげられるのが71年4月の「五か国防衛協定」締結であった。数は大幅に減らされたが, 地上部隊・艦船・哨戒機の駐留, 防空システムへの要員派遣などオーストラリア, ニュージーランド軍とともにイギリス軍はANZUK軍を構成し, シンガポールとマレーシアにとどまることになった。またペルシャ湾岸では71年末までに部隊を引き上げる結論こそ変わらなかったが, オマーンにおいては国内反乱鎮圧を軍事支援しており, 沖合のマシラには空軍基地が残されていた。一方, インド洋の西側では, 南アフリカのケープタウン近郊のサイモンズタウン港に海軍拠点があった。55年に港の管理権限は移管されていたが, その際, 周辺海域の防衛についてイギリスと南アフリカが協力する合意がなされていた（サイモンズタウン協定）。イギリス海軍司令部の存置, 平時の協議や演習, 戦時

にはイギリス軍司令官が両国海軍の作戦司令を担当することなどが決められていた。ほかにも，モーリシャスには通信施設が置かれ，モルディヴ，ディエゴガルシアやセイシェルにもイギリスの軍事施設が残った。またケニアではモンバサ港が使用できたとともに，ソ連に接近しつつあったソマリアからの攻撃があった際にケニア政府と協議する了解が存在していた。つまり，70年代に入った段階でもイギリスのインド洋周辺での軍事コミットメントは広く残存し，その規模は米ソのそれを越えるものであったのである（山口 2014：271-273）。

2　コモンウェルス「インド洋安全保障問題」協議と70年代国際関係構造の変化

　もちろんヒース政権には，インド洋周辺の軍事的関与をイギリス単独で大規模に継続する意図はなかった。そこで「インド洋安全保障問題」という政策テーマを打ち出し，アメリカやオーストラリアをはじめとするコモンウェルス諸国を巻き込んで，地域の安全保障に関与する枠組みを模索し始めたのであった。ただしイギリスがかかる動きを始める直接のきっかけは，アパルトヘイト体制の南アフリカに対する武器禁輸問題にあった。

　1967年，南アフリカ政府は，艦船常駐をやめ，司令部を閉鎖するとウィルソン政権が表明したことを受けて，サイモンズタウン協定に関する協議を求める。周辺海域の防衛に関与することで西側防衛体制の一翼を担っていることを示し，国際的孤立を緩和するねらいがあった。また海上防衛に必要という名目で武器供給を認めさせ，禁輸緩和にもつなげたいと考えていた。一方でイギリス政府内では，この頃からソ連海軍のインド洋展開に警戒感が広がりはじめ，サイモンズタウンは軍事的に必要とされていた。こうした経緯とあわせ，貿易や投資上の考慮もあって，まず労働党政権において武器禁輸の再検討がはじまったのである。そして，南アフリカとの関係改善を求める声があがるなか，内閣発足間もない70年7月ヒース首相は，アパルトヘイト政策を支持しないとしつつも，「イギリスの防衛政策にとって必要な」サイモンズタウン協定維持のため，海上防衛関連品に限って武器売却をする意向を示したのであった（山口 2014：273-275）。

　当然，これにコモンウェルス諸国から激しい反発が噴出する。翌1971年1月

のシンガポール・コモンウェルス首脳会議を前にいかに各国の反発を抑えるか，イギリス政府は対応を迫られた。ヒースは，南アフリカとの関係とブラック・アフリカにおける重要な利害をともに損なわず，コモンウェルス解体を避ける方法は，インド洋の安全保障問題について協議を実現し，そのなかで武器売却に理解を得ることだとした。首脳会議の最終コミュニケは，「コモンウェルス諸国の多くにとって死活的に重要である南大西洋・インド洋の海上通商路の安全に影響を及ぼす要素について……検討を続ける」協議体を設けるとし，オーストラリア，イギリス，カナダ，インド，ジャマイカ，ケニア，マレーシア，ナイジェリアの参加が内定した（山口 2014：276）。

　イギリス政府内では，武器売却問題からインド洋地域の安全保障問題が本格的に議論されるようになったことは疑いがない。しかしヒース政権は力の空白が生じる懸念に捉えられたなかでソ連の進出を懸念し，この地域の安全保障について関係国を巻き込みながら，イギリスが影響力を行使することを目論んだのである。シンガポール首脳会議に向けて官僚委員会は，イギリスの主たる目標を地域の安定と海上交通路の保持としたうえで，ソ連の動向を分析し，イギリスがとり得る手段や関係国との協力について検討していた。委員会報告はまず，海軍の派遣やイエメン・ソマリアに拠点を得たソ連は「インド洋沿岸の非同盟諸国に浸透し，西側の影響力や政策を制約」する軍事的手段を持つようになったと指摘した。そこでイギリスの利益を守るために，海上ルートの防衛や部隊展開のための広範な地点へのアクセス確保，関係国と軍事協力が必要とされたのであった。これを受け国防相 P. キャリントンは，「インド洋における関心の証として長期的視野でイギリス軍を展開させるべきで，また定期的な部隊訪問・演習によって西側のプレゼンスを示すべき」との考えを示した。ただしそこでは，イギリスの資源や能力には限界があり，アメリカやオーストラリアなどコモンウェルス諸国との連携が必要だと指摘されていた。そのうえでヒース政権として1972年，イギリスの防衛政策はNATO領域への関与が最優先だが，「ヨーロッパ外地域の安定に対する脅威に対応すべく資源を割き，役割を果たす意思がある」と確認したのであった（山口 2014：277）。

　シンガポール首脳会議では，コモンウェルス協議体の設置が合意されたのだが，武器売却が容認されたわけではなかった。会議後，イギリス政府が売却方

針を固めると，ナイジェリアを皮切りにインド，マレーシアなどが協議グループへの不参加を表明する。ソ連の脅威よりもアパルトヘイトの脅威を重く見るアフリカ諸国の姿勢は明確であった。またシンガポール会議では，セイロンから「インド洋平和ゾーン」の考えが提起され，インドのI. ガンディー首相もこれを支持し，核搭載の外国艦船の活動やディエゴガルシアでの軍事施設建設に反対する姿勢を示した。1970年2月，セイロン代表は国連総会で平和ゾーン創設決議を提出し，「沿岸諸国（ペルシャ湾を含む）」海岸から12マイル以遠を非武装化することを提案するが，これはインド洋地域のあり方をめぐってイギリスの立場と対峙する構想となった（山口 2014：278-279）。またウィルソン政権下で，ポラリスミサイル搭載潜水艦をインド洋に派遣し，中国の脅威に直面したインドに「核の傘」を提供しつつ核開発を抑止しようとの議論があったが，それは68年に断念されていた。そのインドはNPT（核拡散防止条約）体制には入らず核開発を本格化させるのであったが，このことも，70年代，インド洋周辺の新しい国際関係構造が出現したことを物語っていよう（小林 2015）。

　コモンウェルス協議が実現しなかったことを受けてイギリス政府は，オーストラリアを中心に二国間協力によって「インド洋安全保障問題」に取り組もうとした。ところが，イギリスとの協議に応じたオーストラリア政府であったが，その一方で，ニクソン政権のヴェトナム戦争からの撤退政策やグアム・ドクトリン発表，そして「スエズ以東」撤退表明を受けて安全保障政策ならびに東南アジア政策の基本的議論に取り掛かっていた。そして，ヴェトナムからの撤兵，ASEAN（東南アジア諸国連合）との関係構築など軍事面に偏らない政治・経済関係の重視，インドネシアとの関係強化，あるいはアジア・太平洋圏という枠組みのもと日豪協力を推進することなどオーストラリア外交は転換を見せるのであった。さらに，1972年11年に登場した労働党のG. ホイットラム政権は，「五か国防衛協定」から離脱しないもののオーストラリア軍を撤収させることを決め，平和ゾーンを検討するべく72年末に提案された国連特別委員会の設置に賛成するなどインド洋の軍縮・非核化に積極的姿勢をとるのであった。

　また，「五か国防衛協定」をテコにマレーシアやシンガポールとインド洋の安全保障問題について個別協力が可能とするイギリス政府の見方も，現実的な

ものとはいえなかった。さらに，コモンウェルス諸国を引き込む効果も期待しつつ，インド洋情勢について1972年から73年，アメリカ政府との協議が行われたが，英米の共同行動につながるような実質的合意は生まれなかった。アメリカがインド洋周辺の安全保障情勢に積極的関与するようになるのは，73年10月にはじまった第四次中東戦争と石油危機後であり，中東への軍事展開の中継地点としてディエゴガルシアの施設拡張に乗り出すのであった。なおイギリスでは74年10月に政権に返り咲いたウィルソン内閣のもと「スエズ以東」からの全面撤退が再度，進められていた。サイモンズタウン協定にはもはや軍事的価値はないとし，76年に通信施設が閉鎖されたモーリシャスや同年に独立したセイシェルはコモンウェルスに留まったものの，イギリスとの軍事的関係はほぼ消滅することになった（山口 2014：279-282）。

　インド洋とそれを取り巻くアフリカ，ペルシャ湾岸，そしてマラヤの安全保障は第二次世界大戦後も，イギリスの軍事力や外交的影響力に大きく依拠し，またコモンウェルス諸国とイギリスとの二国間関係が少なからぬ役割を果たしていた。オーストラリアやアメリカの外交担当者から「インド洋というイギリス海軍の帝国的発想」と指摘されたように，帝国支配の構造を色濃く残したものであった。ただし，ウィルソン政権下の「スエズ以東」撤退をめぐる紆余曲折を伴う長い議論，その後のヒース政権による見直しや「インド洋安全保障問題」という政策テーマが打ち出されたことは，大戦後イギリスのコモンウェルスにおける安全保障上の関与が，西側の冷戦戦略を担うものであったことを示している。

　これに対してコモンウェルス諸国は，自らの利益に合致する場合は寄り添い，そうでなければ抵抗した。イギリスが経済的および冷戦政策の考慮から事実上，アパルトヘイトを黙認し，南アフリカは西側の冷戦戦略に依拠する形でアパルトヘイト体制を維持する相互依存があった一方で，多人種の連合としてのコモンウェルスを維持しようとした時に生じたディレンマにイギリスが直面したこともこうしたことを象徴していよう（小川 2015：281-283）。そして1970年代に入ってコモンウェルス諸国は，セイロンやインドによる平和ゾーン構想，南アフリカへの武器輸出問題をめぐるアフリカ諸国の態度，シンガポールやマレーシアのASEAN重視の動き，オーストラリアの安全保障や東南アジ

ア政策の転換などに見られるように，イギリスの力が後退した後の新たな国際政治状況のなかで，自らの外交を根本的なところから再考するのであった。

5　戦後グローバル・ガバナンスの転換とコモンウェルス

　1970年代に入り，国際関係の構造変化，また世界経済の変容や南北問題の出現によって戦後国際秩序の動揺は明らかになっていく。それにあわせて，アメリカの国際公共財を補完するスターリングエリアの役割や，コモンウェルスに対するイギリスの安全保障上のコミットメントは消えゆくことになった。そしてコモンウェルスは，「水平的結合による諸国家共同体」としての性格規定以外を受け入れることは考えられなくなったのである。また，70年代になると世界貿易のさらなる拡大のみならず，ヒト，モノ，カネ，情報や企業活動が国境を越えて活発に動くグローバル化がはじまり，環境問題や貧困，飢餓，人権，多国籍企業の問題など，それまでにない問題群に関心が集まることになった。

　こうしたなかで，コモンウェルスはそれまでの国際経済や安全保障とは異なる分野における国際協力の場としての性格を見せはじめる。変化の萌芽と呼べるものの1つが，1965年，コモンウェルス諸国に関係する諸問題の調査，あるいは首脳会議などコモンウェルス協議のアジェンダを準備するコモンウェルス事務局の創設であった。事務局創設は，イギリスの資本援助や投資の限界を糊塗する側面もあったが，技術，文化，教育といった領域でのコモンウェルス政府間協力への関心を後押しし，またロンドンに事務局が置かれたとはいえイギリスとコモンウェルス諸国の二国間関係を超える水平性，多角性を帯びた国際協力の基盤となりうるものであった。さらにこの時，技術や職業，学術，文化，教育，スポーツなどの分野で，NGO（非政府組織）を含めた民間協力・交流を促進するべくコモンウェルス基金をつくることも合意されていた（小川2012：199-202）。

　そして1971年，シンガポール首脳会議では「コモンウェルスの原則」が発表されることになる。もちろん，植民地主義や人種差別，南北格差との闘いに向けた協力の必要性がうたわれたが，イギリスと旧植民地との垂直的関係は終焉したことを確認し，コモンウェルスは「独立した主権国家の自発的な連合」と

して，小国と大国を包摂し，「現代世界の平和と進歩のために不可欠な多国間アプローチの建設的事例を提供する」との目標が確認されたのであった。

ただし，グローバルな諸課題に取り組む水平的，多角的な国際協力の場としてのコモンウェルスのあり方を模索するより明確な動きが見られるようになるには，冷戦終結と南アフリカのアパルトヘイト撤廃を待つ必要があった。1991年のハラレ首脳会議になって，自由，平等，民主主義，人権，法の支配，経済・社会開発といった71年シンガポール宣言でうたわれたコモンウェルスの基本原則・目標の実現のためにコモンウェルスの機能を強化することが打ち出された。また96年のイギリス議会委員会の報告書では次のように指摘された。多様な利害・人種・地域を背景にしながらも，歴史，英語，ビジネス，教育，文化などでつながりをもってきた「コモンウェルス諸国のネットワークは，グローバル化する地域を越えた政治システムで大きな将来的可能性を持つ」ことを信じると（Srinivasan 2005：132-136）。

21世紀になって，「対等な地位と参加を原理とする国際空間」としてのコモンウェルスが，グローバル秩序の「民主的ガバナンス」の担い手たる性格を持ちえるのかどうかという問いも提起されている（Drayton 2016）。1970年代以降，さまざまな世界的課題の解決に国家・非国家アクターが参画し，国際協力のあり方も変化が見られるようになったが，コモンウェルスにもそうした潮流に乗って多様な領域での国際協力に関わることでその存在を保つべきとの議論があった。ただし同じ時代に，金融グローバリゼーションを主導し，またアメリカの世界的な軍事関与に歩調を合わせてきたイギリスの動向をみると，コモンウェルスが水平的，多角的な国際協力の空間としての役割を深めてきたと評価するばかりでは一面的なように思われる。

6　おわりに

第二次世界大戦後のグローバル・ガバナンスのなかで，コモンウェルスはどういった役割を果たしたのか。戦後30年近くにわたって継続したスターリングエリアは，コモンウェルス諸国の開発・経済建設のための援助や投資問題と分かちがたく結びつき，また対外通貨・金融関係の窓口を担いながら，これらの

国々をブレトンウッズ体制に取り込んだ。安全保障面では，帝国支配の構造を残しつつ，また二国間関係を軸にしながらコモンウェルスへの軍事・安全保障上の関与をイギリスは続けた。ただしこの関与は，西側の冷戦戦略の一翼を担うものであったことも確かなのである。これに対してコモンウェルス諸国は，自らの国益の判断と政治的自立へのこだわりを交錯させながら行動した。

戦後国際秩序において，経済発展を目指し，また安全保障の確保と政治的自立を求めて次々と誕生しようとする主権国家を前にイギリスは，なおも階層的序列を残置する帝国再編を目指したのであるが，戦後のコモンウェルスという枠組みはそれ以上に，アメリカの国際公共財提供を補完する性格を強めたのである。また，1960年代になってほとんどの従属地域が独立へと向かい，水平的な諸国家共同体としてのコモンウェルスへの流れに抗することができなくなったイギリスにとっては，秩序ある脱植民地化を実現し，独立した国々がイギリスとの関係を急激に悪化させないための安全弁として，国際経済と安全保障面でのコモンウェルスの役割をより強調せざるを得なかったとも考えられる。

コモンウェルスもそこで役割を見せた大戦後のグローバル・ガバナンスは，新たに誕生する主権国家を戦後国際秩序に取り込むことに一定程度，成功したのかもしれない。しかし，先進国が主導する「平和と繁栄のための」戦後国際秩序は1970年代に差し掛かると動揺し，国際経済ガバナンス，冷戦ガバナンスともその目的とあり方をめぐって政治闘争が顕在化することになった（Sinclair 2012：26-27）。そこからコモンウェルスは，新しく出現する多様な世界的課題に対して水平的，多角的な国際協力の場としてのすがたを示そうとしはじめた。コモンウェルスの変化という視点からも，大戦後のグローバル・ガバナンスの転換点として70年代に注目することができよう。

【注】
1）コモンウェルス（英連邦とも呼ばれる）は，1931年のウエストミンスター憲章によって，イギリスと6つの自治領（カナダ，オーストラリア，ニュージーランド，ニューファンドランド，南アフリカ連邦，アイルランド自由国）からなる，イギリス国王への忠誠で結ばれた自由で平等な連合として規定された。そして49年，共和制のインド，パキスタン，セイロンをメンバーとした際に「ブリティッシュ」を名称から外し（新コモンウェルス），イギリス国王も「自由な連合」の象徴としての「首長」と位置づけられ

た。これ以降，独立後のイギリス植民地の多くがコモンウェルス・メンバーとなっていった。
2） 1933年成立の英連邦特恵関税制度により相互の貿易を優遇したことがスターリングエリアを支えたことはいうまでもない。
3） Threats to the International Monetary System, Memo by the Treasury, 12 January 1961, T230/653, The National Archives, UK.
4） Towards a NIEO, Report by a Commonwealth Experts Group, CFM (75) 18 (revise), FCO59/1303, The National Archives, UK.
5） 西ドイツ元首相の W. ブラントが78年に世界銀行総裁 R. マクナマラから作成を委嘱されたレポートで80年に完成した。正式名称は，*Independent Commission on International Development Issues, North-South: A Programme for Survival*.

【参考文献】

飯田敬輔（2013）『経済覇権のゆくえ―米中伯仲時代と日本の針路』中央公論新社.
五十嵐元道（2016）『支配する人道主義―植民地統治から平和構築まで』岩波書店.
小川浩之（2012）『英連邦―王冠への忠誠と自由な連合』中央公論新社.
小川浩之（2015）「冷戦・アパルトヘイト・コモンウェルス―イギリス対外政策と南アフリカへの武器輸出問題，1955～1975年」益田実ほか編著『冷戦史を問い直す―「冷戦」と「非冷戦」の境界』ミネルヴァ書房.
金井雄一（2014）『ポンドの譲位―ユーロダラーの発展とシティの復活』名古屋大学出版会.
木畑洋一（2014）『20世紀の歴史』岩波書店.
小林弘幸（2015）「イギリスの核不拡散政策とインド，1964-1968年」細谷雄一編著『戦後アジア・ヨーロッパ関係史―冷戦・脱植民地化・地域主義』慶應義塾大学出版会.
旦祐介（2007）「20世紀後半のコモンウェルス―新しい統合の展望」木畑洋一編著『現代世界とイギリス帝国』ミネルヴァ書房.
半澤朝彦（2014）「国連とコモンウェルス―「リベラル」な脱植民地化」山本正・細川道久編著『コモンウェルスとは何か―ポスト帝国時代のソフトパワー』ミネルヴァ書房.
マゾワー，マーク（2015）『国連と帝国―世界秩序をめぐる攻防の20世紀』池田年穂訳，慶應義塾大学出版会.
山口育人（2014）「第二次世界大戦後イギリスの世界的役割とコモンウェルス―インド洋地域の安全保障問題をめぐって」山本正・細川道久編著『コモンウェルスとは何か―ポスト帝国時代のソフトパワー』ミネルヴァ書房.
山口育人（2015）「第二次世界大戦後のスターリングエリアとは何であったのか？」『奈良史学』32号，57-91頁.
山口育人（2016a）「ブレトンウッズ体制崩壊後の国際通貨制度の再編成―新興国の挑戦から再考する」『国際政治』183号，73-86頁.
山口育人（2016b）「英米「特別な経済関係」―世界経済秩序の展開からみる」君塚直隆ほか編著『イギリスとアメリカ―世界秩序を築いた四百年』勁草書房.
山本正・細川道久編著（2014）『コモンウェルスとは何か―ポスト帝国時代のソフトパワー』ミネルヴァ書房.

Drayton, Richard (2016) "The Commonwealth in the 21st Century", *The Round Table: The Commonwealth Journal of International Affairs*, vol.105, no. 1 , pp. 21-27.

Heywood, Andrew (2014) *Global Politics*, Palgrave Macmillan.

Hyam, Ronald (2006) *Britain's Declining Empire: The Road to Decolonisation 1918-1968*, Cambridge University Press.

McIntyre, W. David (1999) "Commonwealth Legacy" , in Judith Brown and Wm. Roger Louis eds., *The Oxford History of the British Empire: Volume IV, The Twentieth Century*, Oxford University Press.

Murphy, Philip (2012) "Britain as a Global Power in the Twentieth Century", in Andrew Thompson ed., *Britain's Experience of Empire in the Twentieth Century*, Oxford University Press.

Pedersen, Susan (2015) *The Guardians: The League of Nations and the Crisis of Empire*, Oxford University Press.

Pham, P. L. (2010) *Ending 'East of Suez': The British Decision to Withdraw from Malaysia and Singapore, 1964-1968*, Oxford University Press.

Sato, Shohei (2016) *Britain and the Formation of the Gulf States: Embers of Empire*, Manchester University Press.

Sinclair, Timothy (2012) *Global Governance*, Polity Press.

Srinivasan, Krishnan (2005) *The Rise, Decline and Future of the British Commonwealth*, Palgrave Macmillan.

Tomlinson, Jim (2012) "The Empire/Commonwealth in British Economic Thinking and Policy" , in Andrew Thompson ed., *Britain's Experience of Empire in the Twentieth Century*, Oxford University Press.

第7章

「開発」規範のグローバルな普及とリージョナル・アプローチ
――アジア開発銀行 (ADB) 創設を事例にして――

鄭　敬娥

1　はじめに

　第二次世界大戦後，開発領域においてグローバル・ガバナンスの中心的な役割を担ってきたのは，国際連合や世界銀行（以下，世銀），IMF（国際通貨基金）などの国際機構であった。これらは，戦後の世界において開発に国際的正当性を与えたのみならず，方法論の提起や資源の配分などを通して，常にその議論を主導してきた。国際政治においてガバナンスという概念をいち早く提示したのが世銀であることは，決して偶然ではなかったのである[1]。

　しかし，当初から戦後政治の重要課題として開発の必要性が主張されたわけではなかった。たとえば，ブレトンウッズ会議はあくまでもヨーロッパの戦後復興に主眼が置かれ，開発は会議の終盤で世銀に継続的な機能をもたらすための工夫として付け加えられたにすぎなかった。開発問題に関心が薄いという面では，非ドナー国としてこの会議に招かれた発展途上国の21か国も同じであった。彼らは，貧困国としてよりは，「新興資源生産国」としてのアイデンティティを重視して，商品市場の価格安定を重点的に提起した（Finnemore 1996：93-94）。開発に関してようやく国際社会の関心が向くようになるのは，ヨーロッパ復興に目処がつく1940年代の終わりであり，それが先進国と途上国の両方が取り組むべき国際的な課題として浮上してくるのは60年代に入ってからである。

　一方，主に主権国家の間で構成される国際機構は，なんらかの観念を共有し，共通の行動をとる根拠として一定の規範を有するとされる。M. フィネモ

アとK. シッキンクらは，規範とは「共通のアイデンティティを持つ主体の間で適切とされる行動の基準」として定義したうえで，それが生成や受容の段階を経て，もはや当然視され問題にされなくなるという「ライフ・サイクル」を辿ると論じる（Finnemore and Sikkink 1998：895-905）。そのプロセスのなかで，国際機構は共有すべき規範の形成や調整を図り，場合によっては政策的手段を使って望むべき規範に誘導する。国際的な開発規範に関していえば，戦後初期の資本の投下を主とした成長規範は60年代後半からの人間の基本的ニーズ（BHN）をスローガンとする貧困規範にとって代わられ，80年代以降の構造調整を経て90年代以降の「開発の最終目標としての貧困の削減」へと変遷の過程を辿った。しかし，多くの場合，国際規範そのものは所与のもととされる。個別具体的な国家の利益や葛藤はあまり論じられることは少なく，政府間の多国間交渉が国際規範の進展をどのように促し，あるいは阻害するのかに関する研究は限られている（大矢根 2014：14）。

一方，1959年の米州開発銀行（IDB）の創設を皮切りに，アフリカ開発銀行（AfDB）やアジア開発銀行（ADB）などの地域銀行が次々と誕生したことにより，60年代以降は開発というグローバルな課題に対するリージョナルなアプローチが多く見られるようになった。これら「開発」を冠する地域機構の創設は，開発規範が世界的に普及する過程として捉えることができよう。しかし，地域開発銀行の設立に向けた途上国の動きは，その目指す方向や運営などの規範において，それぞれ地域の歴史やパワー構造を反映したものとなり，必ずしもグローバルな開発規範に自らを合わせようとはしなかった。とりわけADBは，資金的脆弱性を補うために域外資金を受け入れるという，ほかの地域銀行に見られない特徴を持って出発するも，アジアの途上国は同銀行に「アジア的性格」を盛り込むための努力を行うことになる。それは，先進国主導の開発論議に対して途上国の発言権を確保すると同時に，アジアの開発のあり方に関する地域独自の主張でもあった。

本章では，まず開発規範が形成・普及される歴史的経緯を検討する。その上で，特にADBの創設過程に注目することによって，アジアの地域的特徴や政府間の多国間交渉が地域銀行で共有されるべき規範の形成にいかなる影響を及ぼしたのか，「アジア的性格」という規範はいかなる意味・内容を持っていた

のかを明らかにする。そうすることによって，最終的に，今日のグローバル・ガバナンスの観点から ADB というリージョナルな経験をいかに評価すべきかについて考えたい。

2　「開発」規範の生成と歴史的展開

そもそも，「開発」はなぜ，これほどまでに世界的な影響力を持つようになったのであろうか。観察可能な事象あるいは自然界のサイクルを，自然の法則として歴史や社会にまで当てはめて考える認識は，古代アリストテレスまで遡るとされる（Rist 2010 : 25-31）。ただし，循環反復する自然界の成長・発展（growth/development）とは，有機体が発生時に与えられた固有の潜在能力を発現していく過程を指しており，外から力が加わった成長は異形と呼ばれ，病的で反自然的でさえある現象として考えられた（エステバ 1996 : 21-24）。

このような歴史観に根本的な変化を迫る契機を提供したのは，まずはキリスト教の拡大であった。歴史は個別のものではなく人類史のレベルで思考され，神の明確な意図を持って展開するものと理解された。その後，ルネサンスと啓蒙思想の時代を経て18世紀半ばまでに形を整える「進歩イデオロギー」は，資本主義の発達と共鳴しながら無限かつ単線的な歴史観をさらに増幅させた。生物学者が進化（evolution）や成長（growth）と置き換え可能な言葉として開発（development）を使い出したのは，この頃からである。

進歩主義の世界観を広め，開発を政治の領域に持ち込む端緒を提供したのは植民地主義であった。とりわけ，1930年代以降のイギリスにおいて，資本主義と関連した植民地の貧困が新たに発見され，「開発」という処方箋が提示された。40年に新たに制定された植民地開発福祉法が29年の植民地開発法と根本的に異なっていたのは，それが西インドやアフリカ各地における労働環境の分析とともに，住居や栄養状態などに関する調査とデータに基づいて，積極的な社会改良政策を含んでいたことであった。すなわち，社会調査や専門知を基本とする脱植民地化以後の開発援助のパラダイムが，そこに出現したのである（五十嵐 2014 : 275-279）。

このような，いわゆる「人道主義的植民地政策」（加藤 2014 : 126-127）はこ

の時期のフランスやオランダにおいても広く見られた。しかし，いずれも開発対象地域の支持を獲得することはなかった。周知のように，植民地主義批判への国際的圧力に加え，開発の名を借りた搾取に対する「原住民」知識人からの明確な抵抗が反乱やストライキとして現れ，脱植民地化を促したのである。

　ところが，第二次世界大戦後，新興独立諸国は自ら南北問題の解決を国際的課題として提示し，開発を国家目標にまで掲げるようになった。何がそのような変化をもたらしたのであろうか。

　最も早く他国への明確な介入を伴った「開発」を一国の対外政策に掲げたのは，アメリカのH. S. トルーマン大統領であった（加藤 1994：112-113）。1949年の就任演説においてトルーマンは，国連や国際機構への支援，経済復興の推進，平和友好国に対する協力強化など既存の方針を確認するとともに，4つ目に自らの新しい政策として低開発地域（under-developed areas）に対する技術援助の提供に言及した。今日，「ポイント・フォア」（Point Four）計画と名づけられたものである。とりわけ，開発問題を考えるに当たって，この演説の重要性は「低開発」の概念を発明した点にある。トルーマンは世界を高度に開発された側とそうでない側に明確に分け，後者の国々は経済開発を経験しなければならないという新しい価値を提示した（Myrdal 1957：8）。

　さらに，トルーマンは「低開発」地域の国々が開発をより受け入れ易くする工夫を施すことを忘れなかった。それは，戦前の帝国主義に代わる主権国家からなる新しい世界秩序の提示であった。彼は，「かつての帝国主義，すなわち大国の利益のための搾取は，もはやわれわれの未来に存在する余地はない。われわれが構想するのは，民主的で公正な関係を基本概念とする開発計画である」（Truman 1949）と主張した。しかし，政治的な平等は必ずしも国際社会の多様性を意味しなかった。むしろ，経済的な指標による新たな序列化が国際政治に持ち込まれることになった。

　戦後しばらく開発領域においては，「後進国」（backward countries）と「低開発国」（under-developed countries）がそれぞれ対象地域に関する方法論の違いによって使い分けられていた（板垣 1962：149）。社会経済学的なアプローチと呼ばれる前者が，貧困の本質を欧米諸国とは異なる地域社会固有の政治的・文化的過程と経済の相互作用として捉え，開発計画の機械的な導入に批判的で

あったのに対して，後者は生産性の上昇をもって経済発展と見なす純経済的なアプローチをとっていた。低開発国を「1人当たり実質所得が先進諸国に比べて低い国々」(United Nations 1957) と定義した国連報告書は，後者の代表的な見方であり，次第に主導権を握っていった。

こうして，新興独立諸国はいまや「低開発」状態に置かれている自らの位置を再確認しつつ，そこから脱出することを夢見るようになった。「低開発」を植民地過程における略奪と資本主義的開発の結果であると考えていた左翼知識人も例外ではなかった（エステバ 1996：18-20）。

他方，かつての宗主国にとって，開発は植民地政策に代わる外交の手段として，新しい機能を与えられるようになった。その際に重視されたのが，技術援助である。その最大の利点が「安上がり」な点にあることに異論はないであろう。しかし，トルーマンも認めるように，人材の育成や技術の共有を通して被援助国への影響や関係を持続的に保てることは，米ソ冷戦において大きな重要性を持っていた（トルーマン 1966：174-176）。コモンウェルスの再編に向けて，それぞれの国家運営を担う人材を育成する必要に迫られていたイギリスにおいて，それはより切実な問題であった。イギリス政府は財政的限界を補うのと同時に，その非軍事的・非政治的アプローチを強調するために，コロンボ・プランのなかでも特に技術援助を重視した（都丸 2014：171-172）。

開発の問題を冷戦的文脈と切り離して考えられない理由が，ここにある。先に述べた社会経済学的アプローチをとる人々は，後進国における政策的課題はまず「植民地体制」から「国民的体制」(national system) への変革であると主張した。植民地資本主義の遺産の硬直性が強いほど，社会主義革命の可能性が大きいと考えられたのである（板垣 1962：204-205）。西側の懸念はまさにそこに存在した。トルーマンはギリシャ・トルコへの援助を議会に要請した際に，今日のすべての国家が自由主義と全体主義のなかから体制を選択しなければならない状況に置かれているという認識を示し，自由主義を掲げる世界の民衆を支援するのがアメリカの義務であると主張した (Truman 1947)。このような世界認識はソ連も同様であり（李 2011：12），東西援助競争を支える土台となった。開発は両陣営が冷戦を戦っていくうえでの手段として重要な位置を占めるに至ったのである。

3　南北問題の出現と開発規範の普及

　1960年代に入ると，開発は米ソ冷戦とは別の文脈で国際的正当性を獲得していった。いうまでもなく，その背景には新興独立諸国の数の増大と力の結集があった。1955年のアジア・アフリカ諸国の連帯は，62年にカイロで開催された発展途上国経済開発会議においてラテン・アメリカ諸国を加えた一大勢力として成長した。これらの諸国が自らを発展途上国（developing countries）あるいは開発途上国と名乗るようになったのもこの頃からである。この言葉には，これらの諸国が開発の道を歩み始め，発展の段階にある，あるいはそうなるべきであるという，ある種の規範的要素が含まれており，次第に国際社会に定着していった。すなわち，植民地時代の負の遺産である経済格差を解消するために，先進国は過去の搾取に対する代価として途上国の開発を手助けする義務があり，そうすることによって南の国々は経済発展を遂げる権利があるという論理が広まったのである。ただし，この頃も貧困の軽減は開発の主要なテーマではなかった。第1回 UNCTAD（国連貿易開発会議）会議において途上国が求めたのは，特恵供与による市場開放や貿易の拡大を通して，GATT に代わる新しい経済秩序を作り出すことであった。

　ところが，その成果は限られたものとなった。原因は途上国側の新国際経済秩序への過度な期待や UNCTAD 事務当局の非中立性，一部の先進国側の南北問題の誤認，アメリカの頑なな態度などさまざまであったが（高橋 2016：69-70），総じて初期段階の南北間の対立がそれほど強く意識されることはなかった。途上国の経済開発が緒に着いたばかりで，その多くが閉鎖した輸入代替工業化戦略をとっていた一方で，先進国経済が復興から相対的安定期に入り，国際経済の矛盾がさほど目立たなかったことが背景にあった（本間 1993：7）。問題はむしろ，それらが行き詰まったときにより先鋭に現れた。多くの途上国において輸入代替工業化が失敗に終わる一方で，資本主義への経済統合が強まるにつれ，輸出入の困難，ノウハウの欠如，栄養不足などの諸問題が露わになった。途上国による初期の民族主義的な政策の挫折は，資金の不足という決定的な要因とともに，その後の国際開発における主導権を再び先進国に引き渡す契

機を提供したのである。

　さらに，中ソ関係の悪化や中印国境紛争，ラオス危機など，社会主義陣営内の緊張を伴う国際情勢の変化も，アジアの新興独立諸国をしてイデオロキーよりは自国の独立と治安の維持により目を向かわせた。すでにアメリカのJ.F.ケネディ大統領は国連総会で「開発の10年」を提唱する一方，自国の援助政策として「国家開発計画」方式を新たに導入したが，それがアジア地域で意味したのは，途上国政府の主導性やナショナリズムの役割を再評価し，開発志向型国家を容認する姿勢であった。アジアの多くの指導者たちは，今度は脱植民地化こそが最終的なゴールであり，外部資本の受け入れはそのための多様な経済政策の1つであるという論理を展開した（末廣 1998：23-24）。その際，経済開発は国民統合の手段として内面化していく一方で，国家が経済領域に積極的に介入していく根拠を与え，「開発主義」および「開発体制」国家を導いた[2]。政府主導の工業化を進めるこの時期の世銀の開発戦略とも相まって，さらなる国家主導の開発計画が進められたのである。

　一方，経済格差の解消というグローバルな課題に対する実際的な方法として，この時期に注目されたのが地域協力によるアプローチである。背景には，国際収支の悪化やアメリカのドル防衛策のほかにも，先進国が経済不況を理由に対外援助を大幅に削減する一方で，その限られた資金を自国の主な経済圏に注ぐ傾向が顕著になったことがあった。先進国は，南北問題に対する途上国の不満を地域的枠組みのなかで解消する方向を模索し始め，それは市場拡大の必要性からも有効と考えられた。他方，途上国側もより確かな形での援助と貿易の拡大を狙って地域協力を探っていった。とりわけ1961年から欧州経済共同体（EEC）が第一次共通関税措置の実施を決定したことが，その他の地域の不安を増大させた。各地域ではラテンアメリカ自由貿易連合（LAFTA）や中米経済統合に関する一般条約などの自由貿易圏の形成とともに，地域銀行の設立に向けた動きがにわかに活発化し，60年代末になると途上国のほぼ全域に信用供与が行われるようになった。そして，開発を目的としたリージョナルなアプローチのなかで，途上国はグローバルな機構とは違う価値や運営の方法を模索するようになる。

4　ADB規範の形成

1　メンバーシップの問題

　地域開発銀行の創設をめぐる途上国の動きに対して，当初，ピアソン委員会はその報告書において「世銀の新しい活動や，伝統的活動のなかのいくつかを肩代わりしうる」（ピアソン委員会 1969：179-180）ものとして高い期待を示した。あくまでもグローバルな援助機構という世銀の性格を，地域的に補完するものとして位置づけたのである。しかし，以下に見るように，途上諸国の地域開発銀行への要求は，必ずしも世銀の地域版を求めるものではなかった。

　ADBの直接的な契機となったのは，1963年1月の国連アジア極東経済委員会（以下，エカフェ）貿易促進会談において，「輸出入資金を供給する地域銀行の設立」を求めたタイの提案であった。もっとも銀行設立を含む地域協力の議論そのものは50年代の終わりから出始めていたが，主権へのこだわりや自国の開発計画を優先する途上諸国の姿勢から，具体化することはなかった（座談会 1962：24）。それが一転してタイの提案が受け入れられたのには，当初，貿易銀行として提起されたタイ案に，ウ・ニュン（U Nyun）エカフェ事務局長が中心となって「開発」の色を付け加えたことが大きかった（Yasutomo 1983：28-30）。ウ・ニュンは，資源開発やインフラ整備を共通のプロジェクトとして進めることが地域全体の利益につながるのみならず，工業化への関心を高めていた途上国の合意を導きやすいと考えたのであり，それは前記した開発をめぐる途上国の実状を読みとった判断であったといえる[3]。その思惑どおり，この案は地域諸国の関心を大いに引きつけ，同年12月，エカフェ第1回アジア経済協力閣僚会議は，その決議の第1項目として地域開発銀行の設立をうたった。

　ウ・ニュンは南北問題の解消のために提起された開発というグローバルな課題を，地域銀行設立の必要性と関連づけることに成功したわけであるが，その際に彼が最もこだわったのは「アジア人によるアジア人の銀行」であった。後述するが，ウ・ニュンにとってそれは，メンバーシップにおけるアジア諸国のみの加盟と，運営における地域諸国の主体性の問題であった。エカフェの加盟国は日本，オーストラリア，ニュージーランドを除いてすべて途上国であり，

アメリカ，イギリス，フランス，オランダ，ソ連の域外先進5ヶ国は準加盟国の資格で参加したのみであった。当初，エカフェ事務局内には，まずアジア諸国のみでスタートし，域外先進国からの援助は融資や贈与等の形で受け入れるか，将来考えればよいとの意見が優勢であった。それは，IDBやAfDBのいずれもが域内メンバーのみで構成しているという前例に加えて，アジア諸国による初の国際機構に欧米先進国が参加することによって，再び主導権を奪われるのではないかという根強い警戒を反映していた。

　このような域外先進国に対する不信感は，アジアで唯一の先進国である日本のリーダーシップに対する強い期待として現れた。しかし，その日本は当初，ADBの設立に積極的な姿勢を示そうとはしなかった。それどころか，メンバーシップを域内に限定しようとする事務局側の考えは単なる「観念論的アジア主義[4]」であると強く批判した。もっとも，日本国内ではすでに1950年代半ばから政府官僚を交えた非公式の場で，主にアメリカから援助基金を受け容れた形でのアジア地域の金融機構の設立を模索していた[5]。しかし，当時は日本の主導に対するアジア諸国の抵抗が懸念され，しばらくは域内からそのような要求が現れることを待つという消極的な姿勢がとられた。ところが，その後，日本の地域的役割は，63年11月の池田勇人首相とL. B. ジョンソン大統領の会談において，「責務」と表明されるようになった（河野1997：120-122）。さらに，対アジア援助はバードン・シェアリング（責任分担）の側面のほかにも，アメリカのドル防衛や貿易開放体制の本格化を前にした資本財の輸出増強というより切実な意味合いを帯びていった。したがって，日本は地域銀行に向けて動きだすも，その設立に際してはアメリカを参加させることを絶対条件として考えていた。なぜならば，そうすることによって同国のアジアへの関与を維持させ，ほかの先進国や国際金融機構の協力を引き出すうえで有利であるのみならず，自国の負担も軽減されると考えられた（中川1979：58）。

　もっとも，日本政府内にも外務省を中心に，地域的な主導権の確保という観点から見て，加盟資格を域内メンバーに限定したほうが有利との見方がなかったわけではなかった。しかし，最終的には銀行としての健全運営を主張する大蔵省に押される形で，「域外資金を積極的に誘致し，あわせてわが国の資金と危険負担を軽減するためには域外国の加盟が必要である[6]」との方針が固まっ

た。

　ところが、当のアメリカ政府は財政負担過重への懸念から慎重な姿勢を崩さなかった。大蔵省のADB案を実質的にまとめ、後に初代総裁となる渡辺武は、アメリカが従来持たなかったアジア地域との制度的・組織的関わりを、ADBを通して作ることこそ、その国益に合致すると主張する一方で、ヴェトナム戦争での破壊イメージを対アジア援助の増強で「中和」する必要があると説得したとされる（渡辺 1992：98）。

　こうしてエカフェ事務局側と日本の意見が対立するなか、銀行設立に向けて拠出の意志を示す域内国は皆無であった。銀行そのものの実現可能性が危ぶまれるという状況に直面したエカフェは、具体的課題を検討するための専門家グループを組織し、1964年10月にはその報告書において、域外先進国の参加を求めていく方針を示すに至った。しかし、一方で報告書はADBがほかの援助機構では十分に供与されないプロジェクトにも融資を行うなど、アジア域内の経済協力を促すための地域活動の中心であるべきとの提言を行った（Kappagod 1995：13）。あくまでもアジアの開発に資するための地域銀行としての役割を求めたのであり、それは銀行の性格および域外先進国の処遇をめぐる新たな議論を呼ぶことになる。

2　開発調整機構 vs. 融資機構

　日本は1965年3月のエカフェ第21回総会において、初めて参加を正式に表明した。地域内で銀行設立の提案がなされてから実に2年が過ぎていた。この総会では、銀行の早期実現を促すために、インド、パキスタン、イラン、フィリピン、タイ、マレーシア、セイロンおよび南ベトナム、そして日本の9か国の専門家からなる諮問委員会を設け、域内外諸国ならびに国際金融機構との協議に当たらせるほか、規約作成の準備を進めることが約束された。

　ところが、今度は銀行の性格をめぐって、地域内の「開発調整機構」とするのか、あるいは資金の「融資機構」とするのかに関して意見が分かれた。地域協力の観点を重視するエカフェ事務局側は、投資の重複を避けるなど各国の開発計画を調整して地域全体の調和的発展を図るべきという主張を強く打ち出し、それは銀行の「アジア的性格」として表現された。つまり、世銀やIMF

など既存の国際機構がその融資に当たり，大規模なプロジェクトを重視し，それが結果としてインドなどの地域大国に資本が集中することへの批判がこのような言葉として現れたのである。さらに，当時の国際的な開発援助の対象国として，インドが突出的地位を占めていたのは，中印国境紛争などの政治的要因が絡んでおり，「アジア的性格」の強調は，そのような大国の思惑に左右されない，地域独自の均衡を目指す考え方が反映されていたといえる。

一方，日本国内において，この問題は別の文脈で理解された。銀行の性格をどう規定するかという問題は，それと関連した日本の役割を，アジア地域全体の開発および経済協力におけるリーダーシップ発揮の場として捉えるのか，あるいは国際金融機構のマネージメントの一環として考えるのかの分かれ道でもあった。そして，前者の立場をとる外務省と，後者の大蔵省が鋭く対立することになった。しかし，議論の焦点はADBの主管あるいは諮問委員会に参加する代表団の任命権および訓令権をどこが有するべきかという，省庁間の主導権争いの問題に矮小化された7)。最終的に代表団の構成は大蔵省色が強く出る形となった。これが，途上国に必要な開発資金の融資機構として，銀行の「健全運営」を最重視する日本の姿勢を決定づけることになった。

これに対して，多くの途上国は地域内の長期的な均衡発展の必要性については認めながらも，どちらかというと国民に短期的に成果の見える国別開発計画を優先する傾向を見せた。その立場からは，できるだけ多くの先進国から資金の供給を受けることが必要とされ，その意味では確かに日本の考えに近いものがあった8)。ただし，問題をより複雑にしたのは，銀行の資金提供的な性格を重視する国々の間でも，先進国の出資は受け入れてもその運営にあたっては介入させるべきではないとの意見が支配的であったことである。それが後に，理事のポストや投票権をめぐる域外先進国の制限という具体的な提案として現れた。

こうしてADBの性格をめぐっては，アジア 対 非アジア，先進国 対 途上国という対立構造が複雑に入り混じるようになった。日本側代表は「アジア的性格」という言葉が「途上国の立場を優先的に配慮するという意味に摩り替えられている9)」と批判したものの，このような対立構造は否応なく「アジアの唯一の先進国」である日本のリーダーシップを著しく制約する要因となった。

3 資本金と投票権の問題

　ADBにおける資本金の懸念を大きく解消させ，いよいよ設立に向けた動きを本格化させたのは，アメリカによる正式な参加および拠出の表明であった。1965年4月L.B.ジョンソン大統領はジョンズ・ホプキンス大学で行われた演説を通して，東南アジア開発のための地域諸国の自助努力を促すとともに，議会に対して10億ドルの資金提供を要請する旨を明らかにした[10]。さらに，そのための特別顧問として元世界銀行総裁のE.ブラックを任命した。対外援助については，従来から世銀やIDA（国際開発協会）というグローバルな機構か，より直接的な二国間関係を重視していたアメリカ政府からすれば異例といえるものであった。背景には，東南アジア地域内で台頭しつつあったナショナリズムが過激化し地域紛争へと暴走するのを抑制すると同時に，国内の孤立主義的徴候を封じ込めるという実際的な必要性が存在した。途上国に地域開発の第一義的責任をもたせることによって，アジアへの関与の縮小を求める世論にも配慮できると見なされた（菅 1997：76）。しかし，当初から具体的な計画があったわけではなく，早速影響を受けたのがADB構想であった。ジョンソンは4月20日に，2億ドル拠出の意向を正式に示した[11]。

　日本がアメリカと同額の2億ドル出資の意志を伝えたのは，それから2か月後の6月のADB諮問委員会においてであった。ADBの初期資本金については，すでに1964年10月の専門家会議において，62年のアジア諸国全体のGNPの0.5％に該当する10億ドルの金額を当て，そのうち域内と域外の比率は6対4にすることが決まっていた。これを受けて，日本政府は域内拠出額の3分の1である2億ドル程度を自国の出資額とする意見をまとめていた（渡辺 1973：12）。しかし，アメリカの参加および出資が明確になる前に，それを発表することはなかった。それだけに同国の参加および日米同額の拠出に対して，強いこだわりを持っていたのである。特記すべきは，アメリカ側にとっても日米同額の拠出は重要な意味を持っていたことである。一般に，ADBへの2億ドル拠出については，アメリカと同等な地位を目指した佐藤首相や外務省の思惑が強調されがちである（Yasutomo 1983）。しかし，同様にジョンソン政権もADBにおいて日本と同等な地位を確保することを重視していた。ヴェトナム戦後も引き続きこの地域に関与していく必要を感じていたアメリカ政府は，日本に応

分の地域的役割を求める一方で，そのリーダーシップが必要以上に大きくなることを警戒した。そのために，ブラックを送って綿密に日本側の意向を探る一方で，ソ連に対しても加盟を求めていく姿勢を示した[12]。

一方，銀行設立に向けた動きが具体化されるにつれ，ウ・ニュンをはじめとする途上国の求める「アジア的性格」の意味するところもより明確になった。それは，第1にADBはコマーシャルな観点ではなく域内経済協力の観点から運営されるべきであること，第2に，本店の所在地は域内に定めるほか，総裁・副総裁もできる限り域内国から選ぶこと，第3に，理事については小国からも選出されるよう配慮すること，第4に，域内国の発言権を確保するために投票権（特に基本票）を定めること，などがその主な内容であった（鄭 2005）。アジア諸国はADBを南北問題解決の一環として捉え，先進国は途上国に対する十分な配慮を銀行の設置以前に具体的態度で示すべきであると主張したのである。言い換えれば，途上国の集団としての主導権を「アジア的性格」のなかに盛り込もうとしたといえる。

このような立場は，ADBの運営をめぐる諮問委員会においてより具体的な要求となって現れた[13]。諮問委では，「アジア的性格」が害されない限りにおいて域外先進国からできるだけ多くの拠出を募ることが了承されたものの，その方法をめぐっては意見が紛糾した。たとえば，総資本の40％を上回る出資が域外から集められた場合に，銀行運営の面でその影響力をどのように調整するかという問題である。これについてはマレーシアが，一定額以上のものについては投票権を伴わない出資にしたらどうかという案を提示し，多くの国が賛成を示した。さらに，投票権の配分においても域内諸国の持つ基本票に対して出資率比例票の割合を厳しく制限すべきとの意見が主流となった。

これに対して，日本は域内・域外，先進国・途上国を問わず基本的には同等の資格を与えるべきであるという観点に立ち，基本票と比例票の関係を1対10にするよう求めた。しかし，このような立場は少数にすぎず，基本票は最低でも20％に維持すべきとの勧告が決議された。当初，途上国のなかには基本票50％案もあり，さらにその要求を強めてくることが予想されるなか，ブラック米大統領特別顧問は「この問題で譲るときは，日米両国が一緒に行動したい」[14]と提案した。この申し合わせにより，約1か月後に開かれた会議において日米

は，基本票の割合を15％にまで譲歩する用意がある旨を伝えたものの，それが受け入れられることはなかった[15]。

5 「アジア的方法」（Asian Way）の模索

　ADB の「健全運営」を重視する日本がもっともこだわったのは，総裁のポストと本部の東京誘致の獲得であり，特に後者に全外交的力が注がれた。しかし，ここでもアジア諸国の集団の力を如実に見せつけられる結果になった。当初からウ・ニュンは，所在地は「アジア的方法」（Asian Way）によって決めるべきであると主張していた。ブラックがそれは何かと尋ねたところ，彼は「話合いで候補を絞ること[16]」（agreed elimination）であるとし，地域内にしこりを残しかねない投票に持ち込まず，各国間の調整と譲歩によって決着させるのが最も望ましいとの考えを披露した。

　しかし，その期待とは裏腹に1965年8月までに日本のほかフィリピン，イラン，タイ，マレーシア，セイロン，アフガニスタン，カンボジア，シンガポールの実に9か国が本部誘致の希望を示す大混戦となった。これらの間の話合いは進まず，途中で撤回を表明する国も出てこなかった。そして，同年11月30日と12月1日にマニラで行われた投票では，3回すべてにおいて日本が8票という多数を得たものの過半数には至らなかった。最終的には次々と脱落国の票を吸収していったフィリピンに日本が譲歩する形で，形式的には満場一致で ADB の本部がマニラに決まった（鄭 2002）。

　本部決定のコンセンサス形成に失敗したことは，地域協力よりもナショナリズムに基づいた国益を重視するアジア諸国の現状を物語っていた。ADB 本部の誘致は，観光促進のほかにもアジアの金融中心地となることで海外からの援助を得やすいというメリットが期待され，それが実現しない場合でも交渉の過程で付随的な利益が見込まれた。たとえば，イランは自国が脱落した第3回目投票においては，総裁ポストを取引の条件にフィリピン支持に転じており，マレーシアもフィリピンとの間に国交正常化への言質を取り付けたとされる[17]。

　一方，立候補国以外の加盟国の動きは大きく3つに分けることができる。1つは，二国間の関係を重視するも，より確実な「援助」を求める国々である。

日韓国交正常化を妥結させたばかりの韓国やカンボジア，ラオスなどがそれである。2つ目は，あくまでも本部の途上国誘致にこだわったケースで，アフガニスタンやパキスタン，セイロンがそれである。最後は，オーストラリアやニュージーランドのようにどの国とも関係が悪化することを恐れ，大勢の流れに合わせて支持を決めたグループである（鄭 2002）。いずれにしても，シンガポール以外の候補が自国脱落以降は競って日本以外の国へ投票したことは，先進国 対 途上国という図式のなかで日本が孤立していったことを示していた。

　最終的に，1965年11月の閣僚会議において採択された協定案において，基本票は途上国の要求どおりの20%が確定した。その代わり理事数に関しては，当初の域内と域外の比率9対3から，途上国が日本やほかの先進国に歩み寄る形で，7対3にする案が決まった。そして，同年12月4日にマニラでの全権代表者会議において正式に採択されたADB協定に署名した国は，エカフェ加盟のアジア域内の19か国と域外12か国（オーストリア，ベルギー，カナダ，デンマーク，西ドイツ，フィンランド，イタリア，オランダ，ノルウェー，イギリス，アメリカ，スウェーデン）の計31か国に上った。その応募額においても，域内6億4200万ドル，域外応募額は3億4100万ドルとほぼ目標額を達成することができた。一方，加盟資格についてはエカフェおよび国連，またはその専門機関に加入している域内国および域外先進国が対象とされ，中国や北朝鮮，北ベトナムがあらかじめ排除された形となった。

6　おわりに

　脱植民地化の動きとともに一度は否定されたはずの帝国主義の開発政策は，戦後の冷戦の展開によって新たな役割を与えられた。さらに，南北問題の出現は途上国と先進国を結ぶ合言葉として開発に国際的正当性を与え，さまざまな国際機構の出現とともにグローバルに普及していった。しかし，途上国の絶対的な資金の不足や地域紛争，アメリカの開発政策の変化などにより，国際開発は主に先進国主導の，強力な開発主義国家による，工業化を中心とした経済発展戦略が志向された。これが，いわば1960年代に至るまでの国際開発の規範そのものであったといえる。一方，同時期に新たに注目を集めたのが地域協力に

よる開発の推進であった。途上国が開発をめぐって地域機構に期待したのは，歴史的・地理的にかかわりを持つ先進国からの資金の導入を有利にするほかにも，地域の実状やニーズを反影させた，自らの機構の創設であった。その背景には新興独立諸国のナショナリズムがあった。ADBにおいても当初，ウ・ニュンを中心とするエカフェ事務局側はアジア諸国にのみ加盟資格を与え，地域諸国が主体となる銀行の運営を強く主張した。しかし，資金的限界から域外諸国のメンバーシップを受け入れざるをえず，そのことが域内の開発調整機構としての役割よりは融資機構としての銀行の性格を強めることになった。つまり，域外パワーの参入は地域銀行としての新しい規範の創出よりは，既存の国際的な開発の規範をより強化する方向に働いた。日本は域内パワーでありながら，どちらかといえば先進国としての自己アイデンティティをより重視した結果，銀行の健全運営に力点を置いた行動をとった。一方，その他のアジアの途上国も必ずしも一枚岩のようにまとまっていたわけではなかった。それぞれの国別開発計画を優先するという考え方は根強く，それが当時に地域機構における開発協力の限界を如実に現すことになった。銀行本部誘致の決定過程においても話し合いによる解決は最後まで実現せず，各国は熾烈な外交戦を繰り広げた。「アジア人によるアジア人の銀行」は総じて，抽象論の域を出るものではなかったといえる。

　しかし，さまざまな妥協を重ねながらも，アジアの途上国の多くは地域銀行が再び先進国に支配されてはいけないという認識を共有し，ADB協定文のなかに「アジア的性格[19]」を盛り込むことに成功した。その意味するところは，ADBが域内の均衡発展を図る中心的な役割を果たすこと，投票権の配分においては出資金の比率のみではなく，より途上国が主体となるべき基本票を設定し，理事の選出においても途上国のポストを確保して発言権を高めることなどであった。これらは，ADBというリージョンル・ガバナンスの規範形成における途上国の位置およびその役割をそのまま体現していたといえる。

　さらに，協定文は援助の対象国を「アジア・極東地域の途上国」とし，なかでも融資を行う際には，「小国および開発が遅れている国の要求に特別の注意を払う」旨が明記された。その背景には，とりわけ世銀の援助の大半がアジアの大国であるインドに集中していたことへの批判が暗に含まれていた[20]。すなわ

ち，世銀やIMFなどに基づく既存のグローバル・ガバナンスに対するアンチテーゼがこのような形で示されたのである。実際に，設立後10年間のADBの総融資額を受け入れ国別に見ると，韓国（16.1％），フィリピン（14.3％），パキスタン（13.4％）が上位を占め，逆に原加盟国でありながらまったく融資を受けていない国はインドのみであった。これに対して，同じ時期の世銀のインドに対する融資は貸し付け総額の20％を占めていた（中川 1979：96-99, 112-113）。

一方，世銀をはじめ国際社会においてようやく貧困の問題にスポットライトが当てられるのは1960年代末から70年代初頭である（Finnemore 1996：97-127）。ADBにおいても当初，貧困の軽減は開発の主要なテーマではなかった。アジア地域において貧困の主な原因は，資金と技術の絶対的不足や企業家精神の欠如などが指摘され，とにかく資本の補充や技術指導が重視された。ADB設立後10年間の投資分野別融資実績を見ても，電力，運輸・通信，水道・都市開発など，インフラストラクチャー関係のプロジェクトが実に50％以上を占めていた（中川 1979：23, 100-106）。それにもかかわらずADBは農業開発による食糧の供給や雇用創出など地域のニーズに密着した問題に取り組むことによって一定の成果をあげてきた。

もっとも資本金の6割以上を域外先進国に依存せざるをえないADBにおいて，途上国の主張が銀行の運営においてどれだけ影響力を持つのか，多くの限界があるといえる。とりわけ，大蔵省をバックボーンとする日本人総裁が過去半世紀近く続いたことは，「健全銀行経営主義」を旨とする融資機関としての銀行の性格に大きな影響を及ぼした。その意味においては，ADBが世銀を補完する地域的役割を担っているという側面は否定できない。しかしながら，ADBが加盟国の政治状況や経済発展レベル，ニーズを考慮に入れながら，大口融資のみならず小回りの利く融資を続けていることなどは（いわゆるホーム・ドクター論），地域銀行ゆえにできることであり，さらにいえば，基本票という形で途上国の発言権が保障されているからにほかならない。

ところで，OECD（経済協力開発機構）の開発援助委員会（DAC）は1994年の報告書のなかで，開発や貧困緩和のための諸努力が成果をあげるためには，被援助国国内の「グッド・ガバナンス」が不可欠であるとする主張を展開した（DAC/OECD 1994）。その概念について定まった見解はないが，共通したものと

しては民主化や法の支配，アカウンタビリティや透明性，公開性など政府の権力の使用のあり方，過度の軍事支出の抑制などいくつかの指標が指摘できる（下村 1999: 63）。その後，世銀は単に国内のガバナンスの指標を測定するにとどまらず，その改善を援助供与の条件として「選別」の傾向を強めている。これについては客観的な数値化の困難さに加えて，その前提にある価値観の偏向および恣意性，さらには内政干渉への批判など，多くの議論が出ている（稲田 2006：18-19）。より根本的には，果たして世銀の規範を途上国に一律に適用できるかという問題があり，その背後にあるグローバルパワーの存在も含めて，必ずしも途上国の多様なニーズに対応できるものとは考えられない。

今後，国際社会において開発が人々の貧困の軽減にとってより意味のあるものとして展開していくためには，一方的な価値基準の強制ではなく，さまざまな地域機構や NGO（非政府機構），自治体などに基づくリージョナル・ガバナンスをより組み込んだ多様なアプローチが必要となることが考えられる。

【注】

1) 世銀はサハラ以南アフリカの開発の現状と課題を分析した報告書のなかで，「ガバナンス」の重要性について初めて言及した（World Bank 1989）。
2) 岩崎は権力者が国家や社会の価値目標，あるいは政治イデオロギーとして開発を掲げ，資源を上から体系化することを絶対化する考えを「開発主義」とし，これを正統性原理として成長達成を目的にした政策を採用し，かつ政治・経済諸制度を合目的に体系化したのが「開発体制」(developmental regime) であると定義する（岩崎 1998：116-117）。
3) 外務省経済協力政策課「アジア開発銀行設立構想の経緯と問題点」(1964年8月20日)，外務省外交記録マイクロフィルム，リール No. B' 0148 (B' 6．3．0．41-1)『アジア開発銀行関係　設立関係』(第1巻)（以下，『ADB 設立関係』と略記）。
4) 外務省経済協力政策課「アジア開発銀行設立構想の経緯と問題点」，同上。
5) 日本銀行「アジア開発銀行試案」(1955年7月22日)，リール No. B' 0148 (B' 6．3．0．41)，『アジア開発銀行関係雑件』(第1巻)。
6) 外務省経済協力政策課「アジア開発銀行設立構想の経緯と問題点」，同上。
7) 外務省「国連アジア極東経済委員会のアジア開発銀行に関する九カ国諮問委員会に対する日本政府委員の選定について」(1965年6月1日)，『ADB 設立関係』(第4巻)。
8) 前掲，「アジア開発銀行設立構想の経緯と問題点」。
9) 外務省国連局経済課「アジア開発銀行に関する諸問題点とわが方の立場」(1965年8月20日)，『ADB 設立関係』(第3巻)。
10) 鹿島平和研究所編『日本外交主要文書・年表（2）』(原書房，1984年) 560-564頁。

11) 『朝日新聞』(1965年4月20日夕刊)。
12) アメリカがソ連の参加を呼びかけたのには，資金負担のリスクを減らすと同時に，ADBが反共集団であるとの非難を避ける必要も考慮された。外務省「東南アジアに関するDAC非公式会議の報告」(65年7月)，『ADB設立関係』(第1巻)。
13) 外務省国連局経済課「アジア開銀銀行諮問委員会第二回会合について」(1965年8月17日)，『ADB設立関係』(第3巻)。
14) 「福田大蔵大臣とブラック米大統領特別顧問との会談要旨」(1965年7月5日)，『ADB設立関係』(第4巻)。
15) 「アジア開発銀行諮問委員会訪日記録」(1965年7月17日)，『ADB設立関係』(第4巻)。
16) 駐米武内大使から椎名外相宛「アジア開銀問題について」(65年7月28日)，『ADB設立関係』。
17) 外務省「アジア開銀の件」(65年12月7日)，『ADB設立関係』(第3巻)。
18) 大蔵省「アジア開発銀行への加盟に伴う措置に関する法律案要綱」(1966年2月10日)，『ADB設立関係』(第1巻)。
19) 協定の前文に "Convinced that the establishment of a financial institution that is Asian in its basic character would serve these ends" の一項が加えられた。「アジア開銀設立協定案の主要問題点（第2回諮問委員会）」(大蔵省)，『ADB設立関係』(第5巻)。
20) 「エカフェ第21回総会」(朝海代表より，1965年3月24日)，『ADB設立関係』(第3巻)。

【参考文献】

五十嵐元道 (2015)「植民地統治における開発への思想的転換―貧困の発見と革新主義」日本政治学会編『政治学におけるガバナンス論の現在』木鐸社。
李錫敏 (2012)「トルーマンのポイント・フォア計画―冷戦におけるイデオロギー競争の始まり」慶應義塾大学大学院法学研究科『法学政治学論究―法律・政治・社会』第91号。
板垣與一 (1962)『アジアの民族主義と経済発展』東洋経済新報社。
稲田十一 (2006)「『ガバナンス』論をめぐる国際的潮流」下村恭民編『アジアのガバナンス』有斐閣。
岩崎育夫 (1998)「開発体制の起源・展開・変容」東京大学社会科学所編『二〇世紀システム4　開発主義』東京大学出版会。
エステバ・グスタボ (1996)「開発」ザックス編『脱「開発」の時代』三浦清隆ほか訳, 晶文社。
大平剛 (2008)『国連開発援助の変容と国際政治―UNDPの40年』有信堂高文社。
大矢根聡 (2014)「国際規範と多国間交渉―GATT・WTOラウンド事例の比較分析」『グローバル・ガバナンス』第1号。
加藤剛 (2014)「『開発』概念の生成をめぐって―初源から植民地主義の時代まで」『アジア・アフリカ地域研究』第13巻第2号。
川口融 (1980)『アメリカの対外援助政策―その理念と政策形成』アジア経済研究所。
菅英輝 (1997)「ベトナム戦争と日米安保体制」『国際政治』115号。
河野康子 (1997)「日本外交と地域主義―アジア太平洋地域概念の形成」日本政治学会編『年報政治学　危機の日本外交―70年代』岩波書店。

座談会（1961）「アジア経済協力機構（OAEC）の構想を語る　上」『国際問題』No. 26。
下村恭民（1999）「ガバナンス，経済発展，援助」『開発援助研究』Vol. 5, No. 4。
鄭敬娥（2002）「1960年代アジアにおける地域協力と日本の外交政策―アジア開発銀行（ADB）本店所在地決定過程を中心に」『比較社会文化研究』11号。
鄭敬娥（2005）「アジア地域主義における『アジア的政策』の考察」『広島平和科学研究』27号。
末廣昭（1998）「開発主義・国民主義・成長イデオロギー」川田順造ほか編『開発と文化6　開発と政治』岩波書店。
髙橋和宏（2016）「南北問題と戦後国際秩序―第一回 UNCTAD をめぐる国際関係」『国際政治』183号。
都丸潤子（2014）「東南アジアに対する技術援助とイギリスの広報政策」渡辺昭一編『コロンボ・プラン―戦後アジア国際秩序の形成』法政大学出版局。
中川浩二（1979）『アジア開発銀行―10年の実績と当然する課題』教育社。
トルーマン，ハリー・S.（1966）『トルーマン回顧録　第2巻』堀江芳孝訳，恒文社。
ピアソン委員会（1969）『開発と援助の構想―ピアソン委員会報告』大来佐武郎監訳，日本経済新聞社。
星野俊也（2001）「国際機構―ガヴァナンスのエージェント」渡辺昭夫・土山實男『グローバル・ガヴァナンス―政府なき秩序の模索』東京大学出版会。
本間修一（1993）「南北問題の歴史的展開」『季刊　科学と思想』No.87。
渡辺武（1973）『アジア開銀総裁日記』日本経済新聞社。
渡辺武（1992）「ADB の設立余話・成功秘話」『国際開発ジャーナル』427号。
DAC/OECD (1994) *Orientations on Participatory Development and Good Governance*, OECD Working Papers: v. 2, no. 2.
Esteva, Gustavo (1992) "Development," in W. Sachs ed., *The Development Dictionary: A Guide to Knowledge as Power*, Zed Books.
Finnemore, Martha (1996) *National Interests in International Society*, Cornell University Press.
Finnemore, M. and Kathryn Sikkink (1998) "International Norm Dynamics and Political Change," *International Organizations*, Vol. 52, No. 4.
Kappagoda, Nihal (1995) *The Asian Development Bank（The Multilateral Development Banks Vol. 2）*, Lynne Rienner Publishers.
Myrdal, Gunnar (1957) *Economic theory and under-developed regions*, Duckworth.
Rist, Gilbert (2010) *The History of Development: From Western Origins to Global Faith*, translated by Patrick Camiller, Zed Books.
Rostow, W. W. (1960) *The Stages of Economic Growth: A Non-Communist Manifesto*, Cambridge University Press.
Truman, Harry S. (1947), "Recommendations on Greece and Turkey: Message of the President to the Congress", *The Department of State Bulletin*, No. 403.
Truman, Harry S. (1949) "Inaugural address of the President," *The Department of State Bulletin*, No. 500.

United Nations (1951) *Measures for the Economic Development of Under-developed Countries: Report*, Department of Economic Affairs, United Nations publication.
World Bank (1989) *Sub-Saharan Africa: From Crisis to Sustainable Growth*, World Bank.
Yasutomo, Dennis T. (1983) *Japan and the Asian Development Bank*, Praeger.

第8章

戦争とグローバル・ガバナンス
――戦争違法化は平和への進歩か？――

三牧　聖子

1　はじめに

　人類の歴史は戦争に彩られてきた。しかし同時に人類は，戦争を制限し，廃絶しようとする不戦思想も発展させてきた（千葉 2009；川村 2010）。世界の人々が，戦争の克服を人類共通の課題として認識し，集団的な努力を傾ける大きな端緒となったのは，第一次世界大戦である。第一次世界大戦以前の国際法は，主権国家が遂行するあらゆる戦争を一律に合法と見なす「無差別戦争」の観念に立脚していた。しかし，それ以前とは比較にならない破壊力と規模で戦われた大戦の経験は，多くの人々に，戦争の制限と廃絶は，もはや関係当事国だけの問題ではなく，国際社会全体の問題であることを自覚させた。すでに19世紀前半以降から，国際河川，通信，衛生，農業といった分野で国際行政活動の組織化が進み，行政連合などが成立していたが（城山 2013：42-52），大戦を経て，「戦争」がグローバル・ガバナンスの対象となり，世界各地で多様な平和運動が展開され，トランスナショナルな広がりを見せた（入江 2000：77-98）。

　大戦間期において，戦争を制御する手段として大きな関心を集めたのは，国際法である。大戦後，新しい平和への希求を背負って誕生した国際連盟（1919）は，その規約で限定的ながら，主権国家が戦争に訴える自由に一定の制限を課し，戦争の違法化（outlawry of war）への一歩を踏み出した。以降，パリ不戦条約（1928），国連憲章（1945）により，違法とされる戦争の範囲は拡大され，自衛など一部の戦争を除き，戦争が一般的に違法とされる「差別戦争」へと，画期的な「戦争概念の転換」が実現されていった（田畑 1991：181-194）。大戦

間期において，戦争の違法化という目標は，国際連盟の加盟国のみならず，加盟しなかったアメリカにも共有され，その理論的な発展や普及には，政府のみならず，民間の平和主義者や国際法学者たちが大きく貢献した（篠原 2003）。

このような大戦間期の戦争違法化の試みが関心を集めるようになったのは，比較的最近のことである。第二次世界大戦の勃発，続くグローバルな冷戦という国際環境を背景に，戦争違法化などの平和運動は，2つの世界大戦に挟まれた「休戦期間」にはかなく開花した「ユートピアニズム」と見なされ，真剣な考察対象とされてこなかった。たとえば不戦条約の成立過程を詳細に描き出した著書として，今でも参照される古典的な業績としてR. フェレルの『彼らの時代の平和』(1952) があるが，このタイトルには，大戦間期を，自分たちが生きている現代と連続した時代ではなく，現実から遊離した「ユートピアニズム」に支配された，別物の時代と捉える冷めた感覚が表れている（Ferrell 1952）。

冷戦の終焉は，このような大戦間期に対する評価に変化をもたらした。冷戦の終焉という現実の巨大な変容を受け，国際政治学の分野では，国際関係をパワーと利益の体系に還元するリアリズム（現実主義）の限界への自覚が高まり，観念や規範といった，従来軽視されてきた要素を取り込んだ，新たな世界観の探求が始まった（Booth 1991；Kegley 1993）。歴史学者たちは，冷戦終焉後に顕著となった理想的な平和の探求が，冷戦後に突如として始まったものではなく，それ以前の歴史に根ざしたものであることに関心を寄せた。2つの世界大戦の間の「休戦期間」と見なされてきた大戦間期は，長い冷戦を耐え忍び，冷戦終焉後に本格的に開花することになる理想的な平和へのさまざまな可能性を内在させた時期として，積極的な意義を与えられることになった（Arsan, Lewis and Richard 2012；Gorman 2012）。

ここに至って，大戦間期の戦争違法化は2度目の世界大戦こそ防げなかったものの，その後の世界に継承される重要な平和の遺産と意義づけられた。しかし，戦争違法化の試みの再評価が進んだ今も，その推進者たちのリアリズムが十分に理解されているとはいえない。本章が明らかにするように，戦争違法化を推進した国際法学者や平和主義者たちは，国際法によって戦争を違法化することに漠然と平和への期待を託していたわけではない。むしろ彼らに広く共有

されていたのは，戦争の違法化だけでは，戦争の制御，その廃絶は実現されえないという現実的な認識であった。後世において，不戦条約が「戦争概念の転換」の一里塚に位置づけられる際，圧倒的な注目を集めてきたのは，紛争解決手段としての戦争の禁止，国策としての戦争の放棄を誓約した第1条であるが，同時代的にあって「不戦条約の核心」として人々の実質的な関心を集めたのは第2条であった。不戦条約の支持者たちは，1条でうたわれた戦争放棄を象徴的なものと見なし，第2条が定める紛争の平和的解決のための仕組みを，今後いかに整備・発展できるかを国際平和への実際的な課題と位置づけていた。

第一次世界大戦の終結から100年近くが経過した今も，戦争の制御，究極的な廃絶へのグローバル・ガバナンスの構築を目指す人類の格闘は続いている。戦争が廃絶された世界は，実現不可能な理想にすぎないのだろうか。私たちはこの目標の実現に向かって，いかなる努力を積み重ねていくべきか。本章は，大戦間期における戦争違法化の試みが，理想主義的な熱情だけでなく，さまざまな実践的な考慮に裏づけられていたことを明らかにし，現代の不戦主義への示唆を得ようとするものである。

2　戦争違法化は平和への進歩か？

一般的に，国際連盟規約から国連憲章に至る戦争違法化の推進は，平和に向けた「進歩」とされる。しかしこのような見解は，遡及的に生み出された側面を多分に持つ（西 2006）。もちろん同時代にも，一連の戦争違法化を国際平和への「進歩」と見なして支持する人々は存在した。日本におけるその代表的な存在は，国際法学者の横田喜三郎であろう。横田は，満州事変の数ヶ月前の1931年4月，『外交時報』に寄稿した論稿で，国際連盟規約，不戦条約に解説を加えながら，「戦争の絶対的禁止」が，「20世紀の国際社会」さらには「20世紀の人類全体の最大のテーマ」になっているという認識を提示した。もちろん横田も国際連盟規約や不戦条約を手放しで称賛したわけではない。国際連盟規約が禁止した戦争の範囲は限定的で，アメリカなど重要な国家が国際連盟に加わらなかった。不戦条約は，国際連盟規約よりもさらに踏み込んだ戦争の禁止

条約であり，国際連盟に加盟しなかったアメリカやロシアなども締約国となったが，条約に違反して戦争に訴えた国家に対する制裁を規定しておらず，その点では国際連盟規約より不徹底であった。このような国際連盟規約と不戦条約の長所と短所を分析したうえで横田は，「戦争の絶対的禁止」という究極的な目標に向けて国際社会がとるべき針路は明確であるとして，さらなる戦争違法化に平和への道を見出した（横田 1931）。

しかし国際連盟規約や不戦条約による「戦争概念の転換」を，戦争の制御・廃絶に向けた「進歩」と捉え，賞賛する横田の見解は，必ずしも同時代の人々の共通認識ではなかった。国際連盟規約や不戦条約によって戦争概念が「転換」したと考えるかどうかは，国際法学者によってさまざまであった（柳原 2001：16-17）。さらに，国際法において戦争を違法化することは，平和を促進するどころか，むしろ平和を遠ざけてすらいるという批判も多くの論者によって提起された。

その代表的な論客の1人が，イギリスの外交官であり歴史家であった E. H. カーである。カーが著した『危機の二十年』（1939）は，国際連盟や不戦条約など，大戦期間期に展開された平和に向けた試みを，「ユートピアニズム」と痛烈に批判したことで，リアリズムの古典と位置づけられてきた。しかし，同書が「来るべき平和の創造者たち」に捧げられた著書であることが象徴するように，カーは，より持続的な国際平和を目指す国際連盟や不戦条約の企図を否定したわけではない。同書でカーが「ユートピアニズム」と批判したのは，国際連盟や不戦条約の成立が平和への「進歩」であることを当然視し，そのような見解に異を唱える者を「平和の敵」として排除し，既存の制度の欠陥を検討しようとしない思想の硬直に対してであった。同書でカーが提唱したリアリズムとは，忌憚ない眼差しで，既存の平和条約や制度の限界を分析し，より実効的な国際平和の方法を探求するための理論的な立脚点であった。カー自身，「あらゆる健全な政治的思考はユートピアとリアリティ双方の諸要素に基礎づけられなければならない」として，「ユートピアニズムがうわべだけの耐え難いまがいもの——それは単に特権階級の利益の隠れ蓑として役立つのだが——となった場合，リアリストは，ユートピアニズムの仮面をはぐのに必要不可欠の役割を演ずる」，「しかし純粋なリアリズムは，いかなる国際社会の成立をも不

可能にする露骨な権力闘争をもたらすだけである。今日のユートピアをリアリズムの武器でもって粉砕した暁には、われわれはさらにみずからの新しいユートピアを築く必要がある」と明確に述べているように（カー 1939：190）、そのリアリズムの先には、オルタナティブの平和が展望されていた。

　さらに、「戦争概念の転換」を国際平和への「進歩」と見なす観念に真っ向から異議を唱えた人物として、ドイツの法・政治学者 C. シュミットがいる。シュミットの主張は次のようなものである。戦争の違法化が進められる以前の世界では、交戦国の間に道義的な優劣がつけられることはなく、両者は敵対しながらも、相手を「正しい敵」として認め合う関係にあった。非交戦国には中立義務が課され、そのことにより戦争は限定されていた。しかし第一次世界大戦を契機に、このような戦争概念は根本的に変容していく。その変化を促した中心的な存在がアメリカ合衆国であった。1917年4月、当初中立を保っていたW. ウィルソン政権は、「戦争を終わらせるための戦争（war to end the war）」を掲げて参戦を決定する。大戦後、ウィルソンのイニシアティブで国際連盟が創設され、国際連盟規約、および不戦条約を通じて戦争の違法化が進められていく。この新たな戦争違法化体制のもとでは、武力を用いて既存の国際秩序に挑戦し、侵略国と断罪された国は、妥協や和解が可能な「政治的な敵」ではなく、あらゆる手段を用いて殲滅すべき「人類の敵」と位置付けられ、制裁の対象とされる。直接攻撃を受けたわけではない国家も、「侵略」という「犯罪」に及んだ国に対して中立であることは許されず、戦争に参加することを強要される。このような分析に基づいてシュミットは、戦争違法化の試みは、戦争の廃絶どころか、人類の名のもとに戦われる「正戦」、さらには侵略行為に及んだ国家の完全降伏以外に終結方法がない「殲滅戦争」を生み出してしまったとする（シュミット 1932：328-331；Schmitt 1938；シュミット 1938：101-102[3]）。

　ここで注目したいのが、以上のようなシュミットの問題意識が、戦争の違法化を中心となって推進し、「人類の敵」に対する「殲滅戦争」を生み出した張本人としてシュミットが批判の矛先を向けるアメリカの国際法学者にも共有されていた事実である。イェール大学で長年国際法の教鞭をとり、在外市民の外交的保護をはじめ数多くの研究業績を残した E. M. ボーチャードは、アメリカの伝統的な中立政策を擁護する立場から、アメリカを海外の戦争に巻き込むも

のとして国際連盟規約や不戦条約を批判し続けた。それゆえ一般にボーチャードは，相互依存の深まる世界においては戦争も局地的なものではありえず，安全保障という課題も一国単位では論じられないものになっているにもかかわらず，中立政策という，19世紀まで有効であった伝統的な方法に固執し，アメリカ一国の狭い意味での安全を追求し続けた「孤立主義者」と見なされてきた。しかしその主張を，単なる過去へのノスタルジーとして切り捨てる前に，ボーチャードが大戦前の世界をどのような観点から評価していたのかを理解する必要がある。次に見る主張は，それをよく表すものである。

> 1914年以前の国家間のシステムを「国際的な無秩序」と特徴づけることは誤りである。……このシステムのもとで，ヨーロッパと世界は，長期間にわたる平和と安定の恩恵を受けてきた。戦争が生じた場合，諸国家の努力は，戦争に加担することや，その理非曲直の判定者として振舞うというほとんど不可能な作業に従事することに対してではなく，紛争の早期終結や両当事国が抱く不満の緩和，争いの仲裁など，恩恵的な影響を行使することに向けられた。……この時代およびこの時代に発展した法が，いかなる欠陥を持っていたとしても，それを無秩序と特徴付けることは過去の業績に対する甚だしい過小評価であり，それは，「新秩序」の誤った評価にもつながる。……（第一次世界大戦前の）同盟システムが，多くの問題を抱えた破滅的なものであっても，少なくとも国際秩序はそれなりの常識によって支えられていた。それは，長期にわたる安定の時代を実現し，多くのケースで戦争を局地的なものに限定することに成功した。……この「旧い」方法は，生活の事実に根ざしていた。戦時のプロパガンダは常にあったが，戦争とは，悪意ある侵略者が無実の犠牲者に対して開始するものであるという組織的な幻想が支配的になることはなかった。代わって共有されていたのは，国際社会はきわめて複雑で，その完全な分析は不可能であるという前提であった。人々は，ペンの力によって人間本性や国際社会のあり方を変えることができるという馬鹿げた幻想にふける代わりに，国際的な競争から必然的に生じる摩擦を最小化することに努めた。人々は，和解，仲介，調停のための機関を最大限に発展させようとし，異なる利害を調整するための交渉を支持した。これこそがこの時代の戦争防止の努力であった。……彼らの試みは，いわゆる「新」学派よりも野心的ではなかったが，私の目にはより実践的なものに映る。そこに成立した平和は暫定的なものではあったが，現在の世界では，このような暫定的な平和の可能性すら消え去ってしまっている。(Borchard 1933: 522-523)

ボーチャードは，第一次世界大戦後の平和主義者たちが，大戦前の世界を，「国際的無秩序（international anarchy）」と見なして否定し去り，平和を実現す

るために，まったく新しい制度を打ち立てようとしていることを批判した。たしかに大戦前の世界では，主権国家が行うすべての戦争は無差別に合法とされ，国際連盟のような存在もなく，軍事同盟の存在は当然視されていた。しかし，制度において立ち後れていたからこそ，政治家や外交官たちは，戦争を防止し，起こってしまった戦争の被害を最小限のものにする努力を怠らなかった。対照的に，国際連盟や不戦条約の成立により，大戦後の世界は制度面では戦前よりも格段に「進歩」した。しかしボーチャードが危惧したのは，このような制度的な「進歩」が，国際平和への「進歩」と同一視されることであった。大戦後の平和主義者たちは，戦前の「国際的無秩序」を克服し，平和を実現するという大義のもと，さまざまな諸制度や諸条約を打ち立てていったが，その反面，戦前の政治家や外交官が従事してきた，地道な利害調整や話し合いを等閑視した。いかに素晴らしい内容を持つ制度や条約も，その成立をもって自動的に国際協調が実現されるわけではなく，その活用こそが重要である。しかしボーチャードが見るところ，大戦後の平和主義者たちは，これらの制度や条約を活用して，諸国家間の対立する利害を調整し，平和的な紛争解決を促進していくことより，国際連盟規約や不戦条約に背いて侵略を行った国に制裁を科すことに圧倒的な関心を寄せてきた。その結果，戦前に比べ，平和を目的とする制度や条約の数は増えたものの，現実において，諸国家間の不和はむしろ増大することになった。

　このようなボーチャードの平和主義批判が集約されたのが，1934年の論説「現実主義 対 福音主義」であった。この論説においてボーチャードは，平和の実現方法をめぐる2つの思想の対立を，現実主義と福音主義の対立として整理し，福音主義に傾倒してきた大戦間期の平和主義者を批判し，現実主義への目覚めを訴えた。ボーチャードは言う。たしかに現実主義者は，福音主義者のように熱烈に国際連盟や不戦条約を支持しない。しかしこのような彼らの態度を，国際平和へのシニシズムとして理解することは誤っている。現実主義者は，平和に万能薬はないという抑制的な認識から出発し，だからこそ，制度や条約の発展だけではなく，外交や仲裁裁判，調停など，さまざまな手法で多角的に平和にアプローチしなければならないと考える。これに対して福音主義者は，現実主義者の漸進的な平和アプローチを不服とし，国際連盟や不戦条約を

平和の万能薬と見なし，それらに体現された新しい「平和への意志」を，集団的な制裁によって侵略国に強制する強力な国際組織を構築しようとする。彼らは，戦争において交戦国は善と悪に明確に分けられるという非現実的な想定のもと，非交戦国も善なる側を助ける義務があるとして，中立政策を悪への加担と批判し，すべての戦争を全体戦争へと変えてしまう（Borchard 1934：108-117）。

　ここで付言すべきは，ボーチャードが，ドイツに過酷な「平和」を押しつけたヴェルサイユ条約を痛烈に批判していた事実である。ボーチャードは，武力でもって既存秩序に挑戦し，「侵略国」として国際社会から村八分にされる運命にあるのは，既存の平和において虐げられているドイツのような国々であること，既存の平和から十分な恩恵をこうむっている国々は常に，「侵略」行為から平和を守る「正義」の側にしか立たないことを見抜いていた。

　すなわちボーチャードは必ずしも戦争違法化の試みそのものに反対していたわけではない。戦争を憎み，それを違法とし，廃絶しようとする試みが，宥和的な精神に基礎づけられないまま，機械的に推進された場合，「違法」な戦争を行った国に対する強烈な敵意へと転化し，「制裁」という名の暴力を助長してしまうことを指摘したのである。

3　「不戦条約の核心」としての第2条

　シュミットやボーチャードの戦争違法化批判の意義を踏まえたうえで，両者が見落としている点として指摘すべきは，大戦間期に展開された戦争違法化の試みがすべて，懲罰的な制裁戦争の肯定につながっていったわけではない事実である。たしかに国際連盟規約は，その16条で，紛争の平和的解決について定めた規約12・13・15条の規定を無視して戦争に訴えた加盟国を，「他の総ての国際連盟国に対し戦争行為を為したるもの」と見なし，まずは経済制裁，さらには軍事制裁の対象とすると定めていた。すなわち，国際連盟の不戦主義は，侵略戦争のみを対象とするものであり，侵略国に対する制裁については国際平和に不可欠の要素として認めるものであった。

　しかし制裁を肯定するこのような平和観は，大戦間期の人々に普遍的に共有

されていたわけではない。特に,「旧世界」ヨーロッパをアンチテーゼとしてその平和主義を発展させてきたアメリカでは,軍事制裁を必要悪として肯定する平和観は「旧世界」ヨーロッパのものであり,アメリカが追求する平和は,国際世論という「道義的制裁（moral sanction）」に依拠した非軍事的な平和でなければならないという観念が,19世紀の平和運動の黎明期から平和主義者の間に広範に共有されてきた（三牧 2014：40-82）。国務長官として国政にも携わり,1906年に創設されたアメリカ国際法学会の初代会長として,アメリカにおける国際法学の確立にも大きく貢献した E. ルートの次の訴えは,そのような信念の端的な表明といえよう。「法を侵したときに課される身体的苦痛や罰則こそが人々に法を遵守させているのだという仮定は間違いである。人々が罰金や監獄を恐れて犯罪を思いとどまるケースは稀であり,大抵彼らは,自身が居住する共同体の行動規範に照らして非難され,断罪される立場に置かれることを望まないがゆえに,犯罪を思いとどまるのである。……道義的な力の作用を洞察することは常に困難である。しかし,世界の承認という道義的な力を保持する国家こそが強力であり,世界から蔑まれている国家はいかに物理的な力に秀でていても,弱い国家でしかありえないということは,真実であり,普遍的に認められている」(Root 1908)。ルートの世界観において,国際平和とは,「道義的制裁」の普遍化により,軍事制裁およびその脅しが不要となった状態のことであり,軍事制裁は,国際平和の不可欠の要素であるどころか,平和に向けて克服されるべき障害と見なされていた。このような世界観を奉ずるルートにとって,軍事制裁を規約に盛り込んだ国際連盟は,国際平和の究極的な担保を軍事力に求めるものであり,平和に向けた「進歩」であるどころか,「諸々の問題を100年前の状態へと退行させるもの」に他ならなかった（American Society of International Law 1919：62-63）。

　大戦間期のアメリカにおいて,軍事制裁を肯定した国際連盟に対する批判意識は,連盟に加わらなかったアメリカのイニシアティブにより,軍事制裁を含む「あらゆる戦争の違法化」を実現させようとする戦争違法化運動へと発展していく。私財を投じ,この運動を立ち上げたシカゴの弁護士 S. O. レヴィンソンは,国家単体が利己的な目的で起こす侵略と,国際秩序の安定という公共の目的のために行使される制裁という二分法を否定し,制裁目的の軍事行使は短

期的には秩序に寄与しても，長期的には暴力の連鎖を助長するだけであり，暴力に暴力で対処するという発想を乗り越えない限り，戦争はなくならないと訴えた。その運動は国内外に共鳴を生み出し，1928年に成立する不戦条約の思想的な背景を成していった（三牧 2014：118-133）。

　1928年8月27日，アメリカとフランスに加えてイギリス，ドイツ，イタリア，日本など当時の主要大国15か国を調印国とする不戦条約が調印された。同条約は前文と，紛争解決のために戦争に訴えることを禁止し，国策の手段としての戦争の放棄を誓約する第1条，紛争を平和的手段で解決することを誓約する第2条，批准について定めた第3条からなっていた。同条約は，戦争を一般的な形で禁じ，条約違反国への制裁を規定していなかった。このような不戦条約の性質は，国際連盟規約，および1920年代前半に国際連盟総会の場で提起された相互援助条約案（1923）やジュネーブ議定書（1924）のいずれもが，侵略戦争のみを違法化の対象とし，侵略国に対する軍事制裁を盛り込んでいたこととは対照的であった。

　不戦条約における「牙」の欠如は，アメリカ平和主義者の間に両義的な反応を生み出した。国際連盟が進める侵略戦争の違法化を全面的に支持する人々は，この点を不戦条約の致命的な欠陥と見なし，その克服を模索した。カーネギー平和財団のJ. T. ショットウェルは，不戦条約の本文のみならず，前文中の「今後戦争に訴えて国家の利益を増進しようとする締約国は本条約の供与する利益を拒否される」という文言の決定的な重要性を強調した。ショットウェルによれば，この文言は条約締約国に対し，侵略国に対する援助停止という「道義的義務」を課すものであり，同条約の締約国となった以上，国際連盟に加盟していないアメリカも，侵略国に対する諸国家の共同行動に協力しなければならないのであった（Shotwell 1929：221-222, 225）。米国議会では，1929年2月11日，カンザス州選出の共和党上院議員A. カッパーが，不戦条約を「実効的」な取り決めとするには，紛争をいかなる紛争解決機関にも付さずに戦争という手段に訴えた国家を侵略国と認定し，援助を停止する旨を盛り込んだ追加条項が必要であるとして，その成立を模索した（Capper 1929）。

　しかし不戦条約に「牙」を具備しようとするショットウェルやカッパーの路線は，当時のアメリカで広い支持を集めることはできなかった。多くの平和主

義者や国際法学者たちは，紛争の平和的な解決について定めた第2条こそが「条約の核心」であり，紛争解決機関を充実させていくことこそが国際平和に向けた実践的な課題であるという立場をとった。「あらゆる戦争の違法化」を掲げてきた戦争違法化運動にとって，戦争を侵略戦争に限定することなく一般的に禁じた第1条は画期的であった。しかし，その彼らですら，同条約をあくまで「半分の勝利」と見なし，次なる課題として紛争解決機関の充実を主張していた（三牧 2014：150-151）。キリスト教系平和運動のリーダーのK.ページも，「不戦条約をめぐる論争のほとんどは第1条に関するものだが，（第1条の）戦争放棄に関する条項よりも，（第2条の）平和的紛争解決に関する誓約のほうがはるかに重要である。もし第1条が無価値であることが判明しても，条約は第2条の適用を通して成功を収めることができる」と強調した（Page 1931：327-328）。

第2条こそが「条約の核心」であるという見解は，国際法学者にも広く共有された。法律のエキスパートとしてパリ講和会議（1919）で国際連盟規約の作成に携わり，不戦条約について詳細な解説書『パリ不戦条約――ケロッグ・ブリアン条約の研究』（1928）を著したD.H.ミラーは同書で「ケロッグ・ブリアン条約締結に至る1年半以上の外交交渉において……第2条はほとんど言及されなかった。……交渉の中心となったのは，国策の手段としての戦争の放棄を定めた第1条に関する議論であった」と認める一方で，「不戦条約の死活的かつ支配的な構成要素は，外交官たちがほとんど注目してこなかった第2条にこそある」，「戦争放棄は，国際紛争が平和的手段で解決されるようになることの必然的な帰結である」と強調した（Miller 1928：124-126）。

パリ不戦条約の締結後，1929年に開催されたアメリカ国際法学会年次大会でも，次々と同様の見解が提示された。前国務長官C.E.ヒューズは「平和の制度」と題した演説を行い，「（不戦条約）第2条にこそ……平和への真の希望が存在する。単に戦争を法で制限しても，将来に起こる紛争，すでに蒔かれた紛争の種が正義に基づいて処理されない限り，平和を打ち立てることはできない。私が第2条に決定的かつ中心的な重要性を認めるのはこの理由による」と，平和のためには，戦争を違法とするだけでなく，戦争に代わる紛争解決手段を充実させていくことが重要であると訴えた（Hughes 1929：6-7）。他の参加

者たちも,「不戦条約に関する議論は,10分の9あるいはそれ以上の部分が第1条に関するもので占められ,第2条はほとんど無視されてきた。しかしより重要なのは後者である……紛争の解決において,信頼と確かな実効性への期待を持って平和的手段に訴えることができるならば,最後の手段としての戦争は自然に放棄され,考慮されることすらなくなるであろう。……不戦条約は世界史上,最も偉大な仲裁条約である」(F. D. マッキニー),「不戦条約の偉大な道義的価値は否定できないが……紛争解決のための何らかの具体的な機関や手法によって裏付けられない限り,それは単なる空虚な宣言となってしまう」(J. H. ラタネ)と次々と訴えた(Morris 1929 : 95, 97)。

　国務次官補やドイツ大使を歴任し,司法的な紛争解決の促進を唱道してきたD. J. ヒルも,人々の不戦条約への関心が第1条に集中し,いかなる行為をその侵犯と見なすかという「言葉の戦争」が起こっていることを批判し,第2条の存在は,そのような無意味な論争から不戦条約を救うものであり,まさにこの条文こそが不戦条約を意義あるものとしていると強調した。そして,第2条の規定に盛り込まれた「平和的手段」のさらなる制度化こそが,国際平和に向けた実質的なステップであると訴えた(Hill 1928, 824-825)。ハーバード大学で国際法の教鞭をとり,常設国際司法裁判所判事として国際紛争の平和的解決に携わってきたM. O. ハドソンもその著『平和的な手段によって』において,不戦条約を,19世紀から積み重ねられてきた平和的紛争解決の歴史的文脈に位置付け,「不戦条約第2条でうたわれた紛争の平和的解決は,実現の見込みが薄い願望の表明などではなく……国際法上の一定の拘束力を持つ取り決めと見なされるべきである」と強調した(Hudson 1935 : 93-94)。

　このように,不戦条約を支持したアメリカ国際法学者たちは必ずしも「戦争概念の転換」という観点からそれを支持したわけではなかった。むしろその多くは,第1条に盛り込まれた戦争の放棄を多分に象徴的な文言と見なし,第2条が定めた平和的な紛争解決を,紛争解決機関の整備,拡充によって裏付けていくことに実質的な課題を見出していた。

　以上の国際法学者たちの主眼は,すでに起こってしまった紛争を平和的に解決する仕組みの整備,構築にあったが,『ニュー・リパブリック』(*New Republic*)誌のコラムニスト,W. リップマンのように,この議論をさらに推し進め,

戦争を廃絶するには，戦争を違法化し，戦争に代わる紛争解決手段を充実させるだけでなく，紛争の原因となるような，不公平な現状を変革するための仕組みが必要であると訴える者もいた。第一次世界大戦に際してリップマンは，戦後の新たな世界秩序への期待からアメリカの参戦を支持したが，ヴェルサイユ条約の懲罰的な内容に幻滅し，戦後は国際連盟や平和運動と一定の距離を保ち続けた。不戦条約について論じた「戦争の政治的代替（political equivalent of war）」は次のような平和主義批判から始まる。たしかに戦争は悲惨なものだが，単にそれを犯罪的な狂気と批判し，違法化するだけでは，決して廃絶されることはない。そしてリップマンは，敗者のみならず勝者にも多大な損害をもたらすにもかかわらず，戦争が行われ続けてきたのは，国際政治においてそれが一定の「機能（function）」を果たしてきたからであると指摘する。戦争は既存の国際秩序に不満を抱く国家にとって，その「変革（change）」を求める手段であり続けてきた。ゆえに戦争を廃絶しようとするならば，戦争の「政治的代替（political equivalent）」，すなわち，戦争によらずに既存秩序を変革するための制度を整備する必要がある。たしかに，国際連盟規約19条は，国際連盟総会の役割として，適用が不可能となった条約の再審議や，そのまま放置された場合，世界平和を脅かす恐れのある国際状況に関する審議を連盟加盟国に勧告することなどを定めている。しかし，国際連盟がこの19条を活用し，既存秩序の平和的な変革を実現させた例はほとんどない。不公正な国際秩序を平和的に変革できる手段が存在しない限り，戦争を違法化する試みは，既存秩序で虐げられている国家にそのような秩序を永遠に押し付ける強国の道具となってしまう。このような分析に立脚してリップマンは，不戦条約締結後の喫緊の課題として，「平和的変革（peaceful change）」のための制度の充実を掲げた（Lippmann 1928）。

　このようなリップマンの問題意識は，不戦条約の辛辣な批判者であったボーチャードにも共有されていた。1934年の論説「現実主義 対 福音主義」は連盟に対する次のような提案で締めくくられる。国際連盟が失墜した大きな原因は，それを中心で運営してきたヨーロッパの諸列強が，国際連盟を自らに有利な既存秩序を維持するための道具としてきたことにある。連盟総会では，連盟規約16条が定める制裁をいかに強化するかは何度も論じられてきたが，「平和

的変革」に関する19条の適用についてはほとんど検討されてこなかった。失われた連盟に対する信頼を取り戻し，国際平和に実質的に貢献する機関にしていくためには，連盟規約から平和の強制に関する諸条項を撤廃し，連盟を，討議と交渉を通じて，諸国家の宥和を実現するフォーラムへ改編していくことが必要である（Borchard 1934：112-113, 116）。

4　おわりに

　本章で見てきたように，第一次世界大戦後，戦争の制御，究極的なその廃絶を目標として戦争の違法化が推進されたが，この試みは，決して国際法に対するナイーブな信奉のみに支えられていたわけではなかった。不戦条約の支持者の多くは，国際法によって戦争を違法化するだけでは平和は実現されえないという認識から，不戦条約第2条に盛り込まれた紛争の平和的解決の仕組みを整備・発展していくことを，国際平和に向けた実質的な課題と見なした。ひるがえって，連盟や不戦条約を批判したことにより，後世において，権力闘争を緩和し，克服していく可能性に悲観的なリアリストと見なされてきた人々も，戦争の違法化という試み，より平和な世界の実現という目的そのものに反対したわけではなかった。彼らが問題としたのは，戦争の違法化という試みの政治的な帰結であった。たしかに戦争違法化の試みは，平和を願う善なる意図から生み出されたのかもしれない。しかし，国際政治の現実を見れば，その推進は，国際社会の構成員に等しく恩恵を与えているわけではない。「武力による現状変更は違法である」という言説が支配的になることにより，現状に武力で挑戦する国家は一律に「平和の敵」として弾劾され，制裁の対象とされる。その結果，不公正な現状は神聖化され，温存される。彼らは，戦争の違法化という理想主義的な試みが，強国が自らに有利な現状を正当化するイデオロギーとして機能している現実を指摘したのである。

　また彼らの戦争違法化批判は，戦争に訴える国家を「非理性的」な国家と断罪し，「平和の敵」として排除の対象とするばかりで，既存の「平和」の問題点を考えようともしない平和主義者たちの知的怠慢にも向けられていた。たしかに戦争は破滅的であり，敗者だけではなく勝者の側にも多大な損失をもたら

す。しかし，国際平和に向けたより本質的な問いは，そのような戦争の破滅的な性質にもかかわらず，なぜ戦争に訴える国家が存在するのか，という問いである。このような認識のもと，大戦間期のリアリストたちは，戦争を廃絶しようと願うからこそ，歴史上，戦争が果たしてきた政治的な機能を綿密に分析し，その代替を構築しなければならないと主張した。このような戦争違法化批判を，権力政治の不変性という呪縛に囚われ，それを克服しようとするいかなる試みにも懐疑の目を向ける「リアリズム」と整理することは本来妥当ではない。彼らは，より平和な世界の実現に向けた努力自体を否定したわけではなく，彼らがよりよいと考える異なる手段で平和を追求していたのである。

　21世紀の今日に至るまで国際関係論は，変転する国際情勢に対応して，さまざまなパラダイムを生み出してきた。しかし，異なるパラダイム間の論争は必ずしも生産的なものばかりではなかった。それはしばしば，平和という課題を共有したうえで，よりよい平和の実現方法を模索する者同士の論争というより，国際関係を闘争の場と見るか，協調の場と見るか，あるいは国際関係を主として規定する要素をパワーと利害に見出すか，道徳や法の役割を強調するかといった，相互排他的な理論間の論争として展開され，どちらがより「正しい」かが競われてきた。

　しかし，異なる理論同士の関係は，どちらが正しいかを競う相互排他的なものでしかありえないのだろうか。本章が強調してきたように，大戦間期に発展したリアリズムは，決して平和や協調の可能性を否定する理論的立場ではなく，万人に平和や協調という恩恵を与えるものとして提示されている言説が，現実にはいかに不公平な形で機能しているかを分析し，より包括的な平和を探究する理論的立場であり，その意味において，理想主義と補完的な関係にあった。戦争制御のためのグローバル・ガバナンスという未完の課題を追求する私たちにとって，100年前の対話は，古びるどころか，新たな知の源泉であり続けているといえよう。

【注】
1）　国際連盟加盟国は，①紛争を仲裁裁判，常設国際司法裁判所，連盟理事会による審査のいずれかに付さねばならず，仲裁裁判・司法裁判の判決，理事会の報告後3か月が経

過するまで戦争に訴えることを禁じられ（12条1項），②これらの判決に従う連盟加盟国に対して戦争に訴えることを禁じられ（13条4項），③理事会の報告が紛争当事国を除く理事会の全会一致を得た場合，あるいは紛争が連盟総会に移され，紛争当事国を除く理事会各国およびその他の連盟加盟国の過半数の同意を得た報告書が採択された場合，報告書の勧告に応ずる紛争当事国に対して戦争に訴えることを禁じられた（15条6・10項）。

2) 日本では，大戦間期に進められた戦争違法化は日本国憲法の思想的淵源として関心を集めてきた（久野 1962；深瀬 1987：72-74；河上 2006）。これらの研究においてもその主要な関心は，戦争放棄をうたった1条に向けられてきた。

3) シュミットの戦争違法化批判に依拠して，「戦争概念の転換」を批判的に問い直した論稿として西（2006）。シュミットの「戦争違法化」批判は，2001年9・11アメリカ同時多発テロ事件以降，テロリストを「人類の敵」と位置付け，世界規模の「テロとの戦い」に乗り出していったアメリカの「帝国」的な行動を分析し，批判する視座として，多くの研究者の注目を浴びてきた（古賀 2005；権佐 2006；重田 2006；Brown 2007）。もっともシュミットの「正戦」批判が，アメリカの「帝国」的な行動を批判する視座として一定の有効性を備えているとしても，それは，アメリカ「帝国」に代わる，より平和的な世界秩序を展望するものではない。9・11後の「シュミット・ルネサンス」とでも呼ぶべきシュミットへの関心の高まりから生み出された研究の多くが，シュミットの思想を過剰に美化するものであったことの指摘はChandler（2008）。

【参考文献】

入江昭（2000）『20世紀の戦争と平和〔増補版〕』東京大学出版会。
重田園江（2006）「カール・シュミットの『アメリカ帝国』論」山下範久編『帝国論』講談社。
カー，E. H.（1939［2011］）『危機の二十年――理想と現実』原彬久訳，岩波書店。
河上暁弘（2006）『日本国憲法第9条成立の思想的淵源の研究――「戦争非合法化」論と日本国憲法の平和主義』専修大学出版局。
川村仁子（2010）「『平和のための国際組織』の思想的潮流――古代コスモポリタニズムからカントの永遠平和論まで」『立命館国際研究』23巻2号，145-172頁。
久野収（1962［1989］）「アメリカの非戦思想と憲法第九条」久野収『憲法の論理』筑摩書房。
古賀敬太（2005）「シュミットの正戦論批判再考」臼井隆一郎編『カール・シュミットと現代』沖積舎。
権佐武志（2006）「20世紀における正戦論の展開を考える――カール・シュミットからハーバーマスまで」山内進編『『正しい戦争』という思想』勁草書房。
篠原初枝（2003）『戦争の法から平和の法へ――戦間期のアメリカ国際法学者』東京大学出版会。
シュミット，カール（1932［2007］）「現代帝国主義の国際法的諸形態」長尾龍一編『カール・シュミット著作集（Ⅰ）』慈学社出版。
シュミット，カール（1938［2007］）「戦争概念と敵概念」長尾龍一編『カール・シュミット著作集（Ⅰ）』慈学社出版。

城山英明（2013）『国際行政論』有斐閣。
田畑茂二郎（1991）『国際法新講（下）』東信堂。
千葉眞編（2009）『平和の政治思想史』おうふう。
西平等（2006）「戦争概念の転換とは何か」『国際法外交雑誌』104巻4号，63-90頁。
深瀬忠一（1987）『戦争放棄と平和的生存権』岩波書店。
三牧聖子（2014）『戦争違法化運動の時代―「危機の20年」のアメリカ国際関係思想』名古屋大学出版会。
横田喜三郎（1931）「戦争の絶対的禁止―最近の連盟規約改正案」『外交時報』632号，14-31頁。
柳原正治（2001）「いわゆる『無差別戦争観』と戦争の違法化―カール・シュミットの学説を手がかりとして」『世界法年報』20号，3-29頁。
American Society of International Law (1919) *Minutes of the Meeting of the Executive Council: April 17, 1919*, 12/13, pp. 39-64.
Arsan, Andrew, Su Lin Lewis and Anne-Isabelle Richard (2012) "Editorial: The Roots of Global Civil Society and the Interwar Moment," *Journal of Global History*, 7 (2), pp. 157-165.
Booth, Ken (1991) "Security in Anarchy: Utopian Realism in Theory and Practice," *International Affairs*, 67 (3), pp.527-545.
Borchard, Edwin M. (1933) "The 'Enforcement' of Peace by 'Sanctions'," *American Journal of International Law*, 27 (3), pp. 518-525.
Borchard, Edwin M. (1934) "Realism v. Evangelism," *American Journal of International Law*, 28 (1), pp. 108-117.
Brown, Chris (2007) "From Humanised War to Humanitarian Intervention: Carl Schmitt's Critique of the 'Just War Tradition,'" in L. Odysseos and F. Petito eds., *The International Political Thought of Carl Schmitt: Terror, Liberal War and the Crisis of Global Order*, Routledge, pp. 56-70.
Capper, Arthur (1929) "Making the Peace Pact Effective," *Annals of the American Academy of Political and Social Science*, 144 (1), pp. 40-50.
Chandler, David (2008) "The Revival of Carl Schmitt in International Relations: The Last Refuge of Critical Theorists?" *Millennium: Journal of International Studies*, 37 (1), pp. 27-48.
Ferrell, Robert H. (1952) *Peace in Their Time: The Origins of the Kellogg-Briand Pact*, Yale University Press.
Gorman, Daniel (2012) *The Emergence of International Society in the 1920s*, Cambridge University Press.
Hill, David J. (1928) "The Multilateral Treaty for the Renunciation of War," *The American Journal of International Law*, 22 (4), pp. 823-826.
Hudson, Manley O. (1935) *By Pacific Means: The Implementation of Article Two of the Pact of Paris*, Yale University Press.
Hughes, Charles E. (1929) "Institutions of Peace," *Proceedings of the American Society of*

International Law at Its Annual Meeting, 23, pp. 1-12.

Kegley Jr., Charles (1993) "The Neoidealist Moment in International Studies? Realist Myths and New International Realities," *International Studies Quarterly*, 37 (2), pp.131-146.

Lippmann, Walter (1928) "The Political Equivalent of War," *Atlantic Monthly*, 142 (2), pp. 181-187.

Miller, David H. (1928) *The Peace Pact of Paris: A Study of the Briand- Kellogg Treaty*, G.P. Putnam's Sons.

Morris, Roland S. (1929) "The Pact of Paris for the Renunciation of War: Its Meaning and Effect in International Law," *Proceedings of the American Society of International Law at Its Annual Meeting*, 23, pp. 88-109.

Page, Kirby (1931) *National Defense: A Study in the Origins, Results, and Prevention of War*, Farrar and Rinehart.

Root, Elihu (1908) "The Sanction of International Law," *American Journal of International Law*, 2 (3), pp. 451-457.

Schmitt, Carl (1938 [1988]) *Die Wendung zum diskriminierenden Kriegsbegriff*, Duncker & Humblot.

Shotwell, James T. (1929) *War as an Instrument of National Policy: And Its Renunciation in the Pact of Paris*, Harcourt, Brace and Co.

第3部

規範——規範創出・転換をめぐる外交

第9章

貿易自由化ガバナンスにおける多角主義と地域主義
——マルチエージェント・シミュレーションによる行動規範の分析——

鈴木　一敏

1　はじめに

　第二次世界大戦以降，世界の貿易は，全体として見れば，ほぼ一貫して自由化の方向へ進んできた。しかし，貿易自由化ガバナンスのあり方は，その途上で大きく転換している。当初は，GATT（関税及び貿易に関する一般協定）の多角主義規範に基づく交渉が中心であった。これは，加盟国間で最恵国待遇を与え合い，全加盟国を平等に扱うべきとする規範である。一方，近年では，待遇の差別化を許容するRTA（地域貿易協定）の比重が増してきた。いまではすべての主要国が，GATTの発展形であるWTO（世界貿易機関）に加盟しつつも，RTAを併用している。支配的な行動規範（諸国の交渉行動を規定する規範）が，厳密な多角主義規範から地域主義の併用を許容する規範へと変化し，自由化の進め方が転換したのである。この現象を，マルチエージェント・シミュレーション（MAS）を用いて分析するのが本章の目的である。

　MASは，複数のエージェントが，与えられた行動ルールに基づいて自律的に行動し相互作用する点に特徴がある。このため模倣や学習といった個々のエージェントレベルでの変化や，それによって引き起こされる全体の秩序の変化，そしてそれらの間の循環的な関係など，動態的な現象をモデル化するのに適している[1]。また，エージェントの行動ルールを，自然言語に近い形で記述できる利点もある。たとえば「GATT加盟国は，非加盟国相手には合意内容を他国に適用しない前提で個別に交渉し，加盟国相手には他のすべての加盟国にも合意内容を適用する前提で利害を予測して交渉する。ただし，互いがRTA

を許容している場合には、GATT ルールの枠内で個別的に交渉を行う」といった、状況依存的な条件分岐を含む複雑な行動規範をそのままルール化し、さらにその伝播をもモデル化できる。この手法を用いてコンピュータの箱庭のなかに国際システムを構築し、行動規範を選択的に採用する国家を相互作用させることで、支配的な規範の転換の原因を論理的に検証することが可能となる。

　以下ではまず、貿易自由化ガバナンスの変容と、それを引き起こした諸国の行動規範の変化の現実を確認する。戦後初期に多角主義的な行動規範が急速に広がったのち、徐々に地域主義的規範に代替されていったことが示される。次に、その原因を説明する既存の議論を概観する。この問題に関しては、RTA が第三者に与える負の外部効果や、覇権国であるアメリカの影響など、すでに説得的な指摘がなされている。しかし、多角主義や地域主義といった行動規範そのものが持つ特質については、いまだ十分な検討が行われていない。そこで、先行研究が指摘する諸要因をあえて除去して、多数の国家が多数の品目における譲許を交換し合うシステムを構築し、いわば自然状態のなかでの行動規範の相互作用と伝播を検証する。その結果、政治・経済の外部効果や覇権の影響を捨象しても、一定の状況下では、現実と同様のガバナンスの変容が生じることが示される。

2　貿易自由化におけるガバナンスの変容

1　多角主義の広がりと地域主義の急増

　戦後国際貿易体制における多角主義は、英国による国際通商同盟案（1942年）にまで遡ることができるが、その後、戦前のブロック経済への反省から主にアメリカ合衆国の国務省が推進して GATT に組み込まれた（Irwin *et al.* 2008；山本 2012）。のちに WTO に受け継がれることになるこの多角主義は、無条件の一般最恵国待遇原則に基づいている。これは、ある品目で輸入障壁を削減する場合、他のすべての加盟国に対して同等の削減を、新たな代償を求めずに適用するという原則である。普通、最初の削減は交渉相手国の関心品目とのバーター（物々交換）によって行われるため、複数の品目で障壁が削減されることとなり、それが残りの加盟国にも適用され、自由化の範囲が広がる。一方

第3部　規　範

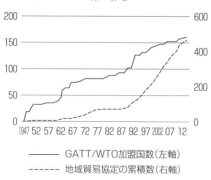

図9-1　GATT/WTO加盟国数と
RTA数の推移

出所：WTOウェブサイト（https://www.wto.org/）
のデータより筆者作成。

で，障壁を引き上げる場合には，利害関係を持つと認定されるすべての加盟国と合意する必要があり，著しい困難を伴う。このため，この原則は，GATT加盟国の政策を障壁引き下げへと方向づける効果を持った。

　戦後，GATT加盟国の拡大を通じて，この原則の採用が広がっていった。図9-1の実線はGATT/WTOの加盟国数の推移を表している。当初は西側資本主義国の間で創設されたが，加盟国は年々増加し，最終的には2001年の中国，2012年のロシアの加盟を経てほぼすべての主要国をカバーするまでになった。

　この一般最恵国待遇原則の例外としてGATT 24条に定められているのが，域内国間の関税や輸入制限を撤廃する自由貿易地域（FTA）と，さらに対外関税をも統一する関税同盟（CU）という2種類のRTAである。多角的自由化と異なり，RTAによる自由化は第三国には適用されない。それどころか逆に，貿易や投資の域内国へのシフトを促し，第三国の経済を縮小すると懸念されてきた。RTAの締結は第三国に対する自由化を直接意味しないため，諸国の貿易政策が全体として自由化へと向かうためには，各国による既存のRTAへの参加，もしくは新規RTAの締結が必要となる。

　ウルグアイ・ラウンドとドーハ・ラウンドという多角的貿易交渉の長期化と時を同じくしてRTAが急増したことは，すでにあらゆるところで指摘されてきた。図9-1の破線は，GATT/WTOに通報されたRTAの累積数を示している。この急増はしばしば「加速度的」と形容されるが，実際には1990年前後から時間軸にほぼ比例して増加している。

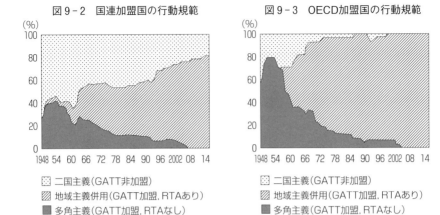

図9-2 国連加盟国の行動規範　　図9-3 OECD加盟国の行動規範

出所：WTO（https://www.wto.org/），国際連合（http://www.un.org/），
OECD（http://www.oecd.org/）ウェブサイトのデータより筆者作成。

2　行動規範としての多角主義と地域主義の採用状況

　上記のようなデータに基づいて，戦後GATTの多角主義が広がったあと，1990年代からRTAが増加し地域主義が支配的になった，とする理解が一般的である。しかし，協定数を集計しただけでは，多数の国がそれぞれ少数のRTAを締結した場合と，一部の国だけが多数のRTAを締結した場合との見分けがつかない。これでは，多角主義や地域主義といった行動規範が，どの時点でどれだけの国に採用されていたのか不明である。

　そこで，個々の国々について，無条件一般最恵国待遇規範を厳密に守っているのか，それともRTAとの併用を容認しているのかを調査した。図9-2の「多角主義」は，国連加盟国のうち，GATT/WTOに加盟し，かつ，RTAを結んだことのない国の割合である[2]。厳密な多角主義を採用する国は，戦後すぐに40％程度まで増加し，その後徐々に減っていった。一方，GATT加盟国として多角主義を採用しながらRTAを併用するという「地域主義併用」規範は，1950年代後半から増え始めて徐々に支配的になっていった。1990年頃に多角主義から地域主義への急激な転換があったとする認識からすれば，意外とさえいえる傾向である。

　しかし，厳密な多角主義が早期に地域主義併用規範に代替されているのは，

1960年代以降に新たに独立した国が増えた影響かもしれない。このデータの分母に当たる国連加盟国には途上国や島嶼国も含まれるが，これらは旧宗主国や近隣諸国と特恵的協定を結ぶ傾向が強いと考えられるからである。そこで，これらの国を除外しても同じ傾向が見られることを確認するため，調査時点でOECD（経済協力開発機構）に加盟していた34か国を取り出して同様の割合を算出したのが図9-3である。小国や冷戦の影響が小さくなるのでGATT非加盟国が少ないが，図9-2の下半分と似た推移であり，多角主義と地域主義の広がり方は類似している。

個々の国家の行動規範に着目すると，厳密な多角主義は，戦後すぐの時期に一旦広がったあと徐々にRTAを併用する行動規範に代替され，1970年代にはすでに1割から2割程度にまで減っていたのである[3]。

3　先行研究と問題提起

この変化の背景には，どのようなメカニズムがあるのだろうか。特に1990年代以降のRTAの急増に関しては，すでにさまざまな側面から説明がなされている。最も一般的なのは，参加国の増加により多角的交渉が長期化・停滞したため，欧州およびアメリカが次善策として地域統合を進め，それをモデルとした他国・地域に同様の政策が拡散したとする理解であろう。マンスフィールドらは，GATT加盟国の増加やラウンド交渉の開催と，RTA締結との間に正の相関があると示しており，この見方を裏付けている（Mansfield and Reinhardt 2003）。一方，地域主義を容認する行動への転換を，政策アイデアの拡散として説明する視点も，この理解と整合的である。大矢根（2012）は，各国の政策の転換を，多角主義を是とする既存の政策ネットワークに対して，政策企業家が地域主義を容認する政策アイデアを提示して，浸透させた結果だと見る。そして，アメリカでこのアイデアが定式化され，それが日本や東アジアの国々に参照され拡散した過程を実証している。

そうした拡散の背景にあるのが，かねてより指摘されているRTAの特性である。RTAは，域外国との貿易・投資を域内国へとシフトするなど，域外国に対して負の経済効果を与えうる。さらに，貿易転換は域外国の交易条件も悪

化させるので，域外国が受ける影響はより強まる[4]。域外国はこの外部効果を相殺するために，既存の協定への加入や新規の協定締結の必要に迫られ，協定はドミノのように連鎖的に増加する（Baldwin 1993；1997）。このメカニズムは排除可能性によって駆動するので，無条件に最恵国待遇を約束する協定よりも，RTAのように特恵的な協定のほうが広がりやすいとされる（Pahre 2007）。

経済ではなく，政治的なドミノに着目した研究もある。マンスフィールドらは統計分析を根拠に，国家がGATT/WTO内での交渉力を高めるためにRTAを締結すると主張している（Mansfield and Reinhardt 2003）。交渉力が相対的なものであることを考慮すれば，こうして得られた交渉力はドミノを動かす要因になるだろう。外交的な競争関係の影響は，特に東アジア域内や日中のRTA政策に関して詳細に実証されてきており否めない（大庭 2003；Munakata 2006；尾池 2007；Ravenhill 2010）。ソリースらがまとめた一連の研究も，経済，政治・安全保障，貿易や投資のルール策定という面も含めて，競争的な動機がアジア太平洋地域における地域主義政策の拡散に強く影響していたことを示す（Solís et al. 2009）。

これらの研究は，国家が意図的にRTAを結ぶに至ったという説明であるから，RTAを併用する規範が広がった現象にも同様の論理が当てはまるはずである。そしていずれも実証的な裏付けを伴った説得的なものである。しかし，これらが説得的であればあるほど，新たな疑問はさらに大きくなる。すなわち，RTAがそれほどまでに拡散しやすいのならば，なぜ地域主義ではなく，厳密な多角主義規範が戦後一旦広まったのだろうか。そして，1990年代以降始まるドミノよりも30年ほど先行して，厳密な多角主義規範を採用する国が徐々に減少してきたことは，どのように理解できるだろうか。

戦後すぐに多角主義の国が増加し，その後，減少したことの説明として，真っ先に思い浮かぶのは公共財供給の議論（Olson 1965；Kindleberger 1973），そして覇権安定論（Krasner 1975）であろう。「非対称に大きな市場を持つアメリカが国際公共財を提供したが，相対的衰退に伴いその供給レベルが落ちた」あるいは「アメリカが影響力を発揮して多角主義を広めたが，その後，その力を失っていった」という説明は，アメリカの相対的な力が終戦直後をピークに減少していったという研究結果（Maddison 2001；Chase-Dunn et al. 2002）とも符合

する。しかしこのことは皮肉にも，アメリカの働きかけが決定的要因だったか否か，という疑問に答えることを難しくしている。仮にそうした働きかけがなかったら，他国は多角主義を採用しなかっただろうか。政治および経済のドミノ効果が無かったらどうだろうか。そもそも，これらの要因がない場合というのは，どういう状態なのだろうか。

行動規範を分析するための自然状態を考えるのならば，その必要最低限の構成要素は，多国間の自由化交渉システムと，それを構成する国家が持つ多角主義や地域主義併用といった行動規範ということになるだろう。システムと行動規範の性質に着目した研究には，19世紀の無条件最恵国待遇付与を対象としたR. パーの業績がある（Pahre 2007）。しかし，これは2国間の最恵国待遇を対象としており，すべての加盟国に最恵国待遇を与える多角主義規範や，その多角主義規範の内部で重層的に構築されるRTAを対象とする本章とは関心が異なる。同じく19世紀を対象としたD. レイザーも，MASを用いて行動規範の影響を分析しているが，相手国が一定数以上の協定を結んでいると自らも協定を結ぶ，というごく単純な閾値モデルを用いており，戦後の自由化交渉における現実の行動規範を十分に表現するものではない（Lazer 1999）。

そこで以下では，戦後実際に見られたような「多角主義のみを利用する行動規範」と「多角主義と地域主義を併用する行動規範」を明示的にモデル化する。そして，国家が譲許を交換し合うシステムのなかで，それら自体がどのような影響を持つのかを検証する。これによって，さまざまな要素が入り組んだ複雑な現実の基底をなしている構造そのものの性質を明らかにしていく。

4　譲許交換モデルの構成[5]

戦後の自由化交渉は，多数の分野・品目間での譲許の交換により進んできた。初期のGATTラウンドでは，主要な貿易相手国と品目リストを出し合って交渉しており，交換が明示的であった。さらに，全体の障壁削減ルールを話し合うようになったケネディ・ラウンド以降も，時期による強弱の差こそあれ，複数の分野・品目間のリンケージが交渉の原動力であった（Davis 2003）。そこで，多数の国家が相互に譲許を交換するモデルを構築した。

構築に当たっては，F. ストクマンらの動態的な意思決定モデルを参考にした（Stokman and Van Oosten 1996）。これはコールマンの社会的交換モデル（Coleman 1972）を基礎として，ネットワーク化された国同士が，多数の争点における投票時の立場を交換して集団的に意思決定を行うよう改良されたモデルである。各国は，争点ごとに設定された一次元の線分上に選好点を持ち，争点ごとの重要性の違いを考慮しながら，他国とログローリング（票取引）を行う。しかし，このモデルをそのまま貿易交渉に利用することはできない。なぜなら，投票では１つの争点について１つの立場しか持ちえないが，貿易関係では１つの分野・品目について相手国ごとに貿易障壁レベルを個別に設定できる点で，構造が異なるからである。そこで，多国間，多争点で，かつ，各争点において相手国ごとに別々の立場を決定できるモデルを新たに構築した。この譲許交換モデルでは，１つ１つの品目において，複数の相手と取引が可能である。結果として，ある国がある品目で交渉して選好点に近い状態を実現すると，その後第三国と交渉を行う誘因が減るなど，第三国に対して交渉上の影響が生じるようになっている。

電算機の演算能力の制約から，今回の実験では国際経済の主要プレーヤーのみを想定し，2016年のOECD加盟国と同じ34か国でモデルを構成した。このモデルの世界には自由化交渉の対象になる品目が50存在し，各国はそれぞれの品目で障壁を持っている。この障壁は，単純に50品目の関税と考えてもよいが，知的所有権，政府調達，投資，労働，環境などさまざまな分野における各国の規制も含むと考えれば，非貿易的関心事項を多く含む近年のRTAを視野に収めることができるだろう。各国は各品目において，いずれも０から10の実数で表される以下の４つの値を保持している。

- P：　輸入障壁の理想的水準。品目ごとに一様乱数により設定される。
- T：　輸入障壁の水準。他の33か国それぞれに別の値を設定可能。初期値はPと同値。
- Si：　輸入障壁の重要度。自国の輸入競合利益の政治的重要度を示す。品目ごとに一様乱数により設定される。
- Se：　他国の輸入障壁の重要度。自国の輸出利益の政治的重要度を示す。品目ごとに一様乱数により設定される。

国家は，全品目の「不満」の合計を縮小するように行動する。「不満」は品

目ごとに，理想と現実とのギャップに重要度を乗じて算出される。たとえば，A，B，C国の3国で構成される世界で，ある品目について交渉する時，その品目におけるAの「不満」は，以下のように表すことができる。

$$\left| P_A - \frac{T_{AB} + T_{AC}}{2} \right| \times Si_A + \frac{T_{BA} + T_{CA}}{2} \times Se_A$$

第1項が輸入面，第2項が輸出面を示している。輸入面では，Aの理想の障壁水準（P_A）と，AのBに対する障壁（T_{AB}）とAのCに対する障壁（T_{AC}）の平均値との差の絶対値に，その品目の輸入の重要度（Si_A）が乗じられている。自由化交渉以前の輸入障壁の水準は国内政治の均衡点だと考えられるので，以下特に断りのない限りTの初期値はPと同値に設定している。よって開始時にはこの項の値はゼロである。一方の輸出面では，他国が自国に適用する障壁の理想点は常にゼロなので，単純に他国が自国に適用している障壁（T_{BA}, T_{CA}）の平均値に，自国の輸出利益の重要性（Se_A）を乗じた値になっている。各国は，お互いの付す重要度が違う品目を見つけ出し，譲許を交換することで「不満」を縮小していく。

シミュレーションの1試行は1000ステップの繰り返しで行われる。各国は各ステップに一度，交渉相手国および争点にする品目をランダムに選び，交渉を始める。争点は，自国あるいは相手国の障壁水準の，引き上げあるいは引き下げである。その利害が偶然相手の利害と一致していればそのまま実現するが，そうでない場合には，相手が変更を望む別の争点を探索して，譲許の交換を持ち掛ける。そして，交換によって双方の「不満」が縮小する場合，つまりパレート改善的な場合，取引が成立する。その際の双方の譲許幅は，双方が縮小できる「不満」の幅が同じになるように決定される[6]。

以上が譲許交換モデルの基礎的な構成である。このモデル上の国家に，具体的な行動規範を持たせ，その相互作用の結果を検証するのが本章の主題である。国家は以下の3つの行動規範のうちいずれかを採用する。

二国主義規範（GATT非加盟国の行動を想定）:
・相手の規範にかかわらず，1対1の交渉を自由に行う。

多角主義規範（RTAを行わないGATT加盟国の行動を想定）:

- 二国主義規範の国に対しては，GATT枠外で個別に自由に交渉する。ただし，自国の障壁を引き下げた場合には，一般最恵国待遇原則によって他のGATT加盟国（多角主義規範，地域主義併用規範を持つ国）にも同水準まで引き下げを適用する。引き上げる場合には，GATT加盟国には適用しない。
- GATT加盟国（多角主義規範，地域主義併用規範）に対しては，一般最恵国待遇を厳密に適用する。GATT加盟国間では，障壁引き上げの交渉は行わない。

地域主義併用規範（RTAを行うGATT加盟国の行動を想定）：
- 二国主義規範，多角主義規範の国に対しては，多角主義規範の国と同様に行動する。
- 交渉相手が地域主義併用規範を持つ場合には，1対1で障壁の引き下げ交渉を行い，その結果を第三国に適用しない。

　いずれの場合でも，後に他のGATT加盟国に同等の引き下げを適用する必要があるかどうかを織り込んだうえで，要求幅や譲許幅を計算している。なお，GATT24条はRTAを「関税その他の制限的貿易規則を……実質上のすべての貿易について廃止」したものと規定している。しかし，現実にはこの規定は遵守される例のほうが稀であり，基礎となるはずの関税だけを見ても例外を多く含む協定が見受けられる（Mansfield and Reinhardt 2003：832）。そのうえ現在では，関税以外にも知的所有権，政府調達，投資，労働，環境，規格認証，通貨統一などさまざまな事項が取捨選択されており，新たな内容を加えた再交渉もしばしば行われる。こうした状況にかんがみれば，GATTの規定はそのまま行動規範としてモデル化するのに適さない。そこで本モデルでは，RTAを結ぼうとする国はすべての品目の障壁を一律に廃止するのではなく，単に他のGATT加盟国に交渉結果を適用しない特恵的な協定を結ぶよう設計した。そして，こうした協定の数を全体の品目数で割ったものを集計し，RTA数の目安とした。

　さて，いずれの行動規範を持つ国も，自由化による「不満」の縮小（バーターによる政治的得点の獲得）を目指す点で同じである。しかし，自国と他国が採用する行動規範によって，その縮小の度合いには差が出てくる。たとえば，関税引き上げを提案できるかどうかで合意可能性は異なるだろうし，多角主義のメリットは，ほかに多角主義をとる国の数により変化するはずである。

　こうした「不満」縮小の効率性の違いが，国家が行動規範を変更する際の尺

度となる。国家は，毎ステップ5％の確率で自らの行動規範を見直す。見直しでは，他の国家をランダムに3つ選び，過去10ステップにおける「不満」の削減幅を比べ，自国も含めたなかで最も削減幅が大きな国家の行動規範を模倣する。ただし，このままでは，ある行動規範をとる国家が絶滅すると以降現れなくなってしまう。そこで，いわば突然変異を引き起こすために，見直しのうち5％は3つの行動規範から1／3の確率でランダムに選ぶように設定した。[7]

モデル作成時点でOECDに加盟していた34か国の1948年当時の状況を確認すると，GATTの初期加盟国が10，非加盟や未独立の国が24であったので，行動規範の初期値は，二国主義24，多角主義10，地域主義併用0とした。

5 シミュレーションによる検証

1 譲許交換モデルにおける行動規範の性質―基本設定での試行

以下，試行は200回ずつ行った。それぞれの行動規範をもつ国の数の推移を計測し，その平均を示したのが図9-4である。厳密な多角主義規範を採用する国は初期に急増するが，その後，地域主義を併用する国が増加し，最終的には地域主義併用規範が支配的になっている。200試行中172例（86％）で，終了時の地域主義併用規範の割合が8割を上回った。個別の試行を見るとこのパターンに当てはまらない場合もあるが，二国主義や多角主義が最終的に半数以上を占めたのは200試行中1例ずつであり，198例で地域主義が過半を占めている。

多角主義をとる国は，全加盟国相手に同時に障壁を引き下げるため，二国主義の国に比べて短期に大幅な自由化が可能である。その引き下げの大半は，交渉相手国以外の加盟国に対するものである。いわば漁夫の利を互いに与え合うことで，相対的に好成績をあげ，学習プロセスによって模倣される。こうして多角主義をとる国が増えれば，その波及効果はさらに強まる。ところが，地域主義併用規範が出現し，最恵国待遇を適用しない協定が増えると，多角主義をとる国が他の加盟国から受けるプラスの波及効果が少なくなる。一方，地域主義併用規範をとる国は，一般最恵国待遇の恩恵を受けつつ，個別の細かな調整を行うこともできるため，多角主義と比較して好成績をあげ，拡散する。

図9-4 基本設定の試行結果①　　図9-5 基本設定の試行結果②

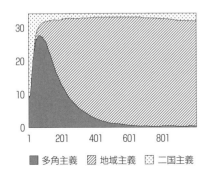
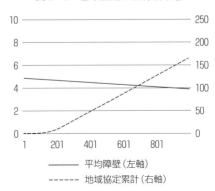

図9-5は，全体の平均障壁水準とRTA数の目安を示している。支配的な行動規範の転換にかかわらず，障壁水準は，平均すればほぼ時間に比例して減少していた。また，RTA数の推移を見ると，現実と同様に，ある時点を境に時間に比例して増加していく傾向が見られた。

2　交渉の複雑性の影響

どのような場合にこうした傾向が現れなくなるのであろうか。さまざまな検証のなかで見えてきたのは，交渉テーブル上の分野・品目数の影響である。図9-6，図9-7は品目数を10に減らした結果である。初期に多角主義が増加したあと地域主義併用規範に代替される傾向は同じであるが，その後，平均障壁レベルが下げ止まると同時に，地域主義併用規範も減少し始めている。

原因はいくつか考えられる。第1は品目数が不満削減の速度に与える影響である。品目数が少ないほど，1品目がその国全体に占める割合が大きくなるので，二国間主義の国の不満削減の速度が上がる。すると，短期に大幅な障壁削減を行えるという最恵国待遇の相対的利点が弱まるため，最恵国待遇を利用する規範が広まりにくくなる。

第2に，品目数の減少が，最恵国待遇の交渉上の効率性に与える影響がある。20世紀初頭にはすでに，最恵国待遇が関税を細分化する誘因を与えると広く認識されていた（Pahre 2007：293）。その根拠は以下のとおりである。A国

図9-6 品目数が10の場合①

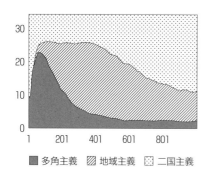

■ 多角主義　▨ 地域主義　⋯ 二国主義

図9-7 品目数が10の場合②

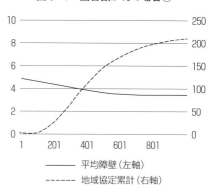

―― 平均障壁（左軸）
------ 地域協定累計（右軸）

が，ともに無条件最恵国待遇を与えているB国とC国から1種類の財を輸入している場合を考えよう。A国がB国と交渉して障壁を引き下げるとき，直接の交渉相手であるB国とは譲許を交換し，C国には最恵国待遇により代償なしに引き下げを適用する。ここでもしA国が，B国製の財とC国製の財を価格帯，素材，製法などによって2つの関税分類に分けることができれば，A国は同じ財の引き下げ交渉を別々に行うことで，B国とC国両方から譲許を得ることができる。この試行では品目数を減らしたため，最恵国待遇を用いる国が交渉相手から直接的な代償を得る機会が減り，得点が相対的に悪化したと考えられる。

　第3に，シミュレーション内の時間を考慮する必要がある。このモデルでは，システム内の政治的非効率（不満）はいずれ枯渇する。したがって，超長期を想定すれば，品目数が多い場合でも最終的にはシステム内の不満が解消されてゆき，個別の細かな調整の余地が残るのみとなり，多国間での大掛かりな自由化は意義を失い廃れていく可能性がある。それまでにかかる時間は，国家の交渉速度と品目数とのバランスに依存する。今回は品目数が少ないため，それが早く訪れただけとも考えられる。

　ここで現実に目を移してみよう。戦後始まった自由化にはまだ進む余地が残されているし，非貿易的関心事項を中心として新たな交渉分野・品目が増加している。このシミュレーション内で戦後70年間に対応するタイムスケールを考

第9章 貿易自由化ガバナンスにおける多角主義と地域主義

図9-8 初期障壁が高い場合①

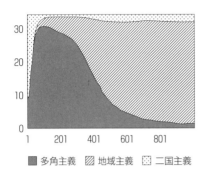

■ 多角主義 ▨ 地域主義 ⬚ 二国主義

図9-9 初期障壁が高い場合②

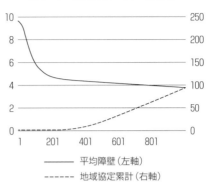

―― 平均障壁（左軸）
------ 地域協定累計（右軸）

えるならば，政治的非効率性が枯渇する以前の状況を見るのが適切であろう。そこで平均障壁レベルが下げ止まる以前に焦点を当てて考えると，一般最恵国待遇原則を用いる多角主義や地域主義併用規範の拡散は，交渉の複雑さに依存している。このことは，メンバー全員に無条件の最恵国待遇を与えるという多角的な行動規範が，取り扱う品目数が多い関税交渉の分野のなかで発達してきた理由を説明するかもしれない。

3 歴史的状況が与えた影響

戦後国際貿易体制の構築にあたってアメリカが多角主義を原則に据えた背景には，1930年のスムート＝ホーレー関税法に端を発したブロック経済への反省があった。この歴史的経緯を考えれば，GATT が設立される以前の高い障壁水準の影響を検証しておく必要があるだろう。そこで，終戦によって国内的に望ましい障壁水準が引き下がり，実際の障壁が各国の選好よりも大幅に高くなった状況を想定した。輸入障壁の初期値を，国内政治の均衡点である P ではなく，一律に最高値の10に設定して実行した結果が図9-8，図9-9である。基本設定の結果（図9-4，図9-5）と比較して，初期の多角主義の増加の勢いが増し，また，その後支配的となる期間も長くなる傾向が見られる。戦前戦中の保護主義は，戦後の多角主義の拡散や維持を助ける方向で作用したといえそうである。

図9-10 初期規範が地域主義の場合①　　図9-11 初期規範が地域主義の場合②

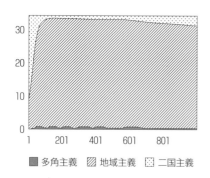
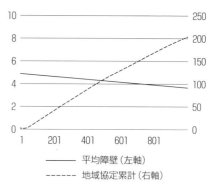

　では，仮にこの時，アメリカが多角主義でなく地域主義を併用する政策アイデアを信奉していたら，どうなっていただろうか。本モデルの国家は，力や経済規模において格差を持たない。その意味で，国際公共財理論や覇権安定論が重視するアメリカの力や経済規模の影響を捨象している。それゆえ逆説的に，初期にアメリカが設定した行動規範の効果だけを分離して分析することができる。

　図9-10，図9-11は，初期の障壁レベルを基本設定に戻し，初期の規範の分布のみを二国主義規範24，多角主義規範0，地域主義併用規範10と変更した結果である。地域主義併用規範が当初から拡散し，そのまま支配的になっている。もしもアメリカが推した政策アイデアが地域主義併用規範であったなら，戦後のガバナンスのあり方は異なっていたと示唆される。しかもその場合，より自由な世界になっていたかもしれない。1000ステップ時の平均障壁水準は，基本設定で実行した場合の96.03％であり，わずかではあるが低かった（1％水準で統計的に有意）。多角主義は，本来ならば取引材料にできる自国の障壁引き下げを，第三国がそこに付す重要度を考慮せずに，一般最恵国待遇で一律に引き下げてしまう。これに対して地域主義を併用する場合には，各品目の障壁について個別に，相手ごとに調整できるため，最終的な障壁は低くなりやすい。

　一方，図9-12，図9-13は，同様に初期に地域主義併用規範の採用国を10としたうえで，障壁の初期値を10に高めた結果である。初期に多角主義をとる国

図9-12 初期規範が地域主義・高障壁①

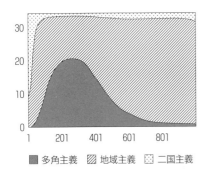

■多角主義　▨地域主義　⋯二国主義

図9-13 初期規範が地域主義・高障壁②

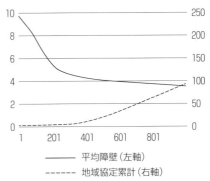

――― 平均障壁（左軸）
------ 地域協定累計（右軸）

がいない場合でも，多角主義規範はいったん増加し，その後，地域主義併用規範に代替されている。多角主義は，大幅な障壁の調整が行えることから，調整の余地が大きい時には拡散する傾向がある。その傾向があらためて確認できた。

　終戦時の貿易障壁が非常に高かったこと，そしてアメリカが多角主義に基づいて国際貿易制度を設立したこと，という2つの歴史的な状況は，ともに戦後初期の多角主義の拡散を勢いづける方向で働いた。シミュレーションでは，これらのうち片方が欠けていても，現実に見られたのと同様，多角主義の一時的な拡散が再現された。したがって，戦後初期に厳密な多角主義が拡散した現象は，かなり蓋然性の高い出来事であったと考えられる。

　一方，障壁水準の低下につれて地域主義併用規範が支配的になる傾向は，これらの歴史的要因と関係なく観察されていることから，やはり交渉の複雑性（品目数の多さ）に依存していると考えられる。多角主義から地域主義併用への支配的な規範の転換は，多国間で多数の分野・品目の譲許を交換するというシステムと，そのなかにおける行動規範の性質だけからでも創出されるのである。

第3部 規　範

6　おわりに

　戦後，諸国の貿易政策は自由化に向かってきたが，その途上において支配的な行動規範は転換していた。本章は，その転換の原因を究明するための基礎的考察として，譲許を交換する交渉システムの内部で，多角主義の行動規範と地域主義を併用する行動規範が持つ特性を検証した。その結果，調整可能な非効率が多く残る初期に多角主義規範が，その後に地域主義併用規範が拡散する傾向が内在することがわかった。システム内に残されている効率化の余地の大きさによって，効率的な交渉のための行動規範が異なる。このことがガバナンスの変容を必然的に生み出していた。

　本章のモデルは，貿易転換などによる経済的ドミノ効果，安全保障や交渉力に焦点を置いた政治的ドミノ効果を含まない。さらに，すべての国は，経済規模，権力，生産性において対称的であり，戦後初期に多角的貿易体制のアイデアを広めたということを除いては，覇権の効果すら捨象している。にもかかわらず，戦後初期の厳密な多角主義の拡散と，その後の地域主義併用規範による代替を再現することができた。とはいえ，本章の分析は，あくまで譲許交換システムのなかで，特定の行動規範が相互作用した際の論理的結末だけを取り出して示したのみであり，既存の説明を否定するものではない。

　では，先行研究が指摘する要因は，この検証結果とどのような関係にあるだろうか。経済的・政治的なドミノ効果は，RTAの競争的締結を促すため，地域主義併用規範の増加ペースを速めるだろう。一方，覇権国の相対的な国力の推移を考慮に入れれば，初期の多角主義の増加とその後の減少の傾向をより強めると考えられる。これらはともに，本モデルで再現された傾向を強める方向に働くと考えられる。ただし，これら要因の相対的な影響力の大きさは不明なので，今後これらの要因をモデルに組み込み検証する必要があるだろう。また，システムの構成国や品目が途中で増える場合や，政治経済システムの異質性の影響，各国内における輸出利益と輸入競合利益のバランスの変化など，その他の重要な要因にも検証の余地が残されている。

　本章の分析はいまだ試論の域を出ないが，既存の議論が指摘する諸要因が及

ぼす影響の基底に，システムと行動規範そのものの特性の存在を示唆している。その特性は，それだけを取り出して考えてもなお，観察された現実におおむね合致する現象を生み出しており，さらなる学術的検討に値すると思われる。

【注】

1) 第二次大戦後の植民地独立に関する規範の転換を，実証的データを取り込んで検証した光辻・山影（2009）は好例である。
2) GATT/WTO に通報された FTA および CU を，現在失効した協定も含め集計した。途上国向けの一般特恵は，援助の意味を持ち片務的なので除外した。
3) 1950年代後半から1960年代に試みられた欧州の統合，欧州と旧植民地との協定，アフリカや南米の地域主義は，必ずしも現在の地域主義に直接つながらなかった。このため形式的には RTA でも実質を伴っていないとの批判がありうる。しかし，現在有効な協定のみを対象として集計しても，多角主義を厳密に実行する国は，1960年頃にかけて急増したのちに徐々に減少し，2000年代に入っていなくなる。減り方は多少緩やかになるが，傾向は同じであった。
4) RTA にはさまざまな経済的効果が指摘されている。遠藤（2005）を参照。
5) モデル構築にあたっては，マルチエージェント・シミュレータの artisoc を用いた。また，内部ルールの検証作業では馬上宗一郎氏にご協力頂いた。
6) 争点ごとの重要度によって加重したナッシュ交渉解（Nash 1950）を用いた。
7) 模倣の条件をより厳しくし，自国よりも1.5倍以上削減幅が大きい場合のみとしても，結論は変わらなかった。

【参考文献】

遠藤正寛（2005）『地域貿易協定の経済分析』東京大学出版会。
大庭三枝（2003）「通貨・金融協力と FTA に見る日本の東アジア地域形成戦略」山影進編『東アジア地域主義と日本外交』日本国際問題研究所，153-192頁。
大矢根聡（2012）『国際レジームと日米の外交構想―WTO・APEC・FTA の転換局面』有斐閣。
尾池厚之（2007）「東アジアを舞台とする各国の攻防」『貿易と関税』55巻9号，10-40頁。
光辻克馬・山影進（2009）「国際政治学における実証分析とマルチエージェント・シミュレーションの架橋―国際社会の基本的規範の交代をめぐって」『国際政治』155号，18-40頁。
山本和人（2012）『多国間通商協定 GATT の誕生プロセス―戦後世界貿易システム成立史研究』ミネルヴァ書房。
Baldwin, Richard (1993) "A Domino Theory of Regionalism," NBER Working Paper, No. 4465.
Baldwin, Richard (1997) "The Causes of Regionalism," *The World Economy*, 20 (7),

pp.865-888.
Chase-Dunn, Christopher, Rebecca Giem, Andrew Jorgenson, Thomas Reifer, John Rogers and Shoon Lio (2002) "The Trajectory of the United States in the World-System: A Quantitative Reflection," IROWS Working Paper, No. 8, Department of Sociology and Institute for Research on World-Systems, University of California, Riverside. (http://irows.ucr.edu/ papers/irows 8 /irows 8 .htm)
Coleman, James S. (1972) "Systems of Social Exchange," *Journal of Mathematical Sociology*, 2, pp.145-163.
Davis, Christina L. (2003) *Food Fights over Free Trade: How International Institutions Promote Agricultural Trade Liberalization*, Princeton University Press.
Irwin, Douglas A., Petros C. Mavroidis, Alan O. Sykes (2008) *The Genesis of the GATT*, Cambridge University Press.
Kindleberger, Charles P. (1973) *The World in Depression: 1929-1939*, University of California Press.
Krasner, Stephen D. (1976) "State Power and the Structure of International Trade," *World Politics*, 28 (3), pp. 317-347.
Lazer, David (1999) "The Free Trade Epidemic of the 1860s and Other Outbreaks of Economic Discrimination," *World Politics*, 51 (4), pp.447-483.
Maddison, Angus (2001) *The World Economy: A Millennial Perspective*, Organization of Economic Cooperation and Development.
Mansfield, Edward D. and Eric Reinhardt (2003) "Multilateral Determinants of Regionalism: The Effects of GATT/WTO on the Formation of Preferential Trading Arrangements," *International Organization*, 57 (4), pp. 829-862.
Munakata, Naoko (2006) "Has politics Caught up with Markets?: In Search of East Asian Economic Regionalism," in Peter J. Katzenstein and Takashi Shiraishi eds., *Beyond Japan: The Dynamics of East Asian Regionalism*, Cornell University Press, pp.130-157.
Nash, John F. (1950) "The Bargaining Problem," *Econometrica*, 18 (2), pp. 155-162.
Olson, Mancur (1965) *The Logic of Collective Action: Public Goods and the Theory of Groups*, Harvard University Press.
Pahre, Robert (2007) *Politics and Trade Cooperation in the Nineteenth Century: The 'Agreeable Customs' of 1815-1914*, Cambridge University Press.
Ravenhill, John (2010) "The 'New East Asian Regionalism' : A Political Domino Effect," *Review of International Political Economy*, 17 (2), pp.178-208.
Solís, Mireya, Barbara Stallings, Saori N. Katada eds. (2009) *Competitive Regionalism: FTA Diffusion in the Pacific Rim*, Palgrave MacMillan.
Stokman, Frans N. and Reinier Van Oosten (1996) "The Exchange of Voting Positions: An Object-Oriented Model of Policy Networks," in Bueno de Mesquita and F. N. Stokman eds., *European Community Decision Making: Models, Applications, and Comparisons*, Yale University Press.

第10章

ウクライナ危機とブダペスト覚書
──国際規範からの逸脱をめぐる国際社会の対応──

東野　篤子

1　はじめに

　本章では，2014年に生じたロシアによるクリミアの併合（以下，「クリミア併合」）と，当時それに伴って急速かつ一時的に注目を浴びることとなった，いわゆる「ブダペスト覚書」（正式名称は「核兵器の不拡散に関する条約へのウクライナの加入に関連した安全の保証に関するメモランダム」）からのロシアの逸脱とそれに対する国際社会の反応について取り上げる[1]。この分析を通じ，グローバル・ガバナンスにおける国際規範の位相について検討を試みる。

　ブダペスト覚書は1994年12月，CSCE（欧州安全保障協力会議）首脳会議の機会に，ウクライナと核保有諸国であるロシア，イギリス，米国との間で署名されたもので，当時のウクライナが核兵器を放棄し，NPT（核不拡散防止条約）体制に加入することと引き換えに，同国がロシアからの武力攻撃を受けない保証を得，それによって冷戦後の文脈の中で，独立後間もないウクライナの領土的一体性や主権を守ることを目的としていた。まさにこのために，クリミア併合はこのブダペスト覚書と，そこに示された国際規範に対する深刻な挑戦であるとみなされた。国際社会はロシアが「隣国のウクライナの領土の一部を，武力を用いて併合すること」により，「プーチンは冷戦後のヨーロッパ秩序を一撃のうちに覆した」と認識したのである（Treisman 2016：47）。本章においては，同覚書が体現すると認識された国際規範や，それに対する主要な国際アクターの立場や言説の変遷に着目する。具体的には，この覚書をめぐる米欧とロシアの言説上の応酬をみたうえで，同覚書がクリミア併合後1か月もたたない

うちに，米欧による対ロシア非難言説から姿を消していった経過をたどり，国際規範を掲げた問題解決の試みが膠着していった一例として本件を検討する[2]。

2　グローバル・ガバナンス研究と国際規範

　この検討に入る前に，グローバル・ガバナンス研究における国際規範の位相について，簡単な整理を行っておきたい。まず，グローバル・ガバナンスと国際規範は，これまでどの程度明示的に関連付けて論じられてきたのであろうか。あるいは，グローバル・ガバナンスはどの程度，国際規範の遵守とその逸脱というテーマを扱ってきたのであろうか。

　よく知られたヴァイリネンの定義では，グローバル・ガバナンスは超国家的，脱国家的，あるいは国家的な諸問題の原因と結果に対処するための「国際的な制度及び規範」を確立するための集合的行動であるとしており（Vayrynen 1999：25，傍点は本章筆者），グローバル・ガバナンスと規範とは不可分の関係にあるとの前提に立っている（同様の点について，Weiss 2013も参照）。

　現在のグローバル・ガバナンス研究においては，そこにおける規範の役割や重要性を強調するものが活発となっているという評価を行うことは可能であろう。たとえばコンストラクティヴィズムや英国学派など，国際関係における規範の役割を重視してきたアプローチは，グローバル・ガバナンスの研究においても規範の果たしうる役割に大きな関心を寄せる。コンストラクティヴィズムにとっては，規範や言説はガバナンスを規制・統制するだけではなく，その重要な構成要素として働くものであり（Serarle 1995；Ruggie 1998；Hoffman 2005），そうである以上，規範の出現，発展，変容というテーマはグローバル・ガバナンス研究における中核的要素となる。また英国学派は，（いわゆる「国家システム」に対比される）「国際社会」は，常に規範性を伴うとの認識に立つ（Alderson and Hurrel 2000；Jackson 2000）。そのうえで，国際社会におけるパワー，利益，規範の三者のせめぎあいに着目する英国学派の分析枠組みを用いれば，グローバル・ガバナンスにおける独立変数としての規範についても，権力による規範形成という側面についても，バランスのとれた分析を行ううえで有効であると主張する（Dunne 2005：76）。さらに，1990年代以来，英国学派の主要な関心事

項であり続けてきた．人道的介入等をめぐる「多元主義」（諸国家は必要最低限の目的を達成するために合意に達することは可能だが，それを超えるような連帯はきわめて困難であるとする考え方であり，人道的介入には懐疑的）と「連帯主義」（国際社会は他の国家に対し，なんらかの価値規範を遵守するよう強制するために連帯することが可能であるとする考え方であり，人道的介入には肯定的）の論争も（e.g. Bull 2002 ; Wheeler 1992），世界政治における複数の規範の間で緊張関係が存在し続けてきたことを示すものであり，グローバル・ガバナンス研究にとっても有効な視座であるといえる．

一方で，コンストラクティヴィズムにしろ，英国学派にしろ，規範が創出されたり，相互に衝突したり，新たなものへと発展していったりする過程については手厚い分析を行ってきたものの，国際社会においてある程度定着してきた（と思われてきた）規範が，短期間のうちに，しかも武力の行使によって破棄されるというような事例についてはそもそもほとんど想定しておらず，したがって当然のことながら分析の対象としてこなかった．ロシアによるクリミア併合およびブダペスト覚書の違反（および同覚書の無効性の主張）は，そうした数少ない事例の1つとみなすことが可能であろう．

3　ウクライナ危機とグローバル・ガバナンス

さらに，本書全体の趣旨に照らせば，ウクライナ危機とそれをめぐる国際社会の対応をグローバル・ガバナンスの事例として扱うことが適当か否かについても，確認しておく必要があろう．当然のことながら，なにがグローバル・ガバナンス研究の対象に入るのか（入らないのか）について明示的な合意が存在するわけではないため，クリミア危機をユーラシアの小さな半島をめぐる地域的な確執の問題とみなすことも可能ではある．現に，同危機の勃発後に一定の影響力を持って浮上してきた米国の一部を中心に見られた言説は，まさにウクライナ危機（および本章で検討対象とするロシアによるブダペスト覚書の違反）がロシアとウクライナの特殊事情に起因するきわめて地域的な問題であることを強調しつつ，これをいかにグローバルな問題に発展させないかが重要であるとする前提に立っているといえる．こうした言説の例としては，ウクライナの民族

構成上の複雑さやクリミアにおけるロシア人居住者の割合の高さ等を強調し，「ロシアによるクリミア併合は必然であった」，あるいは「ウクライナにとって頭痛の種であり続けるであろうクリミアは，ロシアに編入されてしまったほうが結果的にウクライナにとって都合が良い」（米国の元ソ連大使のマトロック）や（Matlock 2014），ウクライナはロシアにとって「単なる外国ではな」く，今回の一連の行動に向かわざるをえなかったロシアの事情も考慮・理解すべきである（米国の元国務長官・国際政治学者のキッシンジャー）等（Kissinger 2014）が挙げられ，いずれもロシアによるクリミア併合に一定の理解を示している。

　しかし同時にこの問題は「国際安全保障に直結する課題であり，あらゆる国家の統一と主権を守る国際的法秩序に重大な影響を及ぼす」性質を有するものであり（モゲリーニ EU 上級代表）（Council of the European Union 2017），第二次世界大戦以降に国際社会が築き上げてきた秩序と規範が今後も維持できるのか否かに関わる（Burke-White 2014；Yost 2015）。国連憲章が国際秩序そのものを規定するグローバルな規範であるとするなら，ヘルシンキ最終議定書はその規範をユーロ・アトランティックの文脈で再確認したものであり，さらにブダペスト覚書はそれを冷戦後のロシア・ウクライナ関係（および米国とイギリス）との間でさらに確認したものであるという，いわば同心円的な構造にある。国際秩序にはこのようにして，それぞれの時代や背景，文脈において，一定の規範の再確認を繰り返すことによって形成されてきた側面もある。クリミア危機は，これらの規範からの逸脱が非常に短期間に，しかも武力を背景になされた事例である。そうであるからこそ，領土的一体性や国境の不可侵という原則に照らして，この危機は国際秩序全体および根本的な国際規範への挑戦とみなされてきたのである（Blockman 2014；Yost 2015）。[3]

　本事例はまた，国際規範とグローバル・ガバナンスとの関係をより深く考察する際にも興味深い材料を提供している。グローバル・ガバナンスの構成員すべてが，常にその根本的な規範を遵守し続けるとは限らない。先に紹介したヴァリネンの定義をここでふたたび持ち出すなら，グローバル・ガバナンスとはさまざまな問題に対処するための制度や規範を確立するための集団的行動である。そうであるならば，あるアクターにおいて国際規範からの違反や逸脱がみられた際，他の諸アクターが非難・説得・交渉などを用いてそのような異常

事態への対処・解決を試みる——直接的には，違反や逸脱を行ったアクターに対し，規範の遵守を促す——ことも，まさにグローバル・ガバナンスの中核的な構成要素であろう。しかしロシアによるクリミア併合とブダペスト覚書違反に関しては，他の諸国の非難や働き掛けにも関わらずこの状況が改善されることはなく，その意味ではグローバル・ガバナンスの限界を露呈したともいえる。このため本章でも，クリミア併合とブダペスト覚書の遵守をめぐる問題は，グローバル・ガバナンスに直結する問題ととらえて論じることとする。

4　クリミア危機とブダペスト覚書をめぐる各国の「規範」

1　ブダペスト覚書をめぐる言説の衝突

すでに紹介した通り，ブダペスト覚書はイギリス当時のウクライナが核兵器を放棄し，NPT体制に加入することと引き換えに，同国がロシアからの武力攻撃を受けない保証を得ることを目的としていた。1990年代に米国政府の一員として同覚書策定のための交渉に参加していたパイファーは，同覚書の骨子を以下のように整理する。第1に，CSCEヘルシンキ議定書の諸原則に従ってウクライナの「独立，主権，現在の国境を尊重」する。第2に，ウクライナの領土的一体性や政治的独立を脅かし，あるいは武力を行使することを控える。第3に，ウクライナの主権を脅かすような経済的強制を行わないこと。第4に，仮にウクライナが武力攻撃を受けたり，核兵器による攻撃の対象となったりした場合には，同国に対して支援を行う。第5に，核保有国が核不拡散条約の締結国に対し，核兵器を使用しない（Pifer 2016）。

同覚書交渉時，ウクライナは締結諸国に対し，同国の安全を保障（guarantee）することを強く求め続けたのに対し，米国は覚書の内容を安全の保証（assurance）にとどめ，米国のコミットメントを弱めようと腐心したという経緯からしても，そもそも覚書の内容自体が不十分な妥協の産物であったという指摘もある（Yost 2015：507-10）。また，このブダペスト覚書は1994年の署名以降，あまり国際社会において着目される機会もなく（Yost 2015：505），いわば忘れられた条約となっていた（Gocharenko 2014）。しかしそれでも，ウクライナの独立と領土的一体性を確保するためには，ロシアによるブダペスト覚書の遵守

が不可欠であるとの一定の認識は存在してきた（Bjdjeryn 2014）。

　しかし，2014年2月下旬にウクライナにおいて親ロ的なヤヌコヴィッチ政権が崩壊するに及び，ロシアはクリミア議会などを中心とした同地の主要な組織や建物を特殊部隊とみられる団体によって占拠するなど，クリミア半島を軍によって掌握した。このような状況のなか，クリミア共和国およびセバストポリ市においてウクライナからの分離独立を問う住民投票が3月16日に実施され，一方的な独立が宣言された。これを受け，親ロシア派のクリミア自治共和国議会は翌17日，併合に国際法上の正統性を付与するという観点から，クリミアがウクライナからいったん独立し，国家の資格でロシアと併合条約を結ぶ方針を決定した。プーチン大統領は同日，クリミア自治共和国を独立国家として承認する大統領令に署名したうえで，クリミアとセバストポリとのあいだでそれぞれ条約を署名し，ロシアによるクリミアの併合が事実上完了した。この一連の出来事により「力による現状の変更，すなわち他国領土の編入，力による領土拡張が，21世紀の欧州大陸において発生してしまった」（鶴岡 2014）衝撃は，きわめて深刻なものであった。

　ロシアのこうした行動は多くの非難を呼び起こすこととなり，クリミアの地位を変更するすべての試みを停止するよう求める声明が相次いで出された。本章の文脈で重要なのは，長い間顧みられることのなかった同覚書が，この事態に及んで俄かに注目を集めたことである。換言すれば，クリミア併合の前後に表明された各国や国際機関からの声明は，ほぼすべてがブダペスト覚書に立脚してロシアを非難するものであった。ブダペスト覚書の当事者である米，英，ウクライナの各政府はもちろんのこと[4]，EU の外務理事会総括（2014年3月3日），G7のウクライナに関する首脳声明（同3月12日），国際連合総会決議68/262号（同3月27日）等は，国連憲章やCSCE ヘルシンキ最終議定書，1997年にロシアとウクライナの二国間で締結された友好・協力・パートナシップ条約と並んで，ブダペスト覚書に言及しながら対ロシア非難を行った[5]。すなわち，ロシアは同覚書の締結によって「ウクライナの主権と領土的一体性」を尊重することに「明示的にコミットした」（2014年3月3日のEU 外務理事会）にもかかわらずこれを遵守せず，国際社会の諸原則を看過しえないレベルで軽視しているというものであった。

これに対するロシアの反論の根拠は多岐にわたっていた。さまざまな機会に表明された同国の見解を整理すると，まず，ブダペスト覚書違反であるとの非難に対する反論として，以下の３点を挙げていた。第１に，同覚書の法的義務はそもそも非常に限定的であるというものである。すなわち，同覚書で曲がりなりにも法的拘束力のある義務とは，核兵器を放棄したウクライナに対して核兵器を使用しない，あるいは核兵器使用による脅しを行わないという点のみであり，ロシアはこれに違反したわけではない，という。第２の主張は，同覚書の政治的義務をめぐるものである。同覚書の政治的義務とは，ウクライナの主権，領土的一体性，独立を望み，尊重することであるが，こうした原則はロシアの立場と「完全に一致」しており，ロシアはウクライナの領土的一体性を侵してはいない。一方，マイダン革命に外部から介入し，ウクライナの主権をないがしろにしてきたのは，むしろ「西側諸国」の側であるという。第３の主張は，ウクライナの政変によってヤヌコヴィッチ体制が崩壊したが，ブダペスト覚書には政権交代（ロシア当局によれば「クーデター」）の結果成立した政権を承認する義務も，ブダペスト覚書を厳密に遵守する義務もない，というものである。さらに，そもそもウクライナ国内で前政権の転覆をはかった勢力こそがクリミアにおけるロシア人やロシア語話者の権利を抑圧してきたのであり，こうした勢力が政権を樹立すること自体がウクライナの主権や領土的一体性に対する挑戦である，という[6]。すなわち，ロシアは同覚書の法的義務・政治的義務に違反しておらず，かつ覚書そのものがすでにウクライナ政変によって無効化されている，との主張を展開したのである。当然のことながら，そもそも国際条約が国家間で締結される以上，政府の変更により条約上の義務が消滅するわけではないが（Pifer 2014, 2016；Yost 2015），この点をめぐってロシアと西側諸国の言説の相違が解消されることはなかった。

　さらに，ブダペスト覚書を超える理由づけについても，クリミア併合はクリミアにおけるロシア語話者およびロシア市民を保護するためというもの（プーチン大統領）や，ロシアはウクライナの一部を「併合」などしておらず，クリミアにおける住民投票の結果を「承認」しただけというもの（メドヴェージェフ首相）も頻繁に見られた（Yost 2015）。さらに言及が多かったのは，2008年にセルビアから独立したコソボのケースであった。コソボは住民投票を経てセルビ

アからの分離独立を宣言したのであるが，当時 EU 加盟国は数カ国の例外を除き，コソボの独立を歓迎，承認していた。にもかかわらず，西側諸国がロシアのクリミア併合を，冷戦後の秩序に対する重要な挑戦であるとして強く非難するのは二重基準にほかならないというのが，当時のロシアが展開していたロジックであった（遠藤 2016）。

2　事態の膠着とブダペスト覚書

　ウクライナ危機はクリミア併合からウクライナ東部情勢へのロシアの介入へと発展し，その過程で国際和平調停も3度にわたってなされたが（2014年4月のジュネーブ合意，2014年9月のミンスクⅠ合意，2015年2月のミンスクⅡ合意），状況はまったく改善されていない。クリミアの併合状態に変化はなく，ウクライナ東部では停戦がほとんど機能せず，多くの死者を出し続けている状態である。

　こうしたなか，ブダペスト覚書に対する国際的な言説には，重大な変化がみられた。同覚書の遵守問題は少なくとも学問的には依然として多くの関心が寄せられているものの，政策レベルではブダペスト覚書への言及は著しく減少したからである。上述の3回にわたる暫定和平合意においても，すでにジュネーブ合意の段階でブダペスト覚書への言及は姿を消している。このことは，クリミア併合前後1か月の各アクターの言説が，国際機関，米欧，ロシアともに，ほぼブダペスト覚書をめぐるものに集中していたことと対照的である。この状況は現在においてもほぼ変化していない。一方，ウクライナの「主権」や「領土的一体性」等といった基本概念については米欧諸国の対ロシア非難において引き続き用いられている。たとえばEUは，「ウクライナの領土の一体性，主権および独立に反する行為」をロシアが継続していることを理由に，2017年以降もロシアに対する制裁措置を延長している。

　ロシアのクリミア併合の動機付けに関しては，すでにさまざまな検証がなされている。たとえばトレイスマンはロシアの一連の行為を，「NATO（北大西洋条約機構）の拡大路線への対応」，「プーチンの帝国的野心の発露」，「ヤヌコヴィッチ政権の崩壊など，状況の急激な変化に対する場当たり的な対応」，そして「黒海艦隊が集結し，ロシアにとっての戦略的要地であるセバストポリ軍

第10章 ウクライナ危機とブダペスト覚書

港のリース契約をウクライナが打ち切ることへの懸念に対する衝動的な賭け」という，4つの仮説をもとに整理している（Treisman 2016）。ただしここでは，国際規範という本章のテーマに立ち返り，ロシアのブダペスト覚書違反に関し，少なくとも2つの問題について整理しておかなければならないであろう。まず，ロシアと西側諸国のブダペスト覚書の理解には，実際に齟齬ないし乖離が存在していたのか。次に，ブダペスト覚書に対する言及が，米欧の対ロシア批判の言説から非常に短期間のうちに姿を消したことを，どのように理解すればよいのか。これらの点はいずれも今後，資料等に基づく詳細な検証が必要ではあるが，本章ではこれまでに見てきたような研究を手懸かりとしつつ，いくつかの可能性について考察したい。

まず，ロシアと同覚書締結国の米国とイギリス，そしてそれを取り巻く諸国との間で，同覚書をめぐる解釈は異なっていたのだろうか。国際社会においては，「人権・安全保障分野などにおける抽象度の高い国際規範の場合……（中略）……実際には規範を受け容れた側において多様かつ弾力的な解釈が成立している」可能性が常に排除しきれない（志村 2014：58）。仮にロシアの主張──すなわち，ロシアはブダペスト覚書の法的義務にも政治的義務にも違反しておらず，さらにウクライナにおける新政権の成立によって同覚書は無効化されているという主張──を額面通りに受け取るとしたならば，同覚書の義務の範囲をめぐっては，米欧との間できわめて根本的な齟齬がそもそも存在してきた可能性も高い。既述の通り，同覚書はその締結以降，クリミア危機発生までほぼ忘れ去られていた状況にあった。そうである以上，仮にそもそものスタート地点からロシアと米欧との間でブダペスト覚書への理解が異なっていたとしても，それをすり合わせたり修正したりする機会はほとんど存在していなかった。

他方，異なる解釈の余地もある。プーチン大統領が，クリミア併合がブダペスト覚書の規範から逸脱していることは十分承知したうえで，その逸脱を全く問題視していなかったという可能性である。プーチン大統領がすでに2014年2月の政変当時に，「クリミアをロシアに取り戻す仕事を始めなければならない」と語っていたという証言は重要である（遠藤 2016）。また，ロシアにとってのクリミア併合とは「ロシア包囲網を狭める NATO への攻勢の対抗策」で

あり、ウクライナへの介入が「不正」だという発想はプーチンにはないという指摘にも留意する必要があろう（佐藤 2016：19）。その観点からすればロシアのブダペスト覚書違反は、パワーポリティックスや国益が規範に優先されるとする行動原理に従った結果であったに過ぎないと考えられる。そうである以上、ブダペスト覚書違反をめぐるロシアの言説は「国際法の基本原則に対する利己的な再解釈」を反映したものに過ぎないと判断せざるをえない（Burke-White 2014：65）。

　次に、ブダペスト覚書に対する言及が、米欧の対ロシア批判の言説から急速に消滅したことについて、いくつかの可能性を検討したい。主に以下の3つの点が考えられるであろう。第1に、ロシアがクリミア併合においてブダペスト覚書違反は行わなかったという主張や、あるいはブダペスト覚書遵守の義務はウクライナの新政権の成立とともに消滅したという主張を行っている以上、実際の国際法がどうであれ、ブダペスト覚書についてこれ以上ロシアと議論を重ねたところで、ウクライナ情勢の改善にはつながらないという現実的な判断が米欧に存在したと考えられる。

　第2に、米欧の好むと好まざるとにかかわらず、クリミア併合の既成事実化が急速に進んだことにより、それがいかに国際法上容認できない事態であっても、もはやこれを覆すことはきわめて困難であるとの認識が定着したことも、同覚書への言及頻度を大きく低減させるにあたっての強力な要因となったと考えられる。この点と関連して第3に、クリミア併合に続いてウクライナ東部での状況がきわめて悪化し、親ロシア派勢力とウクライナ暫定政府との間で激しい戦闘状態に陥ったことも大きく影響した。国際的関心は、ロシアのブダペスト覚書違反の糾弾を続けるよりも、流血の事態を何とか阻止することに向けられていった。必然的に、ブダペスト覚書に関する国際的な言及は減少していったのである。

　こうした一連の状況は、規範からの逸脱に対する米欧側の慣れや麻痺状態と解釈することも可能であろう。しかし同時に、ブダペスト覚書への言及が完全になくなったわけではないことにも留意する必要がある。とりわけ、米国およびイギリスにおいては、ブダペスト覚書署名の当事者だったにも関わらず、ロシアに対してより強く同覚書の遵守を求めず、結果としてクリミア併合をもた

らしてしまったことについて，内外から批判の声が挙がった（Pifer 2016；Yost 2015）。とりわけイギリスに関しては，同国下院の作成したクリミア併合に関する報告書において，イギリスがブダペスト覚書に署名した「当事者」であったにもかかわらず，ロシアの同覚書違反に対し十分な手段を尽くしていなかったことに対する反省が見られる（House of Lords 2015）。このことから，ブダペスト覚書をめぐる国際規範は完全に消失したわけではなく，むしろ米英をはじめとした西側社会の無作為の苦い象徴として意識され続けてはいる。しかしおそらくは，既述のような現実的な理由付けによって，ブダペスト覚書そのものへの言及に消極的なアクターが多い状況が常態化していると見ることが可能であろう。

5　おわりに

　本章では，ロシアによるクリミア併合とブダペスト覚書違反に対する国際社会の反応および対応を跡付けることにより，国際規範とその扱われ方の推移について検討してきた。ブダペスト覚書の基本的な構成要素である「領土的一体性」や「主権」などといった概念に関しては，クリミア危機後もきわめて重要であるとの国際的なコンセンサスは一定程度存在しているものの，米欧が非難するロシアによるブダペスト覚書違反の状況は現在に至っても解消されていない。ロシアと米欧との間の溝は埋まっておらず，溝を埋めようとする作業もほとんど進んでいない。

　本章で検討してきた事例は，従来の規範研究の前提や想定ではとらえきれない現象を提示しているといえる。一例を挙げるなら，コンストラクティヴィズムに基づく規範研究は，異なるアクターが異なる規範を擁護していても，あるいはその規範を巡って「誤解」や「曲解」が存在していたとしても，国際的な相互作用によってそれが「徐々に訂正される」（志村 2014：58）ことが暗黙の前提となっていた側面がある。または，「ある国家実行について，当事国がそれは国際的に許容される行為であると正当化したり，関係国がそれは国際的に許容されない行為として非難したりすることを通じて，国際的に適切と評価される行動の範囲が確認されたり，変更されたりする」過程を，コンストラクティ

ヴィズムは重視してきた（中西他 2008）[7]。しかし，ロシアは覚書違反について強い批判を浴びたものの，適切と評価される行動の範囲は変更されず，アクター間の言説のギャップは埋まらないままであった。このようにクリミア併合の事例は，関係するアクターの認識が容易には変化しない状況で，グローバル・ガバナンスの枠組みでいかにこの状況を打開していくのかについて，興味深い検討材料を提供しているといえよう。

　さらに，クリミア併合とグローバル・ガバナンス，そして規範の役割は，本章での検討を大きく超える研究上のインプリケーションを有している。一例を挙げれば，クリミア併合を受けて2014年3月にG7諸国がロシアのG8への参加停止を決定したことで，2003年から続いてきたG8体制の崩壊がもたらされたことも（佐藤 2016），グローバル・ガバナンスの観点からはきわめて重要な意味を持つ。こうした状況が，中・長期的に国際規範のあり方にどのように影響をもたらしていくかについて分析する際，グローバル・ガバナンス研究は大きな貢献をなしうるであろう。

【注】

1） "Memorandum on Security Assurances in Connection with Ukraine's Accession to the Treaty on the Nonproliferation of Nuclear Weapons," sign by Ukraine, the Russian Federation, the United Kingdom of Great Britain and Northern Ireland and the United States of America December 5, 1994.
2） ウクライナ危機およびクリミア併合の具体的経緯や国際社会の反応等についてはすでに多くの研究が存在するため（Burke-White 2014；MacFarlane and Menon 2014；Meashimer 2014；栗田 2014；蓮見 2014；東野 2014；東野 2015），本章ではクリミア併合発生時に急速に注目を浴びた，いわゆる「ブダペスト覚書」に基づく国際規範や，それに対する主要な国際アクターの立場や言説の変遷に焦点を絞って考察することにする。
3） また，本章では詳しく論じる余地はないものの，米欧の実施する経済制裁には日本も参加していること，また米欧からの制裁を受けたロシアが中国などの新興諸国との関係構築に軸足を移す「東方シフト」などの現象もみられることから（蓮見 2016），本問題の及ぶ影響の範囲は地政学的にも大きく広がりをみせているといえよう。
4） これら3国の政府による同覚書に関する直接の言及の例として，以下を参照。在日ウクライナ大使館（2014）「共同声明：ブダペスト覚書の履行に関する米国，イギリス，ウクライナ閣僚級会合」2014年3月7日。http://japan.mfa.gov.ua/ja/press-center/news/19061-aide-mmoire-shhodo-porushennya-rosijeju-imperativnih-norm-mizhnarodnogo-prava-jus-cogens, last visited, 26 March 2017.

5） この一方で，NATOが興味深い例外を見せていることについては言及しておく必要がある。NATOもクリミア併合以前より，ロシアに対して複数回にわたって憂慮を示していた。しかしNATOが出したさまざまな声明（事務総長声明や外相会合，北大西洋理事会声明等）は，国連憲章やヘルシンキ最終議定書，1997年に締結されたNATO・ロシア基本条約には言及し，さらにウクライナの「主権と領土的一体性」および「国際的に決められた国境」などといった諸原則についてはしばしば言及していたものの，ブダペスト覚書については触れることがほぼ皆無であった。加盟国が大きく重なるEUとNATOとの間でこのような言説上の差異が生じた背景に関しては，今後詳細に検討していく必要があるが，NATOにとっては，クリミア併合はロシア・NATOに関して1997年に両者の間で締結されたロシア・NATO基本文書に違反したことが主な問題点であったことは，現時点で指摘しうる。なお，2013年秋のマイダン革命勃発から現在に至るまでのNATOの主要な声明や会見記録は，NATOのウエブサイト「NATO・ウクライナ関係」のページにリストアップされている。以下を参照。http://www.nato.int/cps/en/natohq/events_107755.htm, last visited 27 March 2017.
6） ここで整理した言説の3類型が最も顕著に表れているロシア当局の声明やスピーチについては以下を参照。ロシア外務省（2014年4月1日），"Foreign Minister Sergey Lavrov's remarks and answers to media questions at a news conference on the results of Russian diplomacy in 2016, Moscow January 17", The Ministry of Foreign Affairs of Russian Federation, 17 January 2017. http://www.mid.ru/en/press_service/minister_speeches/-/asset_publisher/7OvQR5KJWVmR/content/id/2599609, last visited, 26 March 2017.
7） 適切な行動の基準をめぐり，規範の対立や競合がみられつつ，それが調整されていく過程については，以下も参照（栗栖 2005）。

【参考文献】

赤根谷達夫（2010）「グローバル・ガバナンスと国際レジーム研究の諸相」『国際政治』第162号，143-152頁。

足立研幾（2014）「新たな規範の伝播失敗—規範起業家と規範守護者の相互作用から」『国際政治』176号，1-13頁。

遠藤乾（2008）「グローバル・ガバナンスの最前線」遠藤乾編『グローバル・ガバナンスの最前線』東信堂。

遠藤乾（2010）「グローバル・ガバナンスの歴史と思想」遠藤乾編『グローバル・ガバナンスの歴史と思想』有斐閣。

遠藤乾（2016）『欧州複合危機—苦悶するEU，揺れる世界』中央公論新社。

大島美穂（2011）「北極における国際政治—グローバル・ガバナンス，下位地域協力，国家間政治の交差の中で」『国際法外交雑誌』110巻3号，49-70頁。

大矢根聡（2009）「レジーム・コンプレックスと政策拡散の政治過程—政策アイディアのパワー」日本国際政治学会編『日本の国際政治学 2—国境なき国際政治』有斐閣。

大矢根聡編（2013）『コンストラクティヴィズムの国際関係論』有斐閣。

大矢根聡（2013）「コンストラクティヴィズムの視角—アイディアと国際規範の次元」大矢

根聡編『コンストラクティヴィズムの国際関係論』有斐閣.
大矢根聡（2014）「国際規範と多国間交渉―GATT・WTO ラウンド事例の比較分析」『グローバル・ガバナンス』1号，14-30頁.
大矢根聡（2015）「コンストラクティヴィズムの視座と分析―規範の衝突・調整の実証的分析へ」『国際政治』第143号，124-140頁.
栗栖薫子（2005）「人間安全保障『規範』の形成とグローバル・ガヴァナンス――規範複合化の視点から」『国際政治』143号，76-91頁.
近藤誠一（2000）「サミットとグローバル・ガバナンスの確立」『外交フォーラム』147号，61-68頁.
栗田真広（2014）「「クリミア後」の国際政治―ウクライナ危機の影響をめぐって」『レファレンス』64（6）：21-40.
佐藤親賢（2016）『プーチンとG8の終焉』岩波書店.
志田真弓（2014）「『保護する責任』言説をめぐる行動基準論争―補完性原則と必要性原則の政治学的分析」『国際政治』176号，57-69頁.
鶴岡路人（2014）「ウクライナ危機への視点―西側は無力なのか」東京財団ユーラシア情報ネットワーク，6月11日。http://www.tkfd.or.jp/research/eurasia/a00699, last visited 27 March 2017.
蓮見雄（2016）「ロシアの東方シフトと対中・対日戦略」『世界経済評論』60（2）：35-42.
東野篤子（2013）「対外支援―EUの規範とコンディショナリティ」大矢根聡編（2013）『コンストラクティヴィズムの国際関係論』有斐閣.
東野篤子（2015）「コンストラクティヴィズムのヨーロッパ統合研究―EUにおける規範への視角」臼井陽一郎編『EUの規範政治―グローバルヨーロッパの理想と現実』ナカニシヤ出版.
中西寛・石田淳・田所昌幸（2013）『国際政治学』有斐閣.
山本武彦「グローバル・ガバナンスの鳥瞰図―多層化するガバナンスの構造」『グローバル・ガバナンス』1号，2-13頁.
Alderson, Kai and Andrew Hurrel eds. (2000) *Hedley Bull on International Society*, Palgrave.
Ba, Alice D. and Mathew J. Hoffmann eds. (2005) *Contending Perspectives on Global Governance: Coherence, contestation and world order*, Routledge.
Bull, Hedley (2002) *The Anarchical Society: A Study of Order in World Politics*, 3rd ed., Palgrave.
Blockmans, Steven (2014) "Russia and the Budapest memorandum", *euobserver*, 6. March. https://euobserver.com/opinion/123375, last visited 27 March 2017.
Budjeryn, Mariana (2014) "The Breach: Ukraine's Territorial Integrity and the Budapest Memorandum", *Nuclear Proliferation International Project*, Issue Brief, 3, September.
Burke-White, William W. (2014) "Crimea and the International Legal Order", *Survival*, 56（4）：65-80.
Council of the European Union (2014) Council conclusions on Ukraine: Foreign Affairs Council meeting. Brussels, 3 March 2014,

Council of the European Union (2017) "Declaration by the High Representative Federica Mogherini on behalf of the EU on Crimea", Press Release, 132/17, 17 March.

Council on Foreign Relations (2014) "Why the Crimean Referendum Is Illegitimate", 16 March. http://www.cfr.org/ukraine/why-crimean-referendum-illegitimate/p32594, last visited, 26 March 2017.

House of Lords, European Union Committee (2015) *The EU and Russia: before and beyond the crisis in Ukraine*, 6th Report of Session 2014-15, HL Paper 115, The Stationary Office, 20 February.

Johnston, Ian (2005) "The Power of Interpretive Communities," in Michael Barnett and Raymond Duvall eds. *Power in Global Governance*, Cambridge University Press.

Dunne (2005) "Global Governance: An English School perspective", in Alice D. Ba and Mathew J. Hoffmann eds., *Contending Perspectives on Global Governance: Coherence, contestation and world order*, Routledge.

Goldstein, Leslie F. and Cornel Ban (2005) "The European human-rights as a case study in the emergence of global governance", in Ba and Hoffmann eds., *Contending Perspectives on Global Governance*, Cambridge University Press.

Goncharenko, Roman (2014) "Ukraine's forgotten security guarantee: The Budapest Memorandum", *DW.com*, 5 December. http://dw.com/p/1DzWT, last visited, 2 February 2017.

Hoffmann, Matthew J. (2005) "What's global about global governance? A constructivist account", in Ba and Hoffmann eds., *Contending Perspectives on Global Governance*, Cambridge University Press.

Jackson, Robert H. (2000) *The Global Covenant: Human Conduct in a World of States*, Oxford University Press.

Kissinger, Henry (2014) "How the Ukraine Crisis Ends", *The Washington Post*, 6 March.

MacFarlane, Neil and Anand Menon (2014) "The EU and Ukraine", *Survival*, 56 (3): 95-101.

Matlock, Jack F. Jr. (2014) "Let Russia Take Crimea", *Time*, 18 March.

Overbeek, Henk (2005) "Global governance, class, hegemony: a historical materialist perspective", in Ba and Hoffmann eds., *Contending Perspectives on Global Governance*, Cambridge University Press.

Panke, Diana and Ulrich Petersohn (2012) "Why International Norms Disappear Sometimes," *European Journal of International Relations*, 18 (4): 719-742.

Pifer, Steven (2014) "Honoring neither the letter nor the law", Brookings Institution, 7 March. https://www.brookings.edu/opinions/honoring-neither-the-letter-nor-the-law/, last visited 27 March 2017.

Pifer, Steven (2016) "Mr. Lavrov, Russia, and the Budapest Memorandum", Brookings, 28 January. https://www.brookings.edu/blog/order-from-chaos/2016/01/28/mr-lavrov-russia-and-the-budapest-memorandum/, last visited 27 March 2017.

Reus-Smit, Christian (1999) *The Multi-Purpose of the State: Culture, Social Identity and*

第 3 部　規　範

Institutional Royalty in International Relations, Princeton University Press.
Sikkink, Kathryn (2011) *The Justice Cascade: How Human Rights Prosecutions Are Changing World Politics*, Norton.
Sterling-Folker, J. (2005) "Realist global governance: revisiting" cave! hic dragones and beyond", in Ba and Hoffmann eds., *Contending Perspectives on Global Governance*, Cambridge University Press.
Treisman, Daniel (2016) "Why Putin Took Crimea: The Gambler in the Kremlin", *Foreign Affairs*, 56 (3) : 47–55.
Vayrynen, Raimo ed. (1999) *Globalization and Global Governance*, Rowman & Littlefield.
Weeler, Nick J. (1992) "Pluralist or Solidarist Conceptions of International Society: Bull and Vincent on Humanitarian Intervention", *Millenium*, 21 : 463–487.
Weeler, Nick J. (2000) *Saving Strangers: Humanitarian Intervention in International Society*, Oxford University Press.
Weiss, Thomas G. (2013) *Global Governance: Why? What? Whither?* Polity Press.
Yost, David S. (2015) "The Budapest Memorandum and Russia's intervention in Ukraine", *International Affairs*, 91 (3) : 505–538.

第11章

国連海洋法条約と日本外交
——問われる海洋国家像——

都留　康子

1　はじめに

　日本にとって，海の重要性はいうまでもない。海を介した資源の輸入，貿易なくして日本の経済は成り立たない。また，排他的経済水域（以下，EEZ）の面積では世界第6位であり，メタンハイドレートや海洋再生可能エネルギー等，未来の資源に対する期待も大きい。一方で，ロシア，中国，韓国とは，島の領有権や境界画定の問題を抱えており，紛争の海の渦中にある。

　海洋には，1982年に採択され，1994年に発効した国連海洋法条約を中心としたグローバル・ガバナンスが成立している。公海，領海，EEZといった領域規定をとりながら海洋のあらゆる問題を扱い，2016年時点でEUと167カ国が加盟しており，普遍性も高い。「海の憲法」とも称される所以である。

　本章の目的は，国連海洋法条約が成立する過程で，日本の外交はどのように対応し，影響を与えてきたのか，また今後どのような役割を果たそうとしているのかを考察することにある。以下，2では，グローバル・ガバナンスの根幹である国連海洋法条約が成立するまでの日本の外交を第1次，第2次国連海洋法会議を中心に概観する。3では，国連海洋法条約が採択される1972～82年の第3次国連海洋法会議における日本の対応，特に，領海3カイリから12カイリ，さらにEEZの導入へとどのような政策転換が行われたのか，国際交渉と国内の分析レベルを分けて考察する。そして4では，国連海洋法条約を批准したのちの日本の海洋政策の文書を考察する。2013年に閣議決定された「海洋基本計画」において，海洋国家としての日本が目指すべき姿として，「海に守ら

れる国」から「海を守る国」への転換が記された。「海を守る」とはどのような意味を持つのであろうか。歴史的に日本は，海洋国家であろうとして第二次世界大戦での敗戦へと至った。日本が海に囲まれたというだけの島国としてではなく，海洋の可能性を十分に活用して外の世界で活躍する海洋国家（高坂 1998：165）であるためには，グローバル・ガバナンスとの関係で何を求められるのであろうか。

2　第1次・第2次国連海洋法会議と日本の後悔？

　19世紀以降の海洋は，沿岸国の主権的権利が及ぶ範囲を狭く，一方，海洋の自由が適用される範囲を広く考える「狭い領海，広い公海」という二元的法制度が普及していた（林，島田，古賀 2016：9）。領海は，沿岸国の陸地からの着弾距離である3カイリ（1カイリ＝1852m）が基本とされた。

　しかし，技術の進歩とともに，各国が自国の管轄権が及ぶ領海を3カイリから4カイリ，6カイリと拡大し，20世紀に入ると，条約という形で明文化することが切実に迫られることになった。

1　遠洋（公海）漁業国としての日本

　日本は，1930年代には遠洋漁業国として公海上のアラスカ海域での操業を行っていた。特にサケ漁をめぐってはアメリカ漁業に対する「侵略」という言葉が使われ，脅威と認識されていた（Hollick, A 1981：chap. 2）。そのため，戦後すぐの1945年9月にアメリカは，日本の遠洋漁業や捕鯨の復活を阻止するため，占領下の日本海域にマッカーサーラインを設定し，日本漁船の操業領域を限定した。そして，翌日には，トルーマン宣言によって，アメリカ沖合の石油開発可能性を見越し大陸棚の海底と地下の海底資源に対する管轄権を主張するとともに，沿岸に隣接する公海上にその管轄権を行使する漁業保存水域を設定できるとした。とりわけ後者は，将来的に再開されるであろう日本の遠洋漁業をアメリカの海域から締め出すことが目的であったが，その後，中南米諸国をはじめとする多くの国が沿岸国水域への管轄権拡大を主張する先例とされた。1952年に韓国が設定した「李承晩ライン」も，日本漁船が朝鮮半島3カイリ際

で操業することへの予防線であった。

　本来，公海は，すべての国の自由な利用のために開放されているとの考え方が「公海自由の原則」として国際慣習法化していた。第二次世界大戦の戦勝国であるアメリカ，イギリスにとって，通常の船舶や軍艦航行の活動範囲を制限しない「広い公海」が重視されていた。したがって，トルーマン宣言は「航行の自由」に影響を及ぼすものとは考えていなかった。しかし，同宣言はアメリカの意図するところを超えて，各国の管轄権の拡大に先鞭をつけるとともに，海洋は船舶航行の海から資源の海へとその存在意義が大きく転換することになったのである。

　そして，国際慣習法としての海洋法規全般を明文化するため，1958年には，戦後独立した諸国も加えた87か国が参加し，第1次国連海洋法会議が開催された。トルーマン宣言後の各国の権利主張拡大に伴う混乱もあり，領海の幅を確定することが最大の案件であった。しかし，ラテンアメリカやアフリカ諸国，ソ連は3カイリに反対し，広い領海を求めるとともに，既存の国際法は技術に富む海洋大国に有利に作られたものであり，その押しつけであるとの批判の立場を鮮明にした。

　日本は，重要な国内産業である遠洋漁業を守るため，当初3カイリを主張し，容易に譲歩しようとしなかった。しかし，歴史的にも最大の海洋国であり，これまで3カイリを主張してきたイギリスが，会議を成功に導くための妥協として，公海上の権利である航空機の上空飛行と船舶航行の自由には影響を及ぼさないという条件つきで，領海6カイリを提案した。アメリカも領海6カイリに加えて，さらに6カイリの漁業の権利を認めるとの提案も行っている[2]（横田1969：35-37）。彼らにとっては，何よりも船舶，軍艦航行の自由を確保することが重要であった。航路として重要な国際海峡が領海化し，船舶のみならず，上空飛行も認められなくなれば，安全保障を低下させることにもなる（Dean, A. 1967：89-90）。3カイリを主張する先進国は，領海の延長を主張する沿岸途上国の目的が漁業資源であり，その権利さえ認められれば妥協の余地があると考えていた。しかし，沿岸国は，12カイリまでの領海を求めていた。

　イギリス，アメリカが領海6カイリに舵をきったことから，日本も会議も終盤になって，「3カイリはただ1つの国際法の確立した規則であり，それ以上

に延長する合理的根拠がない」としながらも,「この会議を成功させるために6カイリ妥協案に同意する用意がある」としたのである[3]。

結局,第1次国連海洋法会議では,領海の幅について合意に達することはできなかった。しかし,領海に関する諸規定については,「領海と接続水域に関する条約」が成立した他,「漁業および公海の生物資源の保全に関する条約」「大陸棚に関する条約」「公海に関する条約」のジュネーブ4条約が採択され,海洋の法典化は大きく進展した。ここに海洋におけるグローバル・ガバナンスが一応の成立をみたことになる。

2　領海確定の失敗と日本の棄権票

第1次国連海洋法会議の終了後,領海12カイリを設定する国が増えていった。なかでもアイスランドが12カイリの漁業水域を一方的に設定したことは,アイスランド沖で操業するイギリスを筆頭にスペイン,フランスなどヨーロッパ諸国との間の漁業紛争の火種となった。こうして,1960年には,領海の幅を決めることを目的として,第2次国連海洋法会議が開催された。総論として,領海の幅の確定なしに海洋法秩序の確立はのぞめないこと,今回の会議の失敗は許されないことなどの危機感は共有されていたが,問題は領海を何カイリに設定するかであった。

ソ連やメキシコが12カイリ提案を行ったのに対して,アメリカは領海を最大6カイリとし,沿岸国は領海基線から最大12カイリまでに及ぶ水域に排他的な漁業権を持つとし,過去5年間に操業を行った国は,領海6カイリ外側6カイリにおいて漁業の継続を認めるとするものであった。漁業については12カイリを認め沿岸国に譲歩を行う一方,遠洋漁業国に対しては,漁業実績を認めることで妥協を図り,領海6カイリだけは死守しようとしたものである。日本は,広い公海が国際社会全体の長期的な利益を推進するものであり近視眼的な沿岸国の領海拡張の主張に遺憾の意を表す一方で,過去の漁業実績を排除しないことを求めたうえで,日本にとって大きな犠牲となる妥協をする余地があるとした[4]。この会議では3カイリを主張する提案はなく,12カイリ提案はすでに全体委員会で否決されていたことから,総会の要点は,カナダ・アメリカの共同提案「6カイリ領海＋6カイリ漁業水域」が可決されるかにあった。アメリカは

12カイリ以上を主張していた沿岸国に対する根回しを事前に行ったが,結果は賛成54,反対28,棄権5であり,可決に必要な3分の2には1票足らず,共同提案は否決された。日本は,ここで棄権票を投じていた[5]。

こうして,第2次国連海洋法会議も領海の幅を設定することに失敗した。事後的に領海12カイリとなることを考えれば,日本の棄権1票には重みがあったことになる。会議が終わると,大きな国際問題ともなっていたイギリス・アイスランドの漁業紛争が,イギリスが12カイリ漁業水域を認めることによって決着した。また,新たな独立国は,領海12カイリ以上を国内法で設定していったのである。

3　第3次国連海洋法会議と日本

本節では,国連海洋法会議での日本の対応と,その前提となる国内の利害関係を考察する。

1　排他的経済水域(EEZ)の導入と日本の孤立

領海の幅こそ未決ではあったが,その他の部分では1958年にジュネーブ4条約を中心にしたグローバル・ガバナンスが成立していたはずであった。しかし,マンガン,ニッケル,コバルトなどを含有する深海底資源マンガンノジュールの発見が,既存の海洋法の枠組みを揺るがすことになった。小国マルタの国連大使パルドは,1967年に国連総会において,深海底とその資源を「人類共同財産」とし,国際管理の下,特に途上国の利益に供するとの演説を行った。

当初,アメリカをはじめとする西欧諸国や日本,ソ連は,ジュネーブ4条約で決着済みの問題を蒸し返すことには反対で,未解決の領海の幅と,深海海底問題に限定して議論すべきであると考えていた。しかし,多くの途上国は,先進国によって有利に作られた海洋法体系全体を,深海海底制度の確立とともに作り直そうとしていた。そして,国連創立25周年にあたる1970年の総会決議は,前文で,海洋の諸問題が相互に密接に関連し,全体として考慮する必要があること,過去10年に海洋法の漸進的な発展の必要が明らかになったこと,現

在の国連加盟国の多くが先の国連海洋法会議に参加していないことなどを指摘したうえで，第3次国連海洋法会議の開催を決定した。

日本は，1971年の時点で，「ほかの関連事項が解決されるならば領海12カイリを受け入れる用意がある」との発言を行っている。しかし，すでに領海12カイリのはるか先に領域規定の問題は進展していた。

国連海洋法会議の前哨戦である1972年の拡大海底委員会において，ケニアとアフリカ14か国は200カイリEEZの提案をはじめて公式に行った。これは，漁業および海底鉱物資源を沿岸国の主権的権利の対象と認める，「資源領海」というべき新制度の要求であった。その後，またたくまに200カイリ領海などを主張していたラテンアメリカ諸国，アジア・アフリカ諸国の支持を集めるところになった。さらに，カナダ，オーストラリア，ノルウェー等，沿岸線を広く持ち周辺に豊かな漁場のある先進国も支持を表明していた。そして，アメリカも，何カイリにするかという範囲は明確にしていなかったが，EEZの考え方自体については，公海に認められる航行と上空飛行の自由，海洋開発に関係のない他の活動に影響を及ぼさないという条件つきで理解を示していた。

国連海洋法条約の実質審議が開始された1974年の時点で，すでに12カイリ以上の領海を主張している国が73か国にのぼり，3カイリを主張していたのは23か国にすぎなかった。そして，同年の第2回カラカス会期では，100か国以上がEEZを支持する発言を行っていたのに対し，日本は，「領海を越えた海域は，基本的に公海である。公海漁業の自由が乱用されているという主張がなされているが，乱用のリスクのために公海の自由を放棄することは適当ではない」と表明した。当時の趨勢としてEEZの導入もすでに動かしがたい状況のなかで，日本は，「エクセプト・ワン」と言われ，孤立していた。政府代表は訓令段階では伝統的漁業の尊重を含む一定の条件が認められれば，経済水域にあくまでも反対するものではないとの立場で会議に臨む可能性も検討したという。しかし，国内の漁業者の利害と心理とを考慮して，たとえ少数になってもEEZ反対の立場をとらざるをえないとの結論であった。水産庁は事前に200カイリEEZ案の断固拒否を求める態度を示しており，交渉場裏での日本は，領海12カイリを認めるのがやっとの対応であった。

カラカス会期翌年に開催された専門家協議（エヴェンセン・グループ）におい

ても，日本は，依然としてEEZに反対の立場にあり，曖昧な提案や他の提案にコメントするという形でしか態度を表明することはなかった（Ogso 1987：72）。この場での議論が，1975年の第3会期（ジュネーブ）で作成された単一草案にも反映され，国連海洋法条約の大枠が出来上がった。日本は，最も海洋政策の中で長年にわたり力を入れてきた領海，さらにEEZの議論がほぼ決着すると，海洋法会議への関心を急速に失っていった（Fukui 1984：25）。

2　錯綜する国内の利害関係

1972年に海洋政策推進本部が外務省下に立ち上げられ，各省庁の海洋に関する利害を調整し，国際交渉を統括することとなった。領海12カイリ，EEZの議論が進むということは，漁業の自由，航行の自由が認められる公海領域が狭まることを意味する。日本の国内ではどのような争点があったのであろうか。

そもそも，漁業を重視した日本の外交であったが，水産庁に圧力をかける水産業界の中身はより複雑であった。水産加工物企業や日本かつお・まぐろ漁業組合など，水産業に関わる団体や会社で構成される大日本水産会（大水会）と，全国の漁業協同組合を束ねる全国漁業組合連合会（全漁連）が代表的なアクターである。[14] 大水会が遠洋漁業の利益を代弁し，領海3カイリを死守することを求め，いわゆる水産族といわれる議員を通して国会での議論をリードしたのが，国連海洋法会議の開始前後で日本が孤立していた時期でもある。しかし，1973年のオイルショック以後の石油価格の高騰とともに，遠洋漁業は斜陽の時代を迎えた。

一方，国内には沿岸漁業の利益も存在した。ソ連は，1960年代から北海道根室沖や岩手三陸沖，千葉銚子沖沿岸に操業を拡大しており，1975年の3月の時点で，農林水産大臣が，沿岸でのソ連船の操業急増を理由に，数日後に迫るジュネーブ会期で領海12カイリが採択されることを希望するとの発言を国会で行っていた。[15] 日本としての政策の転換が，国内向きにはすでに表明されていたことになる。

そして，1976年にアメリカに続いてソ連が200カイリEEZを宣言すると，日本も全漁連を中心とする沿岸漁業の利益を守る必要性にいよいよ迫られることになった。すなわち，今後，日本が対等な立場で日ソ漁業交渉を進めるために

は，ソ連のみが日本の3カイリ際までの漁業実績を主張できる状況は避けなければならなかった。そうしたなか，1976年の国会審議では，領海12カイリはいまだ国際法にはなっていないとし，日本が「12カイリを先取りしたからといって違法だとは思わない[16]」と外務大臣が発言している。3カイリに固執し，200カイリEEZにも反対してきたそれまでの態度とは，明らかに矛盾するものである。そして，1977年7月に国内立法により12カイリ領海と200カイリ漁業水域を設定するにいたった[17]。

ところで，日本は，当時も原油の9割以上をペルシャ湾からマラッカ海峡を通して輸入しており，海運，輸送ルートの確保の重要性については，産業界自体が一枚岩であった。これらを代弁し，通産省（現・経済産業省），運輸省（現・国土交通省）の海事局が領海12カイリおよび，EEZ導入には反対する立場を示していた。また，運輸省の外局である海上保安庁は，海上警察として沿岸警備や海難救助，海洋調査，海洋の環境保全などに対応することから，広い領海，そしてEEZも受け入れる姿勢を示していた。

しかし，国家管轄権の及ぶ海域の拡大とともに船舶航行でより問題となるのは，領海化する国際海峡と軍艦の航行にどう折り合いをつけるかであった[18]。冷戦下の米ソは，自国の軍艦の航行が広範囲に自由に行動できる制度を作るという思惑では一致していた。本来国際海峡であるとされてきた海域が領海12カイリ導入で領海化しても，従来の公海と同じような自由な航行が確保されるべきであるとの議論を展開していた。また，それを担保するための妥協の産物としてのEEZ導入であったともいわれる。しかし，日本は，軍艦航行をめぐる議論に積極的に関わることはなかった。日米安全保障条約がある以上，12カイリになってもアメリカ軍艦の通航の権限を認める体制は容易に2国間でつくることが可能で，その点での心配はなく[19]，国連海洋法会議の帰趨を見極めるとする立場にあった。実際に，1974年のカラカス会期でも，1975年のジュネーブ会期でも，日本は国際海峡の航行に関して明確な指針を持っていたわけではなかった[20]。

当初より日本で問題となったのは，津軽海峡（幅10.6カイリ）であった。12カイリ領海化によって国際海峡にも無害通航が適応されることになれば，ソ連の艦船に対する防衛は強化されるが，一方でアメリカへの対応は国内問題も絡み

より複雑であった。すなわち，当時，アメリカの核ミサイル搭載船が航行していると考えられており，領海化すれば，1967年に佐藤栄作政権が表明し国会でも確認されてきた非核三原則（核兵器を「作らず，持たず，持ち込ませず」）と矛盾を起こすことになる。それは，国内政治の攪乱要因になると考えられていたと思われる。そして1977年の「領海法」で国際海峡である津軽，宗谷，対馬海峡東街道，対馬海峡西水道，大隅海峡の5海峡を特定海域として「当分の間」3カイリに凍結し，真ん中に公海部分を残すことによって，安全保障の問題を国内で議論することを回避し，今日に至っている。

1980年代に日米貿易摩擦が増大し，日本の防衛負担にアメリカ側から疑問が呈され，それに応じる形で中曽根康弘首相が，国際海峡である津軽，対馬などの海峡コントロールを念頭に「不沈空母」発言を行った時でさえ，『防衛白書』で国連海洋法条約や国際海峡の問題は言及されていない。このようにして，軍事的な安全保障の議論を抜きにして海洋政策を考える（ことができる）のが日本の特異な点であった。

もともと，第3次国連海洋法会議のきっかけは深海底資源であったが，海洋開発を所管するのは，総理府（現在の内閣府）外局の科学技術庁であった。1968年には海洋科学技術審議会が設けられ，翌年には『海洋開発のための科学技術に関する開発計画について』という答申が出された。また，経済団体連合会（経団連）の肝いりで，政府や企業が出資する海洋研究開発機構（JAMSTEC）が設立されたのが，1971年である。科学技術庁は，生物資源や科学調査など広範囲の問題を所管していたが，EEZが導入された場合でも海洋調査が自由に行えること，核燃料の運搬船が国際海峡を通過する際は，通常の船舶と区別なく対応がなされることを国会で主張するにとどまる[21]。マンガン団塊の採算性の問題や，近隣諸国との紛争の火種となる石油など具体的な資源開発については，なんらの姿勢も示していない。

なお，1971年に国内の公害問題の対応を主な目的として設立されていた環境庁は，条約交渉に関わることはなかった。

4　日本の描く海洋国家像

　交渉は深海底資源の国際管理についての議論がもつれ，国連海洋法条約が採択されたのは1982年であった。アメリカが反対し，イギリス，西ドイツなど先進国が棄権票を投じるなかで，日本は賛成に回った。安定した秩序の中でこそ日本の海洋利益が実現されえると考えて，大局的立場から決断したものと指摘される（栗林 1981：13）。

　条約の発効は1994年であり，日本は1996年に94番目の締約国となった。条約はその前文で「海洋の諸問題が相互に密接に関連を有し全体として検討する必要がある」としている。しかし，グローバルな海洋ガバナンスの趨勢に対する日本の対応は鈍く，2国間ベースや地域海域での漁業交渉には水産庁が取り組むものの，総合的海洋政策は不在であった（栗林・秋山 2006：6）。公海自由の原則がEEZ導入により領域的に狭まっただけではなく，生態系保全など海洋全体の国際管理の時代へと変化していたにもかかわらず，海洋政策の策定，海洋基本法の制定，海洋の総合管理を推進するための行政機構の整備，近隣とのEEZ大陸棚の境界画定等，必要な政策への対応が遅れていた（海洋政策研究所 2005：19）。

　総合的かつ長期的な視野が示されたのは，2002年の科学技術・学術審議会海洋開発分科会による『長期的展望に立つ海洋開発の基本的構想および基本政策について―21世紀初頭における海洋政策』であった[22]。そこでは，「海洋国家日本」であり続けるためには，持続可能な海洋利用をいかに実現すべきかにかかっているとし，①「海洋を知る，守る，利用する」のバランスのとれた政策への転換，②国際的視野に立った戦略的海洋政策の実施，③総合的視点に立った海洋政策を立案し，関係府省が連携した施策の実施が重要であるとしている。その前提として，国連海洋法条約を中心に，1992年の国連環境開発会議における「アジェンダ21」，生物多様性条約，FAO関連規定などが織りなす海洋ガバナンスの全体像の俯瞰もされている。しかし，これはあくまで文部科学大臣に対する答申であって，すぐさま政府内の文書として具体化される状況にはなく，海洋政策がない状態がその後も続いた（海洋政策研究所 2005：26）。

こうした国内体制の隙を突くかのように，2004年以降，中国が，日本とのEEZの境界画定で争いのある東シナ海での油田開発に本格的に着手した。2000年から続く小泉純一郎政権で教科書問題，靖国神社参拝問題など，日中関係が政冷経熱といわれた時期である。それまで日本は，中国を刺激しないよう開発への姿勢を示すことはなかったのが，2005年には経済産業省が帝国石油に試掘権を付与し，開発に向けた国内手続きへの布石を打った。しかし，これはあくまでも対等な立場で共同開発などの交渉に臨もうとする判断であり，実際のところ翌年には，帝国石油の試掘申請があったとしても認めない方針を示した[23]。

　そして，中国の海洋進出が激しさを増すなか，諸外国は国連海洋法条約に基づき総合的な政策を実施するうえでの制度的枠組みをすでに整えているとの認識が政府内では高まっていた[24]。そして，2007年に，これまで海底資源，水産，海運，環境，海洋科学といったイシューごとに各省庁で対応してきた海洋問題を，総合的に議論するための「海洋基本法」が成立した[25]。超党派の議員立法であることが特徴で，政治家，海洋関係の各省庁による「海洋基本法研究会」の議論が元になっている[26]。国際的協調のもとに，海洋の平和的かつ積極的な開発および利用と海洋環境の保全との調和を図る，新たな海洋立国を実現することが重要であるとした。首相を本部長に内閣官房のもとに総合海洋政策本部を設置し，海洋政策を省庁横断的に一元化しようとしたものである。

　東シナ海の問題でいえば，中国が開発に乗り出したのはすでに1990年代であり，その事実を外務省，経済産業省，防衛庁と各省庁のそれぞれの部局が承知しながら黙って見過ごしたとされる[27]。また国際的な動向を見れば，1992年の国連環境開発会議で行動計画として採択された「アジェンダ21」のなかでは，海洋および沿岸域の総合的な管理と「持続的な開発」を沿岸国の義務としていたにもかかわらず，日本では，会議自体を環境庁が対応したため，その後も，漁業，水産資源の保護，海上航行，港湾整備，海洋環境保全，離島の振興など，省庁縦割りでバラバラに施策が講じられる状況であった（長島 2007：4）。国内の公害問題への対応から1971年に設置された環境庁には，気候変動問題や海洋汚染に関心があっても，「アジェンダ21」が示した「持続可能な開発」にむけて海洋のさまざまな分野の問題を統括するような影響力がなかったのも当然で

あろう。なお，環境庁は2001年に環境省となった。
　そして，海洋基本法の制定の翌年の2008年には，具体的な海洋政策の基本方針を示す「海洋基本計画」が閣議決定された。そこでの目標は，①海洋における全人類的課題への先導的挑戦，②豊かな海洋資源や海洋空間の持続可能な利用に向けての礎づくり，③安全・安心な国民生活の実現に向けた海洋分野での貢献であるとしている。[28]
　しかし，その後も関係府省の縦割り的な対応は変わらず，2013年には，総合的な観点からの政策評価を行うために総合海洋政策本部の強化とともに，冒頭のような「海に守られた国」から「海を守る国」への国家像の転換を示す新たな海洋基本計画が閣議決定された。[29] それは，海洋を法の支配が貫徹する世界人類の公共財（グローバル・コモンズ）として保ち続けるために積極的に努めていくとした。しかし，具体的に示された内容は，あくまでも国内に重点が置かれたものである。2011年の東日本大震災のような海洋由来の自然災害に強い国になることであり，エネルギー政策の変換の必要性から，海洋再生可能エネルギーの潜在力への期待が示された。より注目すべきは，「海洋の安全の確保」のために政府が行うべき施策として，自衛隊と海上保安庁の連携体制強化に努めるとともに，周辺の情勢変化に政府が一体として対応できるよう，情報共有など関係省庁の連携強化を求めている。名指しこそしてないが，2008年の海洋基本計画から5年の間に高まる中国の海洋進出，尖閣諸島をめぐる漁船衝突事件などが念頭に置かれていることに疑問の余地はない。

5　おわりに

　ふりかえって，グローバルな海洋ガバナンスの根幹をなす国連海洋法条約が形成される過程で，日本は，積極的な役割を果たしたわけではなかった。国連海洋法会議において，領海の拡大やEEZの導入という国際的な潮流を感知しながらも，遠洋漁業を守る国内向けの立場からの外交を行ない，孤立を余儀なくされた。冷戦下にあり，米ソは軍艦航行の行動範囲を広く維持するこが最大の関心事項であったが，日本はこの点では，趨勢に応じて対処するという姿勢を示すにとどまった。日本がその後も漁業政策にのみ固執できたのは，日米安

全保障条約により安全保障をアメリカにゆだね，憲法9条の下，軍事的安全保障の面から発言することを憚られていたためと考えられる。現在に至るまで津軽などの特定海峡を3カイリとしているのも，非核三原則との整合性が問題であろうことは容易に推察できる。

軍事的な安全保障という意味での海洋を正面から検討せずにきた日本も，近年の中国の国際法を無視するかのような海洋進出に対して，改めて海洋政策全体を見直す状況が生まれた。これまでの日本の海洋政策の問題点と今後が示されたのが，2008年と2013年の海洋基本計画である。そこに見えるものは，国連海洋法会議の交渉過程で，本章が検討してきた省庁の縦割り行政は続いており，その現状を打開する必要があるという指摘である。海洋基本計画のなかでは，海洋を法の支配が貫徹する世界人類の公共財として保ち続けるために積極的に努めるとも記されている。この公共財を"守る"ことは，自国を"守る"ことを超えて，海洋のグローバル・ガバナンスの積極的な担い手になるということを意味しよう。国益を越えた海洋ガバナンスへの貢献，島国としてではなく真なる海洋国家となることを日本は求められている。

【注】
1） 1930年にはハーグ法典化会議が開催されたが，当時，一般原則と考えられていた領海3カイリは，西側諸国中心の参加47か国の間でさえ合意できなかった。
2） その際，当該沿岸域での過去の漁業実績のある国は，操業を継続できるとの条件を付し，自国の遠洋漁業国に対する配慮も行っている。
3） C.1/SR.103-105, p.149.
4） Second United Nations Conference on the Law of the Sea, Official Records: Summary Records of Plenary Meetings and of Meetings of the Committee of the Whole, pp.72-73.
5） 「3カイリに近い線で諸国の権利，利益などの調和の上に決議の3分の2をとることができる可能性のある場合は，その案に賛成し，海洋法の安定をはかったほうが将来の日本にとって利益をもたらす」との発言が外務省の政府代表よりなされていた。『第34回国会衆議院農林水産委員会水産に関する調査小委員会議録』第1号，昭和35年3月14日，3頁。
6） UN.Doc., A/Res.2574 (XXIV) (December 17, 1970).
7） ケニアで開催されたアジア・アフリカ法律試問委員会における日本政府代表の発言。念頭に置かれていたのは，12カイリ以遠の資源に対する沿岸国の権利と領海化する国際海峡の通航権の問題であった。
8） 外務省情報文化局国内広報課『国連第三回海洋法会議』1974年6月，外務省情報文化

局，29頁。
9) 外務省情報文化局国内広報課『国連第三回海洋法会議』25頁の表による。
10) Third United Nations Conference on the Law of the Sea, Official Records, Vol. Ⅱ, 1975, pp.217-218.
11) 国連の次席大使として1970年から交渉にあたった小木曽は，"エクセプト・ワン"と日本が会議出席者すべてから冷笑されたごとく日本の新聞が批判的に報道したことは不正確であると断じている。小木曽本雄「第三次海洋法会議を顧みて」『季刊　海洋時報』3号（1976年），8頁。
12) 同上，8頁。会議直前の国会答弁で外務大臣は，趨勢いかんでは，12カイリ領海に従わなければならないとしている。200カイリEEZについても，会議全体の帰趨を見極め，大勢に掉さすわけにもいかないとしている。『第72回国会衆議院外務委員会会議録』26号（昭和49年5月17日），23-25頁。
13) 『朝日新聞』朝刊，1974年5月31日，6月12日。
14) 大日本水産会は，日本かつおまぐろ漁業協同組合を含む約400の会員からなる。一方，全漁連は，2015年3月時点で，全国の沿岸地区に966の漁協があり，17万人の漁業者からなる。
15) 『第75回国会参議院予算委員会会議事録』5号（昭和50年3月8日），8，9頁。
16) 『第77回衆議院予算委員会議事録』9号（昭和51年2月6日），8，9頁。
17) 昭和52年5月2日法律第30号「領海法」（7月1日施行），ならびに，法律第31号「漁業水域に関する暫定措置法」。
18) 海峡は法律用語ではなく，海洋法上も海峡の定義はない。一般的には，2つの公海部分を結ぶ，陸と陸に挟まれた狭い水域で，国際航行に使われていると国際海峡とされる。ここで整理すると，公海は自由航行が認められていたのに対し，領海は「平和と秩序または安全」を害しない限りにおいて「無害」とされ，無害でない通航の防止のために，部分的な閉鎖が沿岸国に許されていた。ただし，国際海峡となると，国際的な航行に重要であることから，閉鎖が禁止され，無害通航の一般的な停止も禁止されていた。なお，潜水船は領海では浮上して通航する義務が課せられており，公海である時に認められた上空飛行の権利も消滅する。領海が12カイリになると，領海として制限された航行が24カイリの国際海峡まで及ぶことになる（林・島田・古賀 2016：第4章）。
19) 『第72回国会衆議院外務委員会議事録』26号（昭和49年5月17日），23，24頁。
20) 『第75回衆議院科学技術振興対策特別委員会議事録』3号（昭和50年3月10日），22頁。なお，1976年のニューヨーク会合で通過通航権という新たな概念の登場でほぼ決着した。「通過通航」とは，国際海峡において，継続かつ迅速な通過が航行と自由な飛行として認められる。
21) 『第75回国会衆議院科学技術振興対策特別委員会議事録』第3号，22頁。
22) 科学技術・学術審議会「長期的展望にたつ海洋開発の基本的構想世帯推進方策について」『21世紀初頭における日本の海洋政策』平成14年8月，3-6頁。文部科学省のホームページより2017年4月ダウンロード。http://www.mext.go.jp/b_menu/shingi/gijyutu/gijyutu5/siryo/05053001/005/all.pdf
23) 『朝日新聞』朝刊，2006年1月15日。内閣改造を経て2006年には親中派の二階堂俊博氏

24) 『第160回国会衆議院国土交通委員会会議事録』10号（平成19年4月3日），2-8頁。国土交通省総合政策局長の発言により，アメリカは2004年に海洋行動計画を，中国は1996年に21世紀中国海洋政策大綱を，韓国は2000年に21世紀海洋水産ヴィジョンを策定しており，いずれも海洋資源の開発や海洋環境の保全，海洋産業の発展など総合的に推進するものになっていると指摘された。
25) 平成19年4月27日法律第33号，7月20日施行。その理念は，①海洋の開発利用と海洋環境の保全と調和，②海洋の安全の確保，③海洋に関する科学的知見の充実，④海洋産業の健全な発展，⑤海洋の総合的管理，⑥海洋に関する国際的協調である。
26) 座長は石破茂衆議院議員。「インタビュー新たな海洋立国を目指して」『Ocean Newsletter』158号（2007年3月5日）。
27) 『読売新聞』朝刊，2006年12月31日。同朝刊，2006年5月27日も参照。
28) 『海洋基本計画』平成20年3月，総合海洋政策本部のホームページより2017年4月ダウンロード。http://www.kantei.go.jp/jp/singi/kaiyou/kihonkeikaku/080318kihonkeikaku.pdf
29) 『海洋基本計画』平成25年4月（同上）。http://www.kantei.go.jp/jp/singi/kaiyou/kihonkeikaku/130426kihonkeikaku.pdf

【参考文献】

五百旗頭真編（2016）『戦後日本外交史〔第3版〕』有斐閣。
海洋政策研究所（2005）『海洋白書2005』成山堂書店。
栗林忠雄（1981）「海洋秩序の変動と日本の対応」『海外事情』第30巻第7号。
栗林忠男・秋山昌廣編著（2006）『海の国際秩序と海洋政策』東信堂。
坂元茂樹・薬師寺公夫・浅田正彦編（2017）『条約集2017』東信堂。
高坂正堯（1998）『海洋国家日本の構想』都市出版。
長島昭久（2007）「海に守られる日本から，海を守る日本へ」『Ocean Newsletter』第167号。
林司宣・島田征夫・古賀衛（2016）『国際海洋法〔第2版〕』有信堂。
横田喜三郎（1969）『海の国際法（上巻）』有斐閣。
Dean, Arthur H. (1957) "Freedom of the Seas," *Foreign Affairs*, Vol.37.
Hollick, Ann D. (1981) *U.S. Foreign Policy and the Law of the Sea*, Princeton University Press, Chap. 2.
Ogiso, Motoo (1987) "Japan and the UN Convention on the Law of the Sea," *Archiv des Völkerrechs*, 23 Band 1, Heft, p.72.
Fukui, Haruhiro (1984) "How Japan Handled UNCLOS Issues: Does Japan Have an Ocean Policy," in Friedheim eds., *Japan and New Ocean Regime*, Westview Press.

第12章

日本による人間の安全保障概念の普及
―― 国連における多国間外交 ――

栗栖　薫子

1　はじめに

　2012年9月，日本外務省がリーダーシップをとり，人間の安全保障に関する国連総会決議が採択された（A/RES/66/290）。この決議は2005年前後から続いてきた国連における人間の安全保障の概念的理解をめぐる論争にいったん終止符を打つものであり，日本政府，特に外務省が主張してきた人間の安全保障のとらえ方が大幅に反映された点で，日本外交という観点から注目に値する。同決議を，人間中心性，包括性，現地の文脈重視，非介入的で予防的といった，日本の国際協力アプローチを定式化したものとして評価する立場もある（Hoshino and Satoh 2013）。他方で，同決議にみられる人間の安全保障の概念には曖昧さが残り，国連の今後の実行に持続的にインパクトを持ちうるのかについては，今後も注視する必要がある。

　グローバル・ガバナンスの一分野において規範形成を主導した事例は，戦後の日本外交において稀である。そこで，本章では，この事例を手がかりに，国連という多国間フォーラムにおける日本の政策を分析し，日本のグローバル・ガバナンスへの関与を考察する手がかりとする。近年，日本政府が活発に推進してきた人間の安全保障の概念の普及事例を通して，日本がなぜグローバルな秩序形成に関わろうとしたのか（動機），主たる推進アクターは誰であるのか，そして，日本がこの活動を行う場合の能力と手法，またそこでの制約について概観する。

　日本の人間の安全保障をめぐる外交過程については実務家による論考が多い

(佐藤 2004；高須 2011）。また，人間の安全保障概念を日本政府が導入した過程については，実証的な分析がある（Edström 2003；Tan 2010；Kurusu 2011；このほかに福島 2010など)。これに対し，国連における概念普及と多国間交渉に国際政治学から焦点を当てた分析は少ない。本章では，日本がどのような要因や動機のもとに，いかなる手法で特定のグローバル・ガバナンスに関するアイディアや規範を推進し，秩序形成に関わろうとするのかという問題に対して，人間の安全保障概念の普及に関する事例分析を通じて1つの考察材料を提供したい。

2　冷戦後の日本外交におけるグローバル・ガバナンスへの関与とその漸進的変化

英米主導型の国際秩序への日本による対抗と失敗としての第二次世界大戦があるとすれば，戦後，日本はアメリカが主導する国際秩序の中にフォロワーとして復帰した。重光葵外相が国連演説で述べた「東西の架け橋」という理想はあったが，現実には一貫した軸としての対米重視政策があり，国連への政策的な関与は限定的であった。他方，戦後の経済復興とともに，主としてアジアにおける地域的ガバナンスへの主体的関与がみられるようになった（Oba 2008）。アジア開発銀行の設立，福田ドクトリンなど日本の構想力が一定程度発揮された事例もある。とはいえ，1956年の加盟当時に掲げられた国連中心主義は十分に発揮されずにきた。日本の国際秩序形成への関与は限定的であり，国連での多国間外交が政府にとって死活的なアジェンダであったことは，ほとんどなかったといえるだろう。それでは戦後の対外政策上そのような特徴を保持してきた日本が，21世紀になってグローバル・ガバナンスに関わる概念普及に，主導的に関与したのはなぜであろうか。

そのことを考えるうえで，まずは日本外交にとって1つの分岐点となった1990年代の変化を概観したい。世界第2位の経済大国となった1980年代には，日本はアメリカから国際的役割分担を迫られ，国連分担金を増額するなどの対応をとった。しかし，1990年代になると，以下のような背景から，日本は国際貢献の質的なあり方をさらに問われることになった。第1に，湾岸戦争時の130億ドル拠出が国際的にはそれに見合うだけの高い評価を得られなかったこ

とは，経済的な役割分担以外の取り組みの必要性を政策エリート達に認識させる契機となった。国会での与野党対決を経て決定された国連平和維持活動への自衛隊の参加が，PKO 5 原則という制約付きで実現したのはこの時期である。第 2 に，日本の対外的影響力行使の主たる方法であった経済援助についても，その理念や方法が問われることとなった。天安門事件への対応を 1 つのきっかけとして援助供与における基準と原則の問題が問われ，1992 年には政府開発援助（ODA）4 原則が導入された（徐 2004）。また大規模なインフラ整備投資へのODAの傾注が問題視されたいわゆる「ハコもの」批判に対して，1990 年代半ばには，法整備支援など「知的支援」にも目を配っていくことが政府によって謳われるようになった（鮎京 2011）。さらに，1990 年代後半にはバブル経済崩壊の影響もあり，ODA 額が 1997 年をピークとして減少の途をたどった。国際貢献のあり方について，財政的制約という観点からもさらなる検討を要することとなった。

　前述のような変化に加えて，1990 年代末になると日本政府は「国家建設」「平和の定着」という用語を用いながら，国連を中心として進められた平和構築に関与するようになった。今日的に人間の安全保障に関わる諸分野でも国際協力に力を入れていった。たとえば，難民高等弁務官事務所への拠出金をみると，1990 年代にはアメリカに次ぐ第 2 位の拠出国として UNHCR 予算の 1 割前後を提供した。ルワンダ難民への医療活動，東ティモール難民への物資の提供には自衛隊も関わった。カンボジアの平和構築プロセスにも関与し，1997 年には同国の対人地雷除去や除去技術開発などのために 100 億円の拠出を表明した。人道支援や平和構築は，日本の国際協力活動の新しいジャンルの 1 つとして定着しつつあったといえる。

　こうして日本が国際社会と協調して世界の開発や平和の問題に関与するための道具立てとその実績が，ある程度整っていった。すなわち，金額を減少させながらも引き続き国際協力政策の主力であり続けた経済援助，そして新たに開拓された，後方分野における PKO 活動，そして平和構築への参加である。日本はグローバル・ガバナンスのためのコスト分担において，金銭的な協力が主力ではあるが，それだけでなく知的協力や人材派遣における関与を拡大していった。

1990年代にかけての新たな国際協力分野での経験の蓄積は，2000年代になって徐々にではあるがグローバルな概念やルール形成にのりだす素地となっていったであろう。具体的には，人間の安全保障，防災・減災などの分野で，日本はアイディアの提供や国際的な潮流の形成に関与していく（楠・栗栖 2017）。

3 政策決定者による国力認識と対外政策

以上で論じたグローバル・ガバナンスへの関与に対する日本の姿勢の変化は，政策立案に関わるエリート達が持つ，自国の国力についての認識や対外政策上のアイデンティティによっても影響を受けている。

相対的な国力において，どのような国が，どのようなタイプの国際秩序形成に関わるのか，ないしは関わらないのか，どのような方法で関わるのかについては，多くの既存研究が扱ってきた。歴史的にみると19世紀にはイギリス，20世紀にはアメリカという圧倒的な経済力と軍事力に基づく構造的パワーを持つ覇権国が，その理念に基づき，海洋航行の自由，自由貿易などの国際的な秩序を提供してきたことが指摘されてきた（Gilpin 1983；Keohane 1984）。覇権国は，さまざまな争点分野における制度やレジーム形成の土台となるような構造的な基盤を提供する。

これに対して，ドイツや日本などは1980年代には世界有数の経済大国となり，大国とみなすことが可能な諸国であるが，他方で，国外での軍事的な展開能力においては制約を持つ。日本は1989年から10年余りにわたってODA規模において世界一を維持したが，経済力を政治的影響力へと転換させるのが常であった。国家目的の追求のために非軍事的，経済的手段を主として用い，国際協力の重要性を認識する国を，シビリアン・パワーと呼ぶ（Maull 1990；船橋 1986）。経済力の向上に伴い，日本に対して秩序維持へのより積極的貢献が求められるようになったが，その際も日本は基本的にフォロワーとして，アメリカや西側諸国が作った秩序の維持における費用の一部を分担することで貢献してきた。そのため，日本が国際的な規範や秩序形成を主体的に率先してきたといえる事例は数少ない[1]。

2010年代になって，経済力において世界第2位から第3位へと順位を下げた

ものの，日本はいまだ大国ないしは大国に準ずる国力レベルを有している。しかし，財政的な制約があるなかで，今後は経済力だけで影響力を維持し向上させることは容易ではない。このような背景のもとで，環境，人権，人道などの限定された分野，なかでも，過去に一定の実績（資金，知識，技術の供与など）を持つ分野で，秩序形成や維持に関与することで独自性を発揮し，グローバル・ガバナンスにおいてリーダーシップを発揮することは，国際的存在感を高める1つの手段となりうるという認識も登場した（21世紀日本の構想懇談会 2000；日本再生の基本戦略 2011）。特定分野に限定した秩序形成への貢献政策は，ミドルパワーの外交手法とも類似性が認められよう（関連して Soeya 2005）。

　カナダ，ノルウェーなどミドルパワー諸国は，国力に限界があるため，「資源節約型」の「隙間外交」を展開することが多い（山崎 2007）。より特徴的でインパクトを持つ外交を可能にするためには，新規性のあるアイデアが必要とされる。ミドルパワー諸国は，国連平和維持活動，対人地雷禁止条約や国際刑事裁判所設立規程の採択推進など，具体的で限定的で実現可能なテーマを設定し，小規模な財政のもとでこれを追求してきた。単独の国力資源には限界があるこれらの諸国は，国際機関などの制度的基盤を利用したり，有志の諸国や市民社会とのネットワークを形成することによって，特定の争点領域における秩序形成を主導する。そしてそのことが，自国のアイデンティティの強調のためにも必要なのである。そのような背景から，ミドルパワー諸国は特定の機能的グローバル・ガバナンス分野における秩序形成に積極的に関わる傾向にある。

　本章がみていく人間の安全保障の普及事例に即して概観すると，日本政府が1990年代後半に人間の安全保障を対外政策の概念として導入した背景にも，同様の動機が作用したことを指摘できる。小渕恵三（外相 1997年〜1998年；首相 1998年〜2000年）が橋本龍太郎内閣の外相であった折に，人間の安全保障概念の導入が決定された。すなわち，1997年から98年にわたって開催された小渕のブレーン達と小渕との度重なる非公式な議論のなかで[2]，資源も少なく経済力にも今後限界のある日本がいっそう影響力を強めていくためには，国際社会において「知的リーダーシップ[3]」を発揮することが必要であるとの認識が示された。ローマ・クラブやブルントラント委員会のように，グローバル・ガバナンスに関わる大きな潮流を形成するような対外政策が日本には必要である，との

意見に収斂したのである。そしてこの方向性は，日本の過去の実績と矛盾せず，かつ ODA による貢献や「平和主義」のもとでの対外政策における非軍事的アプローチに裏付けられるものと考えられた。そこで有用となるのが，人間の安全保障という考え方であり，国力において将来的に限界のある日本が，グローバル・ガバナンスに関わる知的潮流を形成する際に用いる概念として位置付けられた[4]。

とはいえ，規範や概念をグローバルに推進していくためには，そのための構想と戦略や外交手腕が求められよう。第二次世界大戦後の歴史において必ずしもこの面での多国間外交の蓄積が十分ではない日本は，この課題にどのように取り組んだのであろうか。

4　日本の多国間外交の特徴

日本の多国間外交，そのうち国連外交に関する研究には，国連安保理入り問題を分析したドリフテの研究（2000），歴史学者による日本の国連安保理政策の通史などがある（Pan 2006）。また，ヤストモは1990年代の国際復興開発銀行，アジア開発銀行，欧州復興開発銀行という多国間金融機関における日本の多国間外交政策を分析し，新たな特徴を見出した（Yasutomo 1995）。とはいえ，日本の多国間外交について政治学的な理論・実証を用いた研究はいまだ萌芽的である（たとえば，大芝 2013）。ここではドリフテ，ヤストモらの実証研究に提示された分析枠組みを考察の出発点としたい。

ドリフテやヤストモは，日本の多国間外交政策の形成過程における，アクターとその関与の度合いを，分析軸の1つとしている（ドリフテ 2000；Yasutomo 1995）。アクターは，内閣／政治家，官僚，NGO などの市民社会組織，国内世論に大別される。戦後から1990年代までに至るまで日本の常任理事国入り政策を分析したドリフテは，政治家にとって国連外交は優先課題ではなく，その関与は個人的な関心の有無によって散発的であり，そのため官僚によって一貫して問題が掌握されてきたと論じた。また，市民社会の関与が限定的であったことが指摘されている。他方，国内世論の影響について両事例では異なる結果が出ている。常任理事国入りについては一定の影響を及ぼしたが，国際金融機関

をめぐる政策形成への世論の影響は限定的であった。

アクターの特徴に加えて，ドリフテは，国連における日本の多国間外交には以下のような特徴があると述べている（ドリフテ 2000）。第1に，日本の外交政策は，一貫して対米重視政策に軸が置かれており，国連など多国間外交が前面に掲げられたことはなかった。日本の多国間外交は，政治家による政治的理念と人材投与を欠き，物的貢献に偏ってきた。政治的関与の不足とリーダーシップの不在のなかで，国連安保理常任理事国入り問題は主として外務省が主導した。すなわち，二国間外交に比して多国間外交の軽視，それと関連して政治家による関心や政治的理念・リーダーシップの欠如，結果としての外務省による多国間外交の掌握が特徴であると述べる。

第2に，日本社会では，政策アイデアを創出するシンクタンクの力が弱い。また，近年変化がみられるものの，長い間，外務省はNGOなど市民社会に対して開放的でなく，両者の連携が弱かった（ドリフテ 2000）。このことは，革新的なアイデアや実行を発案し，展開するうえでの制約として作用した。第3に，多国間交渉における姿勢として，他国からの異論に対して配慮を行い，コンセンサスの醸成を待つ傾向にあり，日本としての明確な立場や意見が伝わりにくい（ドリフテ 2000，終章）。

本章でみていく人間の安全保障の事例について，結論を先に述べるならば，まず，第1，第2の特徴についてみると，各アクターの関与の大小は，日本の対外政策への人間の安全保障の導入，多国間での概念普及それぞれの段階で異なっていた。日本政府による人間の安全保障政策は，その対外政策理念としての導入（第1段階：1997-2000年頃），ODAの指針など対外政策への実際の受容（第2段階：2000年代前半頃），そして国連総会という多国間での概念普及（第3段階：2005年～2012年頃）のステップを踏んで進展してきた（栗栖 2013）。人間の安全保障が政策的なアイデアとして導入された最初の段階においては，有力な政治家（ここでは小渕恵三首相）の役割は大きく，その政治家に対するNPO（シンクタンク）やジャーナリスト，有識者などの直接の影響はむしろ大きかった。つまり，日本の過去の事例とはいくぶん異なり，小渕のもとで他のセクターを巻き込んだアイデアの形成がなされた点が注目される。

しかし，その後，国連総会における人間の安全保障アイデアの普及政策とい

う多国間プロセスになると，政治家側からの強い関心と積極的関与はなくなり，市民社会との連携もほとんどなくなっていった。そして，国連での普及に関わる全体のプロセスが外務省によって，より正確にはその時々の外務省担当者（国連政策課，地球規模審議官室，国連代表部）の熱意によって推進されて行った。この段階では，ドリフテが指摘する日本の多国間外交の特徴を大きく共有している。

　第3の特徴についても，国連総会で人間の安全保障概念を推進するうえで外務省は，同時に規範形成が進展しつつあった保護する責任との関係，また国家主権，内政不干渉，人権といった国連の諸原則との関係を整理し，コンセンサスを醸成しようとした。

　以下では，グローバル・ガバナンスに関わる規範形成をめぐる日本の外交を，人間の安全保障概念の推進を事例に描いていく。

5　人間の安全保障——グローバルな理念の提示と「知的リーダーシップ」の追求

　先に述べた小渕のブレーンたちのなかでは，さらに同概念をグローバルに普及すべく具体的な検討を開始したメンバー達もあった（本節について詳しくは，Kurusu 2011）。小渕が推進した「アジアの明日を創る知的対話」の場を活用しながら，アジアや北米の有識者や実務家によって構成されるトランスナショナルな専門家グループにおける議論を深めていった。そこで練り上げられた構想の重要なものが，人間の安全保障に関する国際委員会の設立であった。

　人間の安全保障委員会の設立構想に影響を及ぼしたもう1つの背景として，他の諸国，特にカナダ政府の動向があった。国連開発計画（UNDP）が1994年に『人間開発報告書』において，人間の安全保障概念に焦点を当てて以来，特にカナダやノルウェーなどミドルパワー，あるいは日本のようなミドルパワーに類似した行動様式もとりうる国によって，対外政策上の概念として用いられていったのである。しかし，その過程では各国それぞれの解釈で同概念を使用しており，相互に概念上の齟齬も生じるようになった。

　カナダの場合には，人間の安全保障は，特定の課題を追求する隙間外交の手段としての意味を持った。恐怖からの自由に関わる諸問題，なかでも，武力紛

争下の市民保護のための諸政策——対人地雷禁止条約締結の推進，国際刑事裁判所の設置など——を意義付ける概念として人間の安全保障が用いられた。カナダ政府は，介入と国家主権に関する国際委員会（ICISS）を2000年に設置した他，ノルウェー政府とともに1999年に人間の安全保障ネットワークを形成した。しだいに人間の安全保障を「恐怖からの自由」の問題に限定しようとするカナダ政府と，開発援助の問題も含めて包括的にとらえようとする日本との立場の違いが生じるようになった。有識者による国際委員会を設置して人間の安全保障について一定の共通了解を創出する案を日本の外務省もまた支援した。

小渕首相の急逝により，2000年秋の国連ミレニアム・サミットには森喜朗首相が出席し，そこで「人間の安全保障委員会」の設置を提案した。同委員会は，緒方貞子とアマルティア・センを共同議長とし，有識者を委員として集めて検討を重ね，さらに地域ごとにアウトリーチを行った。そして2003年に，最終報告書『いまこそ人間の安全保障を』（Human Security Now）をコフィ・アナン国連事務総長に提出した（人間の安全保障委員会 2003）。

同委員会は，武力紛争下の人道的問題から開発問題までの広い諸分野を，人々やコミュニティの安全という観点から捉えなおす包括的概念として，人間の安全保障を提示した。人々の保護のみでなく，能力強化も同様に必要であるとすることで，被援助国政府や市民の主体性を重視したことも特徴である。人間への脅威に関わる幅広い諸分野を対象とする分，報告書の内容は曖昧さを残すものであった。同報告書は武力紛争下の市民の保護についても触れており，人間の安全保障概念が武力紛争下の市民の状況を除外するとは考えられていなかったことがわかる。とはいえ，人間の安全保障委員会の報告書では，この問題は正面から扱われず，むしろ予防の必要性を指摘しながら，介入と国家主権に関する国際委員会の議論を参照するにとどめている（人間の安全保障委員会 2003：第2章）。

人間の安全保障概念の対外政策への導入から人間の安全保障委員会の設置に至るまでの過程を概観すると，主たる推進者は，小渕・武見といった政権中枢の政治家ならびに私的なブレーン達であったといってよい。この時期，外務省が主体的な役割を果たした案件は，国連事務局への人間の安全保障信託基金の設置であり，それ以外には，人間の安全保障委員会の運営支援などに限られ

た。

　同報告書が提示した人間の安全保障の考え方を踏まえて，日本国内では対外政策への導入を進めるため政策変更がなされた。人間の安全保障は，2003年，ODA大綱において基本方針の1つとして導入がなされ，また援助実施機関である国際協力機構（JICA）は緒方貞子新理事長の下で組織の活動への導入を進めた（国際協力機構 2008：3頁）。2003年，外務省はODAの草の根・無償資金協力を草の根・人間の安全保障資金協力と改称し，JICAでは人間の安全保障を改革の柱とした。

　人間の安全保障の理念をどの程度プロジェクト等の実施に反映させようとしたのか，またそれが可能であったのかは，担当組織によってバリエーションがある。上述の無償資金協力では案件審査は在外公館に任されており，実質的な変化を生み出すには限界があったといわれる。JICAについてみると，人間の安全保障の考え方がJICA内でも浸透していない等の批判も，たしかに聞かれた。人間の安全保障の履行評価は本論文の目的ではないが，少なくともJICAにおいて組織の具体的な活動に落とし込むために，ガイドライン化（「7つの視点」の作成）[8]を進め，組織内でディスカッションを行ったり，DVD作成によるベスト・プラクティスの共有を図るなど推進活動が行われた。[9]

　人間の安全保障は，日本の援助や国際貢献の方針を明示化する役割を期待されたが，要請主義，技術支援・人材育成など日本の従来の開発援助手法をその背景としていたことはいうまでもない。対して，日本が二国間援助で培ってきたやり方や指針を，そのまま多国間で使用すべき指針へと転用することは簡単ではない。国連総会という多国間での人間の安全保障概念の普及はどのように進み，その過程でどのような制約があったのであろうか。

6　国連総会における概念の普及をめぐって―外務省の役割

　2005年以降，日本は国連総会という制度的基盤を利用した概念普及に乗り出した。政治家による関心と関与が低下したなかで，ここからは外務省が中心となって普及活動を推進した。外務省の総合政策局，地球規模審議官室，ニューヨークの日本政府国連代表部がその推進部署である。まず手始めに，2003年に

第3部　規　範

　外務省は国連に設置した人間の安全保障信託基金の案件審査ガイドラインを，人間の安全保障委員会報告書の内容にのっとって改定した。そして，2004年には，「NGO・アフガニスタン支援調整担当及び人間の安全保障担当大使」ポストを新設し，アフガニスタン大使として同国の平和構築に関与した経験を持つ駒野欽一がその職についた。

　国連での人間の安全保障概念普及プロセスには，国連の多国間交渉に精通し，同テーマについて一貫して強い関心を有した外務官僚の役割が大きかった。なかでも高須幸雄は，日本が国連において人間の安全保障を推進するうえでのキーパーソンの一人であった。1999年，国連事務局に人間の安全保障信託基金を設置した際，高須は国連日本政府代表部から，本省と協力して同案を推進した。国際社会協力部長時代（2000〜2001年）には，先に述べたブレーン達による人間の安全保障委員会の設置構想にも関わり，外務省による組織的支援に関わった。2005年9月の国連総会において首脳会合成果文書に人間の安全保障についての一節が盛り込まれて以降は，人間の安全保障担当大使として，また国連大使時代（2007〜2010年）には有志諸国の協議のフォーラムである人間の安全保障フレンズを推進した。神余隆博は，国際社会協力部長として2005年の首脳会合成果文書の交渉に関与し，また翌年から国連大使（次席）として高須とともに人間の安全保障フレンズ形成と推進に携わった，この時期におけるもう一人のキーパーソンである。ドリフテによれば，1990年代前半の国連安保理改革の機運が高まった折に，日本の常任理事国入り政策を推進した実務担当者が，1989〜91年に国連政策課長であった高須，91年に同ポストを引き継いだ神余隆博である（ドリフテ 2000）。人間の安全保障概念推進にあたったのも，国連における多国間交渉に精通した陣容であった。また，鶴岡公二は地球規模課題審議官（2006〜2008年）として人間の安全保障フレンズ運営を支援し，国連総会決議に至る過程では，総合外交政策局長（2010〜2012年）として人間の安全保障の推進に関わった。

　2004年に提出された有識者によるハイレベル・パネル報告書を受けて（The High Level Panel 2004），国連では安保理改革，人権理事会の新設，平和構築委員会の設置など一連の改革の機運が高まった。2005年9月の国連総会において，これらの改革について可能な合意を盛り込んだ，首脳レベルでの成果文書

を採択するための準備が進められていた。外務省は，安保理常任理事国入りという優先的な課題を推進しつつ，同時に人間の安全保障についても総会文書に盛り込むことにより加盟国間での普及を図ろうとした[10]。

　国連総会における多国間意思決定の特徴として，途上国によるG77，中立非同盟諸国のグループ，共通外交政策を持つEUなどの枠組み，あるいはアドホックなネットワークの果たす役割が挙げられる（たとえばVoeten 2000）。日本にとっては，常日頃から加わっているネットワークが少ないため，一国が一票を持ち，数の力がものをいう総会で，日本による提案を支持する諸国を安定して確保するうえで不利な立場に置かれている。そのため，2005年の国連総会では，外務省は国連改革の関心を持つ中小の諸国が形成したアドホックなネットワーク（メキシコ・フレンズ・グループ）に参加し，同ネットワークによる総会首脳会合成果文書への提案に人間の安全保障の概念を盛り込もうとした（本節の経緯につき詳しくは，栗栖 2013；Kurusu 2018）。

　外務省の担当者は，人間の安全保障を国連総会において普及するうえで障害となるのは，途上国が人間の安全保障を保護する責任の概念を同一視し，内政干渉のための道具としてみなし反対することであると考えていた。この点について，外務省の担当者のなかでは，保護する責任は人道上の危機から市民を救うための最後の手段として必要な概念であるが，国連総会で人間の安全保障概念を推進するうえで足かせになるため両概念を峻別すべきという戦術的立場が一方であり，もう一方で，そもそも保護する責任が軍事介入を容認することに対して批判的な立場とがあった[11]。しかし，いずれの立場からも，両概念を峻別することが必要であった。したがって，外務省は，人間の安全保障には武力行使を含まない，国家主権を超えた介入を奨励するものではないという立場を明確化した。そして，保護する責任概念に反対するわけではないが，人間の安全保障概念には保護する責任を含まないという見解を主張し，国連加盟国の理解を求めていった。外務省による人間の安全保障概念の理解のうち，特に軍事的手段の不使用と国家主権の不可侵という点は，この時点で明確化され，その後も基本的に維持されていった。

　日本の外務省が作成した人間の安全保障に関するパラグラフは，メキシコ・フレンズ・グループの支持を得て，総会議長草案に盛り込まれた。**表12-1**

第3部　規　範

表12-1　国連総会（2005年7～9月）での人間の安全保障パラグラフ案とその文言の変化

国連総会議長による成果文書草案の第1次修正案	7月22日	我々は，人々が自由と尊厳に生きる権利を強調する。人間の安全保障は，現在の脅威から生み出される不安全や，人々の生活に影響を及ぼす困難から，市民を保護する死活的必要性についての指針となる原則であると認める。我々はしたがって，人々の能力を強化しこれらの不安全に効果的に対処するための手段として，人間の安全保障の促進にコミットする。
国連総会成果文書草案の第2次修正案	8月5日	我々は，人々が自由と尊厳に生きる権利を強調する。脆弱な人々の必要性に，より効果的に対処するために，総会においてさらに人間の安全保障の概念について討議することにコミットする。
国連総会首脳会合成果文書	9月15日	我々は，人々が，自由に，かつ尊厳をもって，貧困と絶望から解き放たれて生きる権利を強調する。我々は，全ての個人，特に脆弱な人々が，全ての権利を享受し，人間としての潜在力を十分に発展させるために，平等な機会を持ち，恐怖からの自由と欠乏からの自由を得る権利を有していることを認識する。このため，我々は，総会において人間の安全保障の概念について討議し，定義付けを行うことにコミットする。

出所：筆者作成。[12]

は，2005年夏の国連総会における成果文書起草過程での，人間の安全保障をめぐる文言の変化を示したものである。上述した軍事力の使用を含まない，国家主権を超えないといった人間の安全保障の実現方法（アプローチ）はこのパラグラフには盛り込まれておらず，むしろ一般的な概念として定式化を試みたことがわかる。第一次修正案では，保護する責任に関するパラグラフの直後に人間の安全保障に関するパラグラフが置かれていた。

この間の総会の議論では，人間の安全保障や保護する責任への憂慮を示す開発途上国の見解がより明らかになっていった。たとえば，ブラジルの国連大使は人間の安全保障であれ保護する責任であれ，「人権と安全保障の問題を混乱させる」との強い懸念を示した[13]。そのため，8月に提示された第二次修正案では，日本外務省は両者が結びつけられないように，両概念の間に他の問題（子どもの権利）に関するパラグラフを置くように働きかけた。また，（今総会で決めるのではなく）人間の安全保障概念についての議論を引き続き続けていくという一文が，人間の安全保障に関するパラグラフに盛り込まれた。

2005年9月15日，人間の安全保障に関するパラグラフを含む，首脳会合成果文書が採択された（A/RES/60/1）。人間の安全保障に関する第143パラグラフで

は，人々が「自由にかつ尊厳を持って貧困と絶望から解き放たれて生きる権利」を有し，特に「脆弱な人々」をターゲットとして，人間としての「潜在力」を十分に発展させるために平等な機会を持つべきこと，「恐怖からの自由と欠乏からの自由を得る権利」を有すると記された。加えて，人間の安全保障の概念について引き続き討議することも合意された。このパラグラフをもとに，日本外務省は総会での概念普及をその後も展開していくことになる。

　国連総会首脳会合の後，新しい人間の安全保障担当大使に高須幸雄が就任した。高須は活発なネットワーキング戦略を用いて，人間の安全保障への加盟国の理解を広めるための多国間外交を展開した。それが有志諸国による非公式の協議の場でありネットワークである「人間の安全保障フレンズ」であった（詳しくは栗栖 2013；Kurusu 2018）。日本外務省は，2005年の国連総会首脳会合成果文書交渉で協力関係を築いたメキシコ政府との提携をさらに発展させることで，ネットワークの拡大を図った。国際関係論の概念を用いるならば，日本の外務省は「規範起業家」として人間の安全保障の概念を推進した。そのために関心を共有する諸国とのネットワークを形成し，さらには懐疑的な諸国を巻き込んで，説得しようと試みたのである。

　第1回の人間の安全保障フレンズ会合は2006年に開催され24か国・組織が参加した。参加国は徐々に増加し，2009年の第7回会合には106か国・組織が参加したことから，少なくとも加盟国の関心の高さがうかがえる[14]。ところが，人間の安全保障フレンズ・ネットワークでの議論を通じて，やはり概念に批判的な一部の諸国があり，その大きな理由が国家主権の問題を含めて，概念の不明瞭さであることがわかってきた。表12-2に示すのは，人間の安全保障に関する国連総会でのテーマ別非公式討論において示された，主たる批判的意見を概観したものである。

　そのため，日本とメキシコは，国連の文脈で人間の安全保障が何を意味するのかについて加盟国間での合意を形成し，さらには総会決議として定式化することを目指した。総会決議の草案作成に向けて土台となったのが，人間の安全保障に関する事務総長報告書である（Secretary General 2010）。この報告書は，日本とメキシコならびに人間の安全保障フレンズの一部の参加国が潘基文事務総長に依頼して執筆され，日本の外務省の考え方を多分に反映した内容となっ

第3部　規　範

表12-2　2008年5月22日国連総会テーマ別非公式討論での人間の安全保障への批判的意見

イスラエル	人間の安全保障の考え方は理解できるが，特定の問題や紛争に対して政治的に適用することには留保せざるをえない。
エジプト	人間の安全保障と保護する責任（国内事項への介入）は別の概念とすべきである。
中　国	対外支援においては，国としての一体性を尊重し，相手国の要請を尊重すべきである。
インド	概念の拡散を懸念する。
キューバ	人間の安全保障以外にも重要な協議事項がある。人間の安全保障のような不明瞭な概念があることにより，それを恣意的に利用し内政干渉の道具となす勢力が登場する。

出所：筆者作成。[15]

た。[16]外務省は，人間の安全保障を一般的な概念として定義付けるよりも，国連における人間の安全保障のアプローチとして，どのような実施方法をとるべきかを明示しようとした。同報告書が示したのは，人間の安全保障の包括性，予防的手法の優先，現地の文脈の重視，市民社会アクターとのパートナーシップ，「保護と能力強化」のアプローチなどである。また外務省は，人間の安全保障が国家主権を乗り越えるものではない，軍事力の行使を手段として含まない点を強調した。

2010年7月，人間の安全保障に関する決議案が，国連総会で検討に付された。想定されたとおりこの交渉において最も困難なのは国家主権と介入の問題についてであった。外務省は，国家主権と内政不干渉の尊重を強調することなくして決議の採択はないだろうと考えていた（栗栖 2013）。しかし，実際の交渉においては，このことが意外にも，人権尊重とのバランスを欠くとしてヨーロッパやラテンアメリカの一部諸国からの批判につながった。決議は採択されたものの，具体的な内容に欠くものとなった（General Assembly 2010）。

日本外務省は実質的な内容のある決議をあらためて採択することを目指して，引き続き懐疑派諸国の説得にあたった。人間の安全保障をテーマとした非公式の討論会や，一連の非公式の意見交換，そのうえでの公式協議を経て，2012年9月，日本とヨルダンが発起者となり，2度目の総会決議の採択を試みたのである。[17]外務省は，2010年の総会決議の交渉プロセスを経て，内政不干渉を重視する途上国の懐疑的な諸国だけでなく，人権を重視する先進諸国にも配

慮をする必要性を学習していた。この問題を克服するために，主として交渉を打開するための戦術的な目的から，2つのアイデアを導入した（詳しくは，Kurusu 2018）。すなわち，第1に，人権と内政不干渉の双方の重要性に言及してバランスを回復し，第2に，人権，開発，安全保障の3つの柱を統合する考え方として人間の安全保障を提示したのである[18]。

コンセンサス採択された同決議（A/RES/66/290）は，開発，人権，平和と安全が国連の3つの柱であることを認めたうえで，国連の文脈において人間の安全保障が何を指すのかという「共通理解」を明示した。これは，言い換えれば，人間の安全保障が適用すべき政策的アプローチを明示したものである。すなわち，すべての人々とコミュニティの保護と能力強化を目指す。そのため，人々を中心とした包括的で，個々の文脈を重視し，予防的な対応をとる。人間の安全保障の実現は，各国のオーナーシップに基づくものであり，当該政府が第一義的な責任を持ち，国際社会はこれを補完し支援する。人間の安全保障は，保護する責任とは別の概念であり，武力の行使や強制力の使用を手段として含まない，という内容であった。同決議に示された内容は，日本の従来からの国際協力の手法と基本的には一致するものである。いわゆるワシントン・コンセンサス，北京コンセンサスとの対比で，星野・佐藤はこれを「東京コンセンサス」と名付けた（Hoshino and Satoh 2013）。

7 おわりに

日本政府が人間の安全保障を導入した初期段階では，一部の政治家や有識者が共有した，グローバルな知的リーダーシップの追求という動機があり，それは最終的には人間の安全保障委員会という国際委員会の設置に至った。その後は，主要なアクターは，政治家と有識者たちから外務省へと移っていくが，日本は主たるアクターの交替にも関わらず知的リーダーシップの推進を継続していった。具体的には，国連が今後重視すべき概念を普及するうえでの中心的な役割を外務省が果たそうとした。外務省は，2005年の国連総会首脳会合成果文書採択に向けた交渉において，中小国とのネットワークを利用して人間の安全保障パラグラフの導入に成功した。これを土台に，さらに国連総会でのネット

第3部　規　範

表12-3　日本の人間の安全保障政策へのアクターの関与（ならびに国連安保理入り問題との比較）

	官僚	内閣／政治家	市民社会	国内世論
国連安保理常任理事国入り問題（1990年代）	官僚優位	散発的	限定的	一定の役割
人間の安全保障の日本の対外政策への導入（1997～2003年ごろ）	一定の役割	政治家の主導	シンクタンク，有識者の関与が大	限定的
人間の安全保障の国連での普及（2005～2012年）	官僚優位	限定的	きわめて限定的	きわめて限定的

出所：筆者作成（国連安保理入り問題についてはドリフテ 2000のデータを参照）。

ワーク形成による概念普及を継続した。2005年の首脳会合成果文書に人間の安全保障が盛り込まれた後は，国連総会の場で百数十カ国を巻き込んだ非公式のネットワークを数年にわたって主導した。この動きは，2012年総会での人間の安全保障決議採択へと結実したという意味で，一定の成功を収めたといえる。多国間での普及政策の継続性の1つの要因には，多国間外交に精通しかつ人間の安全保障に関心を持つ外務官僚の存在があった。

表12-3は，人間の安全保障の対外政策への導入期と，その後の国際的な普及段階でのアクターたちの関与をまとめたものである。本事例の後半部分，すなわち国連での多国間外交をみるならば，政治家の関与が少なく外務省主導であるという点，また多国間フォーラムでの交渉の特徴という点からみても，ドリフテが分析した国連安保理入り問題とも類似点が多く，ある程度の一般化が可能であろう。他方で，小渕政権期でみられた，政治家による主導，NPOや有識者の影響は，小渕の政策形成手法の独自性によるところが大きいだろう。

舞台を国連総会に移すと，メインアクターは外務省になり，多国間外交のダイナミズムにとりこまれていった。外務省は，国内の政治家による強い政治的リーダーシップが不在のなかで，国際的支持の獲得に努めた。加盟国の多くをとりこんだネットワーキングには成功したが，内政不干渉原則の問題がクローズアップされ，人間の安全保障概念の内容はトーンダウンした。総会での概念普及を目指す日本外務省にとって，大多数を占める途上国政府との関係は重要である。その過程で，保護する責任と人間の安全保障との関係をめぐる議論は

避けがたいものであった。外務省の担当者のなかでも保護する責任のための強制力使用については複数の意見があったが，短期的な論理として，（日本政府は保護する責任に反対ではないが）保護する責任と人間の安全保障は別個の概念である，そして，人間の安全保障は国家主権を重視し強制力の使用は含まないというスタンスを強調した。本来は，グローバル・ガバナンスにおいて密接に関連する概念としての人間の安全保障と保護する責任とが，国連では概念的に切り離されていった要因として，日本外務省の交渉姿勢が影響したことは否めない。ドリフテが指摘するように，日本の多国間外交が，コンセンサスを重視し，周囲の動向を眺めてから動き，対決的な議論を避ける傾向にあることが，本事例でも観察された。

　別の側面からみれば，国連という構造における日本外交の限界とも関連している。第1に，共通外交安全保障政策をとるEU諸国やG77のような恒常的グループに属さない日本は，あらかじめ支持グループを固めてから明確なアジェンダを提示することにおいて不利である。第2に，ほぼ同時並行して，保護する責任の概念が国連総会や安保理で普及していった過程には，カナダやオーストラリアなどの市民社会の支持が大きく作用した。日本が国連総会などにおいて規範を普及させるにおいて，市民社会ネットワークとの連携が弱いことが制約となっていることは否めない。

　人間の安全保障概念は，国連を通じたグローバル・ガバナンスにとって，どのような意義を持つのだろうか。人間の安全保障は，特定の状況を法的な検討に付すための基準ではないし，特定の行動を加盟国に命じるような明確な概念ではない。むしろ，国連の活動，特に平和構築や開発支援，災害支援などの活動を貫くアプローチの根幹となる「精神」のようなものとして考えられよう。そして，2012年の国連総会決議が示したのは，それを国連という場を通して，加盟国が政策的に実施するためのアプローチであったといえよう。多国間外交を通した知的リーダーシップという観点からは，今後は，人間の安全保障という概念が各国の政策立案や実施へと具体的な影響を及ぼすように，普及を継続していくことが求められるであろう。

第3部　規　範

【注】
1) たとえば，核軍縮分野では本来日本がイニシアティブをとることが可能なはずであるが，アメリカによる「核の傘」の存在という現実との間で主体的な関与ができていない。
　　対して，ヤストモ（1995）は，1990年代の多国間開発銀行に対する官僚を主体とした政策過程において，日本が資金だけでなくアイデア，なかでも日本の経済発展の経験に基づく経済開発のひな型を適用しようしたことを示した。そこでは，アジェンダ設定とルール形成の役割を以前よりも主体的に担いつつある，日本の対外政策の変化を描いた。
2) 小渕外相の就任後の1997年秋から，非公式なブレーン・グループが形成され，追求すべき外交政策を検討するために頻繁に会合を開いた。主たるメンバーは，山本正（日本国際交流センター：JCIE，本章における肩書はすべて当時のもの），船橋洋一（朝日新聞），小島明（日本経済新聞），五百旗頭真（神戸大学），田中明彦（東京大学），また武見敬三（参議院議員）らであった。外務省の当時の若手や中堅世代から若干名も非公式会合に出席することがあった（詳しくは，Kurusu 2011）。
3) 知的リーダーシップとは，ここでは，ブルントラント委員会による「持続可能な発展」概念のように，アイデアを提供することで国際的な政策の方向性を形作っていくことを指す。
4) 山本正日本国際交流センター理事長への聞き取り，2008年3月25日；高須幸雄国連大使への聞き取り，2008年1月30日；武見敬三議員への聞き取り，2007年10月23日。
5) 日本国際交流センター，国際交流基金，シンガポールの東南アジア研究所による。
6) 参加者としてたとえば，リンカーン・チェン，アマルティア・セン，スリン・ピスワン，山本正，武見敬三など。
7) このあたり，情報公開法に基づき開示された行政文書（文書ファイル名：人間の安全保障基金　その1）に基づく。「アジア地域ヒューマン・セキュリティ（人間の安全保障）基金」（1998年10月29日）；「アジアン・ヒューマン・セキュリティ・ファンド関係確認依頼」（国連行政課総務班，1998年10月30日）；「アジア人間の安全保障基金の必要性について」（国連行政課，大蔵省への説明資料，1998年11月5日）；「作業依頼ヒューマン・セキュリティ関連予算」（国連行政課，1998年11月13日）；「追加財政事項の概要」（1998年11月19日）；「予算要求関連資料」；「公電（事務連絡（人間の安全保障基金））」。
8) ①人々に確実に届く援助，②将来の開発の担い手として人々の能力強化，③弱者への裨益，④欠乏からの自由と恐怖からの自由の双方を視野に入れる，⑤問題の構造を総合的に分析，⑥政府と人々の双方のレベルにアプローチ，⑦多様なアクターとの連携。
9) JICA企画部，JICA研究所の担当者からの聞き取り調査，2008年12月10日。また『Monthly JICA』では，2006年10月号より「実践！人間の安全保障」を連載した。
10) もう1つの課題は国連憲章改正による旧敵国条項の削除問題であった（北岡 2007）。
11) 複数の外務省関係者への聞き取り調査，2008年。
12) A/59/HLPM/CRP.1/Rev.1, 22 July 2005 第115パラグラフ；A/59/HLPM/CRP.1/Rev.2, 5 August 2005 第122パラグラフ；A/RES/60/1, 16 September 2005 第143パラグラフ。
13) Statement by Ambassador Ronaldo Mota Sardenberg, Permanent Mission to the UN, in the Informal Meeting of the Plenary on the High-Level Plenary Meeting of the General Assembly of September 2005, New York, 1 August 2005.

14) 人間の安全保障フレンズについて，http://www.mofa.go.jp/policy/human_secu/friends/index.html，2017年3月最終アクセス．
15) 配布された各国政府代表ペーパーならびに，中国とインドについてはプレスリリースを参照した．
16) 国連事務局スタッフへの聞き取り調査（2010年8月24日，ニューヨーク）．
17) 25か国が共同提案国になった．豪，ベナン，チリ，コスタリカ，フィジー，ホンジュラス，日本，ケニア，ヨルダン，リベリア，マダガスカル，メキシコ，ミクロネシア，モンゴル，ナウル，パラオ，パナマ，パプアニューギニア，フィリピン，韓国，サモア，セネガル，タイ，チュニジア，ウガンダ．
18) 日本国国連代表部での聞き取り調査。2013年3月21日，ニューヨーク．

【参考文献】

鮎京正訓（2011）『法整備支援とは何か』名古屋大学出版会．
大芝亮（2013）「多国間外交と多国間主義―国連，G8・G20，ブレトンウッズ機関」『日本の外交5　対外政策　課題編』岩波書店．
外務省「人間の安全保障フレンズ」http://www.mofa.go.jp/policy/human_secu/friends/　2016年10月10日アクセス．
北岡伸一（2007）『国連の政治力学―日本はどこにいるのか』中央公論新社．
楠綾子・栗栖薫子（2017）「日本の国際緊急援助・国際防災協力施策の展開」五百旗頭真監修・片山裕編『防災をめぐる国際協力のあり方』ミネルヴァ書房．
栗栖薫子（2013）「人間の安全保障」大矢根聡編『コンストラクティビズムの国際関係論』有斐閣．
国際協力機構（2008）『JICAにおける「人間の安全保障」への取り組み・アプローチの特徴と事例』．
佐藤行雄（2004）「日本の国連外交と人間の安全保障―国連ミレニアム・サミットへの軌跡」『国際問題』530号，2-13頁．
徐承元（2004）『日本の経済援助と中国』慶應義塾大学出版会．
高須幸雄（2011）「国連と『人間の安全保障』」『国際問題』603号，36-48頁．
ドリフテ R.（2000）吉田康彦訳『国連安保理と日本―常任理事国入り問題の軌跡』岩波書店．
21世紀日本の構想懇談会（2000）「日本のフロンティアは日本の中になる―自立と協治で築く新世紀』．
「日本再生の基本戦略」閣議決定，2011年12月24日．
人間の安全保障委員会（2003）『新しい安全保障の課題』朝日新聞社．
福島安紀子（2010）『人間の安全保障』千倉書房．
船橋洋一（1983）「グローバル・シビリアン・パワーとしての日本と世界」『世界』581号，31-34頁．
山崎美智（2007）「ミドルパワー論再考」『国際公共政策研究』第12巻1号，259-271頁．
Edström, Bert（2003）"Japan's Foreign Policy and Human Security." *Japan Forum*, 15（3）: 209-225.

General Assembly of the United Nations (2010) *Follow-up to Paragraph 143 on Human Security of the 2005 World Summit Outcome*, July16 [A/RES/64/291].

Gilpin, Robert (1983) *War and Change in International Politics*, Cambridge University Press.

The High Level Panel on Threats, Challenges and Change (2004) *A More Secure World: Our Shared Responsibility*, United Nations.

Hoshino, Toshiya and Haruko Satoh (2013) "Japan and an Emerging Approach to Human Security: a 'Tokyo Consensus' ?, *New Approaches to Human Security in the Asia-Pacific: China, Japan and Australia*, Routledge.

Keohane, Robert (1984) *After Hegemony: Cooperation and Discord in the World Political Economy*, Princeton University Press.

Krasner, Stephen ed. (1983) *International Regimes*, Cornell University Press.

Kurusu, Kaoru (trans. by Rikki Kersten) (2011) "Japan as an Active Agent for Global Norms," *Asia-Pacific Review*, 18 (2): 115-137.

Kurusu, Kaoru (2018) "Japan as a Norm Entrepreneur for Human Security," in Mary McCarthy ed., *The Handbook of Japanese Foreign Policy*, Routledge (forthcoming).

Maull, Hanns (1990) "Germany and Japan: The New Civilian Powers," *Foreign Affairs*, 69 (5): 91-106.

Oba, Mie (2008) "Japan's Entry into ECAFE." In Junko Tomaru, Makoto Iokibe, Caroline Rose eds., *Japanese Diplomacy in 1950s: From Isolation to Integration*, Routledge.

Pan, Liang (2006) *The United Nations in Japan's Foreign and Security Policymaking 1945-1992*, Harvard University Press.

Secretary General (2010) "Human Security: Report of the Secretary General" (A/64/701) March 8.

Soeya, Yoshihide (2005) "Japanese Security Policy in Transition: The Rise of International and Human Security." *Asia-Pacific Review*, 12 (1): 103-116.

Tan, H. (2010) 'Not Just Global Rhetoric: Japan's Substantive Actualization of Its Human Security Foreign Policy', *International Relations of the Asia-Pacific*, 10 (1): 159-87.

Voeten, Erik (2000) "Clashes in the Assembly." *International Organization*, 54-2: 185-215.

Yasutomo, Dennis (1995), *The New Multilateralism in Japan's Foreign Policy*, St. Martin's Press.

索　引

あ

アーキブージ，D.　…………………… 61
RTA（地域貿易協定）　………………… 186
アジア・アフリカ会議（バンドン会議）…… 112
アジア開発銀行（ADB）　……………… 147
アジア的性格　…………………… 147, 158
アジェンダ21　…………………… 230, 231
アパルトヘイト　………………………… 137
UNCTAD（国連貿易開発会議）　…… 133, 151
インフォーマルな国際レジーム　………… 3
ウクライナ危機　………………………… 205
英国学派　………………………………… 206
ABM制限条約　…………………………… 48
欧州安全保障協力会議（CSCE）　……… 118
欧州核兵器廃絶運動（END）　………… 121
オーケストレーション（調和的編成）…… 12, 25
大平正芳　………………………………… 87

か

開　発　…………………………………… 147
開発主義　………………………………… 152
海洋基本計画　…………………………… 221
海洋基本法　……………………………… 231
核タブー　………………………………… 48
核兵器　…………………………………… 48
GATT（関税及び貿易に関する一般協定）… 129, 186
ガバナー（統治者）　……………………… 12
慣　行　……………………………………… 84
規　範　…………………………………… 147
規範起業家　……………………………… 249
共通の利益　……………………………… 28
グッド・ガバナンス　…………………… 162
クリミア併合　…………………………… 205
グローバル・イシュー　………………… 26
グローバル・ガバナンス　………………… 1

グローバル・ガバナンス委員会　………… 2
グローバル市民社会　…………………… 68
軍事力　…………………………………… 47
経済大国　………………………………… 87
経済のグローバル化　…………………… 30
言説代表　………………………………… 74
権　力　…………………………………… 37
公海自由の原則　………………………… 223
公共財　……………………………… 26, 191
行動規範　………………………………… 186
国際機構　………………………………… 146
国際規範　…………………………… 7, 205
国際協調　………………………………… 1
国際制度　………………………………… 24
国際組織　………………………………… 26
国際秩序　…………………………… 1, 237
国際通貨基金（IMF）　………………… 129
国際復興開発銀行（IBRD。世界銀行）… 146
国際レジーム論　………………………… 21
国際連合（国連）　………… 128, 146, 236
国際連盟　………………………………… 167
国連アジア極東経済委員会（エカフェ）… 153
国連安保理（安全保障理事会）　……… 242
国連海洋法条約　………………………… 221
国連憲章　………………………………… 167
国連総会　………………………………… 236
コスモポリタン民主主義　……………… 63
子どもの権利条約　……………………… 52
コモンウェルス　………………………… 127
コンストラクティヴィズム　…………… 206

さ

最恵国待遇　……………………………… 186
サミット（主要国首脳会議）　…………… 80
G7サミット　……………………………… 92
G8サミット　……………………………… 92
G20サミット　……………………………… 96

257

下からのデタント……………………106
シミュレーション……………………186
市民社会……………………………94, 253
社会的デタント………………………106
集団覇権………………………………83
従来型ガバナンス……………………4
熟議民主主義…………………………73
主権国家秩序…………………………37
ジュネーブ議定書……………………176
常設国際司法裁判所…………………178
植民地支配体制………………………38
自律（民主主義的自律）…………64, 65
新国際経済秩序（NIEO）………116, 133
「スエズ以東」撤退…………………135
スターリングエリア…………………129
西欧国際体系…………………………37
政策調整………………………………85
政治的脱植民地化運動………………105
正統性…………………………………33
政府開発援助…………………………238
政府なき統治…………………………25
勢力均衡体系…………………………38
世界人類の公共財（グローバル・コモンズ）
　………………………………………232
全影響者原則…………………………72
戦争違法化運動………………………175
戦争の違法化…………………………167
全被治者原則…………………………71
相互援助条約案………………………176

た

大国間協調……………………………81
大西洋憲章……………………………128
多角主義………………………………186
多国間フォーラム……………………236
WTO（世界貿易機関）………………186
地域主義………………………………186
地球公共財論…………………………25
中華世界………………………………37
帝国主義体制…………………………37
東京サミット…………………………86

ドミノ効果……………………………202

な

中曽根康弘……………………………91
南北問題………………………………151
日米安保体制…………………………55
人間の安全保障………………………236
ネオ・リベラル制度論………………21

は

覇権……………………………………191
パラダイム……………………………8
パリ不戦条約…………………………167
非核三原則……………………………229
非公式帝国……………………………38
非国家主体……………………………27
フォーマルな国際レジーム…………3
福田赳夫………………………………86
ブダペスト覚書………………………205
プライベート・レジーム……………7
ブラント・レポート…………………134
フレイザー，N.………………………70
ブレトンウッズ会議…………………146
ブレトンウッズ体制…………………127
米ソ共同管理体制……………………106
平和的変革……………………………179
ヘゲモニー……………………………49
ヘルド，D.……………………………63
ポイント・フォア……………………149
方法論的国家主義……………………59
方法論的ナショナリズム……………59

ま

マーシャルプラン……………………135
マクドナルド，K.……………………60
民主化…………………………………41
民族解放闘争…………………………51
無差別戦争……………………………167

や・ら・わ

リーマン・ショック…………………80

リットル，A. ……………………… 60	冷戦後プロジェクト ……………………… 5
冷　戦 ………………………………… 1	冷戦統合 ………………………………… 105
冷戦ガバナンス ……………………… 104	レジーム・コンプレックス …………… 7

執筆者紹介

*大矢根 聡（おおやね さとし）	同志社大学法学部教授	序章，第4章，【責任編集】
古城 佳子（こじょう よしこ）	東京大学大学院総合文化研究科教授	第1章
初瀬 龍平（はつせ りゅうへい）	京都女子大学客員教授	第2章
田村 哲樹（たむら てつき）	名古屋大学大学院法学研究科教授	第3章
*菅 英輝（かん ひでき）	京都外国語大学客員教授	第5章，【責任編集】
山口 育人（やまぐち いくと）	奈良大学文学部准教授	第6章
鄭 敬娥（じょん きょんあ）	大分大学教育学部准教授	第7章
三牧 聖子（みまき せいこ）	高崎経済大学経済学部准教授	第8章
鈴木 一敏（すずき かずとし）	広島大学大学院社会科学研究科准教授	第9章
東野 篤子（ひがしの あつこ）	筑波大学人文社会系准教授	第10章
都留 康子（つる やすこ）	上智大学総合グローバル学部教授	第11章
栗栖 薫子（くるす かおる）	神戸大学大学院法学研究科教授	第12章
*松井 康浩（まつい やすひろ）	九州大学大学院比較社会文化研究院教授	【責任編集】

グローバル・ガバナンス学叢書
グローバル・ガバナンス学Ⅰ　理論・歴史・規範

2018年2月15日　初版第1刷発行

編　　者　グローバル・ガバナンス学会

責任編集　大矢根　聡・菅　英輝
　　　　　松井康浩

発行者　田靡純子

発行所　株式会社 法律文化社

〒603-8053
京都市北区上賀茂岩ヶ垣内町71
電話 075(791)7131　FAX 075(721)8400
http://www.hou-bun.com/

＊乱丁など不良本がありましたら、ご連絡ください。
　送料小社負担にてお取り替えいたします。

印刷：亜細亜印刷㈱／製本：㈱藤沢製本
装幀：白沢　正
ISBN 978-4-589-03880-7
©2018　S. Oyane, H. Kan, Y. Matsui　Printed in Japan

JCOPY　〈(社)出版者著作権管理機構　委託出版物〉

本書の無断複写は著作権法上での例外を除き禁じられています。複写される場合は、そのつど事前に、(社)出版者著作権管理機構(電話 03-3513-6969、FAX 03-3513-6979, e-mail: info@jcopy.or.jp)の許諾を得てください。

グローバル・ガバンナンス学会編／
渡邊啓貴・福田耕治・首藤もと子責任編集
〔グローバル・ガバナンス学叢書〕
グローバル・ガバナンス学Ⅱ
主体・地域・新領域
A5判・284頁・3800円

グローバル・ガバナンスに係る制度化の進展と変容をふまえ，多様な主体の認識と行動，地域ガバナンスとの連携および脱領域的な問題群の3部に分けて課題を検討。グローバル・ガバナンス学会5周年記念事業の一環として，研究潮流の最前線を示す。

吉川 元・首藤もと子・六鹿茂夫・望月康恵編
グローバル・ガヴァナンス論
A5判・326頁・2900円

人類は平和構築・予防外交などの新たなグッド・ガヴァナンスに希望を託せるのか。地域主義やトランスナショナルな動向をふまえ，グローバル・ガバナンスの現状と限界を実証的に分析し，求められるガヴァナンス像を考察する。

横田洋三監修／滝澤美佐子・富田麻理
望月康恵・吉村祥子編著
入 門 国 際 機 構
A5判・266頁・2700円

創設70周年を迎えた国連を中心に国際機構が生まれた背景とその発展の歴史，組織構造とそこで働く職員の地位を論じる。感染症の拡大防止等，国境を越えた人類共通の問題に対して国際機構は何ができるのかを解説する。

広島市立大学広島平和研究所編
平和と安全保障を考える事典
A5判・710頁・3600円

混沌とする国際情勢において，平和と安全保障の問題を考える上で手引きとなる1300項目を収録。多様な分野の専門家らが学際的アプローチで用語や最新理論，概念を解説。平和創造の視点から国際政治のいまとこれからを読み解く。

初瀬龍平編著
国 際 関 係 論 入 門
―思考の作法―
A5判・330頁・2700円

現代の国際関係を考える基本的視座や視点，概念を丁寧に解説した初学者むけのテキスト。国家の利益や安全保障ではなく人間の生命と安全を重視し，その実現のために必要な知識と〈思考の作法〉を細やかに提示する。

坂本治也編
市 民 社 会 論
―理論と実証の最前線―
A5判・350頁・3200円

市民社会の実態と機能を体系的に学ぶ概説入門書。第一線の研究者たちが各章で①分析視角の重要性，②理論・学説の展開，③日本の現状，④今後の課題の4点をふまえて執筆。3部16章構成で理論と実証の最前線を解説。

―法律文化社―
表示価格は本体(税別)価格です